【중국의 역사】
대원제국

【중국의 역사】대원제국

오타기 마쓰오 지음 | 윤은숙·임대희 옮김

2013년 5월 28일 초판 1쇄 발행

발행처 | 도서출판 혜안
발행인 | 오일주
등록번호 | 제22-471호
등록일자 | 1993년 7월 30일

주소 | ⑨ 121-836 서울시 마포구 서교동 326-26번지 102호
전화 | 3141-3711~2 / **팩시밀리** | 3141-3710
이메일 | hyeanpub@hanmail.net

ISBN 978-89-8494-469-5 93910

값 15,000 원

愛宕松南,『モンゴルと大明帝國』(中 モンゴル部分)
Copyright ⓒ Otagi Matsuo,
Original Title : Mongoru To DaiminTeikoku
by Otagi Matsuo (1998, Kodansha Publishing Co., Ltd., Japan)
Korean translation copyright ⓒ 2013 by Hyean Publishing Co.
This translation edition is published by arrangement
with Kaizuka Sigeki, Ito Michiharu, Japan

이 책의 한국어판 저작권은 오타기 마쓰오의 독점계약으로 도서출판 혜안에 있습니다.
저작권법에 따라 한국 내에서 보호를 받는 저작물이므로 무단전재와 복제를 금합니다.

【중국의 역사】
대원제국

오타기 마쓰오 지음 | 윤은숙·임대희 옮김

혜안

옮긴이 서문

대원제국을 바라보는 두 개의 시선

　대원제국이 몽골인 지상주의를 내세운 칭기스칸 후예들의 왕조임은 부정할 수 없는 분명한 사실이다. 동시에 대원제국의 중요 통치 대상이었던 동아시아는 중국적 요소들이 넘쳐나는 곳이기 때문에 그들의 통치에서 중국적 성격을 배제한 채 역사 전개를 논의할 수는 없다. 그런데 우리 학계에서는 대원제국의 양면성은 도외시한 채 어느 한 요소에 집착하는 경향이 있다. 대원제국의 유목적 또는 몽골적 속성을 강조한 이들은 전형적인 몽골 왕조로, 중국의 역사 전개를 우선시하는 이들은 대원제국을 원조元朝라는 틀에서 중국왕조라고 쉽게 규정지어 버리기도 한다. 이리하여 어느덧 대원제국을 바라보는 두 개의 시각이 학계에 혼재되어 버렸다.
　그러나 어느 일방적 시각으로 대원제국을 단정짓는 것 자체가 대원제국의 속성을 제대로 이해하지 못한 결과로 볼 수 있다. 대원제국은 몽골적 요소와 중국적 요소라는 이질적 속성들의 충돌과 혼합을 통해 새로운 통합적 질서를 추구했던 다원주의적 국가였기 때문이다. 비록 대원제국에는 몽골적인 것이 범람하고 중국적인 것은 다소 쇠퇴하기는 했으나 통치의 대상이 중국인이었기 때문에 중국적 요소를 전면적으로 배제시킬 수는 없다. 또한 한적漢籍 사료인 『원사元史』의 서술처럼 중국적 요소들을 강조함으로써 북방 기마 유목민이었던 몽골의 지향과 속성을 경시하고 중국

중심적 시각으로만 대원제국을 이해하기는 더더욱 힘들어진다. 따라서 대원제국이 몽골적 속성과 중국적 요소들의 충돌과 결합 그리고 그 속에서 어떻게 새로운 통합을 만들어 나갔는가를 살피는 작업이 이 책을 읽는 독자들이 주목해야 할 부분이다.

 이 책은 대원제국의 통치 대상이 되었던 중국 땅에 살고 있는 사람들에 초점이 맞춰져 있다. 이 시기의 역사는 중국적 관점에서 말하자면 기존의 중국에 뿌리를 내리고 있던 문명사적 자화상들이 몽골의 역동적 힘에 의해 철저히 흔들렸던 사람들의 이야기다. 이민족 몽골족에 의한 역사 전개는 전통적인 중국문화의 관점에서 평가하자면 조잡하였던 점이 많이 발견될 것이며 곳곳에서 그러한 점이 지적되고 있다. 거꾸로 보자면 높은 격조로 칭송받던 송의 문화는 대원제국에서는 빛을 잃어 버렸다. 또한 대원제국 전체를 통해 관철되었던 과거제의 폐지는 사인士人에게는 말할 수 없는 아픔이었다. 생애를 걸고서라도 추구하기에 충분하다고 통념되었던 목표를 하루아침에 박탈당한 그들의 심경을 충분히 헤아릴 수 있다. 고뇌가 심각했던 만큼 남송 멸망은 돌이킬 수 없이 한탄스러운 일로 애석하게 여겨졌다. 그러나 이러한 넋두리는 수천 명 가운데 한 사람을 급제시켰던 과거제의 한계로 보자면 소수 엘리트들에 한정된 것이고,

실제로는 일정한 자격시험만 통과하면 실무를 담당하는 관리가 될 수 있었던 대원제국의 제도가 일반 대중에게는 더 가깝게 다가왔을 것이다. 이렇듯 사대부들의 전유물이었던 관직이 일반 대중에게도 개방되었던 점은 대원제국의 역동성과 함께 이후 역사 전개를 통해 큰 의미를 시사하고 있다. 몽골의 유산이 중국인들에게 반드시 아픔과 과거에 대한 향수만을 남긴 것은 아니다.

게다가 몽골리아, 한지漢地 그리고 강남江南이라는 서로 다른 속성을 가진 지역을 모두 통치해야 했던 대원제국은 이들에 의거하면서도 나아가 이들을 뛰어넘어야 하는 태생적 한계를 가지고 있었다. 이민족 왕조의 정체성을 고집하면서 중국과의 제휴를 지향하는 대원제국의 특징은 통치기구에서 가장 선명하게 드러난다. 무엇보다 "백관의 우두머리는 몽골인에 한해서 임용한다"는 관제상의 독특한 원칙은 한지漢地의 법제를 채용하고 그 하부 구조를 한인漢人에게 맡기면서도 주도권을 유지하기 위해서 장관長官만큼은 끝까지 몽골인을 고수하였던 것이다.

대원제국에서 가장 특혜 받은 이방인異邦人은 단연 색목인色目人이다. 몽골에 준하는 자로 우대받았던 색목인은 색목인 사회라는 특수성을 통해서 전체 속에 존속했던 이들이다. 이 점은 마르코 폴로에게서 가장 잘 드러나는데, 그는 중국에서 17년이나 체재했음에도 중국어나 한자를 이해하지 못했고 또 중국 고유의 풍습과 문물에도 능통하지 않았다. 그의 저서 『동방견문록』을 통해 다양한 인물 군상들의 관습과 풍물을 자세히 관찰하고 소개했던 것과는 정반대 현상이다. 이것은 몽골 통치자들에 의해 교묘하게 의도적으로 만들어진 일종의 방어망으로 평가해 볼 필요가 있다. 만약 색목인의 정체성을 유지시켰던 '관습법'이 이완되었다면, 대원제국의 근간을 흔드는 중대한 사태를 야기할 수도 있었다. 동화력이 강한 중국문화에 색목인은 물론이고 몽골인조차 함몰되어 버릴 수도 있었기에 몽골은 색목인의 중국문화로의 접근을 원천적으로 차단해 버렸다. 이에 대비하는 제도적 장치로 '색목인 고유의 관습법 폐지'를 엄격히 금지하고 그것을 위반하는 자에게 "색목인으로서의 대우를 정지한다"는 징벌을 가차 없이 적용하고 있다. 이러한 일련의 몽골 중심주의 원칙을 통해 동화력이 강한 중국문화로부터 자신들의 정체성을 지켜야 했던 소수자 몽골의 깊은 고뇌가 큰 울림으로 와 닿는다.

　대원제국의 출현은, 10세기 이래 요·금·서하와 송 등 왕조들의 각축장이 되었던 동아시아가 오랜 분열의 종지부를 찍고 대통합으로 가는 단초를 제공하였다. 동아시아의 분열은 단지 중국적 요소들의 의한 것이 아니라 정복왕조와 한족왕조와의 대립이 그 바탕에 있었던 것이다. 대원제국의 출현은 이러한 양자 사이의 대립에서 결국 힘의 우위를 가진 이민족 왕조의 승리를 의미하는 것이다. 몽골의 중국 지배의 결과는 그것이 긍정적이든 부정적이든 향후 역사 전개에 돌이키기 어려운 거대한 흔적을 남겼다. 대원제국 멸망 후에 성립된 명조明朝는 대원제국 100년의 통치를 부정하는 것으로부터 시작했지만 100년의 흔적은 오히려 명조 270년의 역사를 특징짓는 하나의 전형으로 작용하고 있다. 대원제국이 명조에 남긴 가장 큰 유산은 통일왕조의 수도 베이징일 것이다. 대원이 형성한 통일의 기조는 명을 거쳐 청대로 연결되었으며 예외 없이 그들의 수도는 베이징이 되었다. 베이징은 유목의 마지노선으로 불릴 정도로 건조한 곳이기에 중국인들의 수도로는 적합한 장소가 아니다. 그러나 북방의 유목적 요소와 남방의 농경적 요소를 제어하기 위한 통일왕조의 수도로서는 최적의 장소 가운데 하나임은 분명하다.

비록 대원제국의 중국 지배는 14세기 말로 종결되지만 이민족 왕조의 중국 정복은 200여 년 후 만주족 청에 의해서 재현되었다. 특히, 홍타이지의 대청제국 선언이 몽골로부터 전국옥새傳國玉璽를 받은 이후에 가능했음은 시사하는 바가 크다. 아울러 대청제국 황후들의 대다수가 몽골족이었음은

청의 중국 지배에 몽골이 큰 일익을 담당하고 있음을 보여준다. 대청제국의 등장은 대원제국의 흔적이 200여 년 후에도 여전히 살아 숨쉬고 있는 증거라 할 수 있다.

  마지막으로 이 책을 통해 대원제국이 몽골적이거나 중국적이라는 편향적인 시각에 의해서가 아니라 양자의 결합을 통한 다양성과 새로운 지향을 향해 도전했던 다원주의적 국가였음을 확인하는 계기가 되었으면 한다.

옮 긴 이

글싣는 차례

옮긴이 서문_ 대원제국을 바라보는 두 개의 시선 5

제1장 몽골제국 전사-북방민족왕조 17

1. 정복왕조의 출현과 제2차 남북조 정국 17

거란제국 요의 성립 17 | 내지의 16주도 거란 영토로 19 | 끈질긴 중원제패의 야망 22 | 정복왕조의 탄생과 그 성격 24 | 남북조(제2차) 대립으로 27 | 전연의 맹-거란·송 대등관계로 29

2. 12세기의 남북관계-금과 남송 31

여진족 금의 남진 31 | 정강의 변과 소흥화의 33 | 해릉왕-그 인물과 행적 37 | 금국 재정의 궁핍 42 | 작은 요순 세종의 치세 44 | 장종 시기, 금 문화의 황금시대 46

3. 몽골의 출현과 제2차 남북조의 종말 49

금국 북변방비의 파탄 49 | 정우의 남천-몽골의 금국 침공 52 | 몽골의 서역 원정 57 | 금·송의 멸망과 몽골의 천하통일 60 | 대원제국의 특이성 61

제2장 몽골제국의 속령지배시대 65

1. 한지의 간접통치 65

정복왕조로의 과정 65 | 한인세후의 출현 67 | 한인세후의 공과 69 | 간접통치관 다루가치 70 | 다루가치의 직무 범위 72

2. 한지 직접통치로의 움직임 75

세법의 창설 75 | 두 차례에 걸친 호구조사 77 | 한지세법의 제정과 의의 79 | 일족 공신에게 한인호 분봉 — 오호사호의 출현 81 | 한지의 군사지배 — 미완의 정복왕조 83

3. 속령 한지에 만연한 불일치 현상 86

중원의 황폐와 부흥 86 | 재정의 난맥 87 | 이슬람 상인의 활동 — 매박과 알탈전 89 | 행정의 일원화와 행상서성 92 | 행상서성과 『동방견문록』 95

제3장 쿠빌라이 카안 99

1. 쿠빌라이 카안의 즉위 99

톨루이 가문의 사람들 99 | 한지·서역으로의 비상한 관심 102 | 형 뭉케 카안의 즉위 103 | 한지대총독 쿠빌라이 105 | 남송 공략과 뭉케의 사망 106 | 쿠빌라이의 즉위 선언 109

2. 칭기스칸 제국의 대분열 111

우구데이 가문의 쇠퇴 111 | 젊은 카이두의 대두 114 | 카이두 칸의 반란 116 | 한정된 대원제국의 영역 119

3. 대원 정복왕조와 그 확대 120

원의 성립과 국가기구 120 | 한인세후의 세력 약화 123 | 원·남송의 관계 악화 125 | 애산에서 남송을 멸망시키다 127 | 남해무역의 확대와 호상 포수경 131 | 남해 여러 나라의 복속 135

4. 대원과 고려·일본 136

고려의 완전 종속 136 | 일본 원정 실패 140 | 일본 원정의 진의 143

제4장 대원의 중국통치 145

1. 기본적 자세 145
몽골·한인의 합체정치 145 | 대원 체제에 대한 강남의 위화감 149 | 한지·한인과의 제휴 강화 151 | 율령 시행의 거부 153 | 몽골법으로의 고집 155

2. 통치기구 157
관청의 우두머리는 모두 몽골인이다 157 | 분할통치기관 – 행성·행대·행원 159 | 로 제도의 부활 – 중층적 감독정치 161

3. 관료·속리 제도 164
정관과 수령관 164 | 과거의 폐지 167 | 과거의 저속판 – 이원세공제 169

제5장 대원의 경제정책과 경제사정 173

1. 세제와 재정 173
남과 북의 서로 다른 세법 173 | 당·송에서 시작된 소금전매 176 | 염세의 역할 178 | 정복왕조다운 국계수지 179

2. 일원적 통화정책 181
중통초의 발행 181 | 지폐의 성공과 동전 본위제의 포기 184 | 교초의 유통과 정체 187

3. 전국 경제권의 부활과 그 실태 189
소생하는 대운하와 해운의 발달 189 | 강남 물자의 활발한 움직임 192 | 대도 남문의 번화로움 194 | 장강 델타의 부유함 196 | 쓸쓸한 하남 198

제6장 대원의 사회와 문화 201

1. 종족별 신분 규정 201
몽골인·색목인·한인·남인 201 | 한문화인에 대한 대항－색목인의 중용 203 | 본속법－이국인의 자치 허용 205 | 색목인의 한화에는 징벌 208

2. 문벌주의 210
엄격한 근각 관계 210 | 종족적 신분규정의 초월 211 | 독특한 요역법=제색호계 214 | 군호의 취급 215

3. 문화담당 계급의 변질 218
사대부의 비명 218 | 옛 사대부 계층의 몰락 222 | 새로운 관인층의 낮은 교양 224 | 관인층의 고정화 현상 227

4. 시대문화의 동향 229
도적의 수령을 칭송하는 심정 229 | 고고한 정신의 발생 231 | 관인문화와 서민문화의 접합 235 | 참군희에 나타난 저속성 237 | 문예·학술·사상의 타락 239

제7장 대원의 마지막 길 243

1. 이상이 없는 정치 243
쿠빌라이 카안의 기리독무 243 | 정복왕조의 기본적 체질 245 | 끊임없는 권력투쟁 246 | 황제 옹립의 공 249 | 수구체제 251

2. 원말의 반란 253
하남행성의 백련교도 253 | 동란의 단서－한산동과 한림아의 반란 254 | 반란집단 '홍건군'의 성쇠 256 | 진·주·장 등 3웅의 정립 259 | 대원의 자멸 262

참고문헌 267

연 표 277

옮긴이 후기 282

찾아보기 287

제1장
몽골제국 전사 – 북방민족왕조

1. 정복왕조의 출현과 제2차 남북조 정국

거란제국 요의 성립[1]

10세기 초 중국에서는 한때 세계제국으로 불리던 당왕조가 멸망하고, 중국 역사상 최후의 분열시대인 5대10국시대가 전개되었다. 그와 동시에 만리장성 밖에서는 정복왕조라는 새로운 형식의 유목국가가 출현한다. 전자는 당 중기 이래 이민족의 침입을 막기 위해 여러 요지에 설치된 군단과 그 지령관指令官[2] 세력이 성장한 모습이고, 후자는 대당제국의 구성원으로 편입된 적이 있었던 북방민족들이 자의식을 각성시킨 결과물이다.

열하초원熱河草原을 근거지로 부족국가를 성립한 몽골계 유목민인 거란족은 당 말에 이르러 영웅 츄에리의 지휘 아래에서 일대 발전기를 맞이했다. 약탈자라는 의미의 아보지 Abaoji, 阿保機란 별칭에서도 알 수 있듯이, 그는 주변 부족들을 공격해 막대한 전리품을 획득하곤 했다. 이런 일련의 정복전

---

1) **역주_** 金渭顯, 『契丹社會文化史論』, 경인문화사, 2004.
2) 指令官=절도사. 藩鎭이라고도 한다.

<백마청우도> 거란의 시조신화를 담고 있다.

쟁은 거란의 동심원을 계속해서 확대해 나가는 원동력이 되었다. 그리하여 동으로는 퉁구스족의 주거지인 만주, 북쪽으로는 몽골리아, 그리고 서쪽으로는 상업도시들이 번성했던 동투르키스탄 등이 거란의 속국으로 편입되었다. 이 커다란 전과는 필연적으로 아보지의 정치적 지위를 강화시켰다. 916년 그는 카간 Khaghan(황제)을 칭하는데, 이것은 거란국이 종래의 단일

요하 상류

상경임황부 요의 수도

상경임황부성

부족국가에서 탈피하여 여러 다른 종족 위에 군림하는 제국으로 성장했음을 나타내는 선언이었다. 여기에 그가 거란 요遼왕조의 태조(=창설자)라고 불리는 까닭이 있다. 또 거란제국의 눈부신 발전에서 장성의 남쪽으로 이어지는 중국 땅만이 그 대상에서 제외될 리가 만무하다.3)

내지의 16주도 거란 영토로

몽골계 여러 종족 중에서도 거란족의 거주지는 가장 동남쪽에 위치함으로써 자연스럽게 만리장성을 사이에 두고 중국과 접하게 되었다. 이러한 지리적 조건 때문에 일찍부터 중국과의 관계가 무르익을 수 있었다.4) 거기에 박차를 가하듯이, 5대의 혼란을 틈타 적지 않은 관민문무官民文武의 한인들이 거란으로 투항해 왔고, 더욱이 중국의 변경 수비를 맡은 장수들로부터 군사원조 요청도 적지 않았다. 망명자들의 선동과 군사 요청이 가뜩이

---

3) **역주_** 서병국, 『거란, 거란인』, 오정, 1992.
4) **역주_** 장지우허 씀, 『몽골인 그들은 어디서 왔나?』, 북방사 연구팀 옮김, 소나무, 2009.

야율아보지의 (추정) 매장지

야율아보지 사당

나 세력팽창의 물결을 탄 아보지(태조)의 남하를 한층 부추기게 되었다.5)

아보지의 남하는 중국의 분열을 틈타서 자주 행해졌고, 노획한 물품과 포로로 인해 거란족은 유목 세계와는 전혀 별개인 농경사회에 대한 지식·기술·생산물에 대한 관심을 고조시킬 수 있었다. 그렇지만 약탈전쟁에는 그에 따른 위험과 손실이 뒤따르게 된다. 때문에 약탈전쟁을 반복하는 동안 위험과 손실을 막기 위한 수단으로 내지를 영유하고자 하는 의욕이 강해지는 것은 자연스러운 일이다. 이에 아보지는 후당後唐(923~936) 명종의 사자에게 "황하 이북의 모든 땅이 무리라면, 연燕(하북성 북경)·정定(하북성 정현定縣)·진鎭(하북성 정정현正定縣)의 3주州라도 상관없다. 이것을 할양하기만 한다면 이후 다른 주현에 대한 침입은 일체 그만두겠다"라는 의사를 표시했다. 물론 이 제안은 거절되었다. 후당은 5대 시기에 강력한 군벌정권으로 성장해 있었기 때문에 위세등등하던 거란도 어찌할 수 없었다.

그로부터 10년 후 거란의 제2대 태종의 치세 때, 태조의 바람은 뜻밖에

---

5) **역주_** 이재성, 『古代 東蒙古史 硏究』, 法仁文化社, 1996.

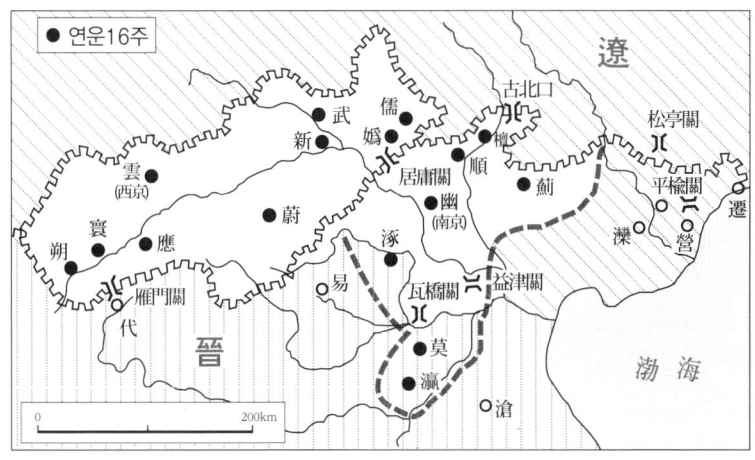

연운 16주

손쉽게 실현되었다. 진양晉陽(산서성 태원太原)을 근거지로 하는 절도사 석경당石敬瑭은 936년에 후당을 멸망시킬 목적으로 거란에게 신하의 예를 취하고, 원군을 간청하며 연운燕雲 16주6)의 할양과 비단 30만 필의 증여를 약속했다. 석경당이 이처럼 내지 주현의 양도를 조건으로 내건 것은, 거란 태조의 강한 희망을 잘 알고 있었기 때문이다. 이것을 미끼로 한다면 반드시 거란의 승낙을 얻을 수 있을 것이란 확신에 기초한 제안이었음에 분명하다. 결국 거란의 태종은 여기에 응하였고, 그리고 그 약속은 실행되었다. 이후, 16주는 오랫동안 중국에서 분리되어 이민족 왕조의 판도에 편입되어 있었다.7)

---

6) 연운 16주는 하북성에 해당하는 幽州(北京), 薊州(薊縣), 瀛州(河間), 莫州(任邱縣), 新州(保安州), 涿州(涿縣), 檀州(密雲縣), 嬀州(懷來縣), 儒州(廷慶州), 順州(順義縣), 武州(宣化) 등의 11주와, 산서성에 해당하는 雲州(大同), 應州(應縣), 寰州(馬邑縣), 朔州(朔縣), 蔚州(蔚縣) 등의 5주로 구성되어 있었다.

역주_ 도나미 마모루(礪波護)의 『난세의 재상 풍도』(허부문·임대희 옮김, 소나무, 2003)도 연운 17주의 다른 측면에서의 사정을 이해할 수 있는 내용이 실려 있다.

7) **역주_** 李唐 著, 金渭顯 譯, 『遼太祖』, 藝文春秋館, 1996.

끈질긴 중원제패의 야망

금동관   요대

찬탈에 성공한 석경당은 국호를 후진後晉으로 하고, 고조(=개창자)라 칭했지만, 거란 측은 그의 왕위 찬탈 경위를 근거로 그에게 진왕晉王의 작위를 줌으로써 후진을 속국으로 간주했다. 고조의 뒤를 이은 말제末帝는 이민족에게 신하의 예를 취하는 행위를 수치스럽게 여겨 일방적으로 약속을 폐기해 버렸다. 이를 반란 행위로 간주한 거란의 태종은 946년에 하남으로 쳐들어가 수도 대량大梁(변경汴京, 하남성 개봉)을 함락하고, 후진왕조를 멸망시켰다. 이때, 거란은 국호를 '대거란국 Yeke Kitai Orun'에서 중국풍의 '대요大遼'로 변경했다. 하남과 하북 땅을 통치하게 된 거란이 국호의 변경을 통해 중국적 왕조의 일면을 가지고 있음을 대내외적으로 선포하고자 했음을 알 수 있다.

유지원

그러나 요 태종의 이러한 중원지배의 꿈은 갑자기 와해된다. 이 유목민 국가의 조잡한 정령政令이 중국 민심의 이반과 집단반란을 재촉하고, 각지 절도사·내지번진內地藩鎭의 반항을 야기했기 때문이다. 태종이 북으로 돌아간 후 불과 7개월 만인 947년에 진양晉陽절도사 유지원劉知遠이 대량(변경)에 입성해서 후한왕조를 세웠고, 하남과 하북으로 진입한 것처

거란문자
왼쪽은 한자와 함께 쓰인 『낭군행기(郎君行記)』 비
오른쪽 위는 도종황후(道宗皇后, 宣懿皇后)의 능묘 제
명(題銘), 아래는 묘명이다.

럼 보였던 거란세력은 곧 제거되었다.

 태종의 이러한 실패에도 불구하고 중국 주현지역(농경사회)에 대한 거란의 진출 욕구는 여전히 사라지지 않았다. 후한後漢은 불과 4년 만에, 그 부하인 천웅天雄절도사 곽위郭威에 의해 후주後周로 대체되었다. 한편, 한漢·주周 교체 과정에서 후한의 일족으로 진양을 근거로 성장한 북한北漢이 후주와 대항하기 위해 거란의 원조를 요청해 왔다. 거란은 기다리고 있었다는듯 이에 응했고, 북한을 단서로 재차 중원 진입의 돌파구를 열고자 했다.[8]

거란인 사기도(射騎圖)

정복왕조의 탄생과 그 성격

산서와 하북의 북쪽에 위치하는 연운 16주는 중국 변경의 추운 땅이다. 게다가 영역도 16주에 지나지 않기에 300여 주를 헤아리는 중국에서 보면 영향이 미미할지도 모른다. 그러나 유목국가 거란의 입장에서 연운 16주는 귀중한 영역으로, 유목지대에 비해서 농경지대는 단위 면적당 생산력이 높다. 게다가 인구 포용력도 막대하므로 경제적 축적 역시 크고 다양하였다. 그로부터 얻을 수 있는 인적·물적 자원은 유목국가로서는 상상할 수 없는 것들이었다. 만약 그것이 정당하게 평가되고 이용될 수 있다면 틀림없이 둘도 없는 존재가 될 수 있다. 그리고 거란제국은 이미 이것을 정당하게 평가하고 이용하는 단계에 도달해 있었다. 그러므로 태조의 입에서 연燕·정定·진鎭 3주의 획득 요구가 흘러나오게 되고, 태종 때에 연운 16주의 형태로 구체화되었으며, 이후에도 계속해서 확대정

---

8) **역주_** 서병국 지음, 『거란제국사연구』, 한국학술정보, 2006.

거란인 수렵도

책이 추진되었다.

  요국의 입장에서 주현지역은 결코 단순한 속령屬領이 아니었다. 물론 그것은 초원지역을 버리고 만리장성의 안쪽[關內]으로 중심을 옮기는 단순한 이동이 아니라, 초원지대와 농경지대의 차이를 인정하면서 양자를 대등하게 결합하여 국가라는 하나의 전체 사회를 구축하고자 했다. 요의 제도가 이를 가장 잘 표현하고 있다. 관제로 정비된 북면관北面官과 남면관南面官은 북인·한인을 별개로 통치하는 조직이기 때문에 관직 각각의 계통과 유래가 각기 다르긴 하지만9) 이 두 가지를 종합해 하나의 국가조직[令制]으로 구성했다.10) 한지漢地의 주州―현縣―향鄕에 준해서 초원지역에도 부족

---

9) 예를 들면 북면관의 敵烈麻都司는 禮部, 夷離畢院이 刑部에 각각 해당한다.

제1장 몽골제국 전사 – 북방민족왕조   25

요대의 무기 왼쪽은 철제 화살촉, 오른쪽은 명적(鳴鏑)이다.

部族-석렬石烈-미리彌里의 상하 구획을 설정한 특이한 주현제, 가축세와 전세田稅를 서로 대응시킨 세법, 거란인 외의 유목민에 대한 형벌과 한인을 위한 형률을 병존시켜서 편찬된 요율遼律, 북방계 표음부호를 채용하면서 그 편성에 한자의 형태를 모방한 거란문자 등, 그 어느 것 하나 전체 구조의 구상에서 벗어난 것은 없다.11)

유목지대와 한지漢地, 북인과 한인이라는 표현에서 보이듯이 각각의 기능을 인정한 위에 새로운 합성사회를 지향하는 이 태도는 두 문화의 융화와 복합 그 자체라 하겠다. 비트 포겔K. A. Wittfogel 12)은 새외塞外민족에 의한 새로운 방식의 중국통치를 정복왕조Conquest Dynasty라 명명했다. 거란 요국이 정복왕조의 제1호를 이루고 이후 여진의 금왕조, 몽골 원왕조가 그 뒤를 잇는데, 이것이야말로 세계제국 당왕조의 통치 속에서 이민족이 정치의식을 성숙시킨 전형적인 예라고 할 수 있다.13)

---

10) **역주_** 崔盆柱,「遼景宗, 成宗代의 漢人官僚의 成長과 그 存在形態-高勳과 韓德讓을 中心으로-」,『人文研究』, 영남대학교, 1990.

11) **역주_** 서병국,「요제국 거란족의 한족 통치사-"한계(漢契) 일체적 중화사상"의 허구성 비판」,『고구려발해연구』29, 고구려발해학회, 2007 ; 이석현,「요의 민족정책과 한족사인」,『북방민족과 중원왕조의 민족인식』, 동북아역사재단, 2009.

12) K. A. Wittfogel, *History of Chinese society: Liao(907-1125)*, Philadelphia : The American Philosophical Society, 1949.

 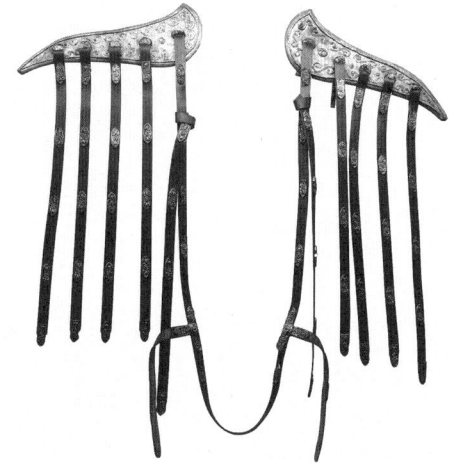

요대의 말 방울장식과 마구

남북조(제2차) 대립으로

북방민족 국가이면서 중국 내지의 영유를 필수로 하는 정복왕조는 이 점에서 역대 중국왕조의 계보 속에 낄 수 있는 자격을 적잖이 가진다. 그렇다면 동시대에 병존하는 한인왕조와의 관계 설정에서 중대한 정치문제를 야기할 가능성이 높아진다. 남북조의 대립은 그 발로의 하나임에 틀림없다. 앞서 살폈듯이 연운 16주의 할양에 대한 중국 측의 합의는 후진의 고조 석경당 시기에는 원만하게 용인되긴 했지만, 다음 대에는 이를 부인함으로써 이후 이 지역의 귀속을 둘러싸고 거란과 중국 사이에 분쟁이 계속된다. 그것은 일종의 전시 상태를 의미하는 것으로, 그 사이에 가장 충격적인 사건이 5대 말기에 발생했다. 959년에 후주의 세종은 연운 16주 가운데 영·막 2주와 후에 거란 영토로 편입된 역주易州를 탈환했다.

후주를 계승해서 오대기의 분열을 수습한 송왕조도 연운 16주의 전면적

---

13) 역주_ 김호동, 「蒙古帝國의 形成과 展開」, 서울大學校 東洋史學硏究室 編, 『講座 中國史 III』, 지식산업사, 1989.

벽화에 묘사된 요대인의 생활 모습   요상경박물관 소장 벽화

송 태조 조광윤

탈환이라는 전대의 유지를 그대로 계승했다. 물론 송 역시 태조 때에는 아직 국내통일이 마무리되지 않아 여유가 없었지만 태조의 뒤를 이은 태종 시기가 되면 우선 거란의 제후국인 북한北漢을 토벌하고 여력을 몰아서 마침내 거란에 대한 실력행사를 단행하게 된다. 그러나 송 태종의 이러한 군사행동은 완전히 실패했다. 송 태종이 기구岐溝(하북성 탁현涿縣 서남쪽)에서 패전(986년)한 것

은 오히려 거란군의 침입을 초래하는 계기가 되었다. 거란과 중국의 관계가 한번 악화되자 변경에서의 교전은 일상이 되어 버렸다. 이 파국은 결국 전연澶淵의 화의和議를 통해 수습될 수 있었다.

전연의 맹-거란 · 송 대등관계로

1004년(송 진종 경덕 원년, 요 성종聖宗 통화統和 22년)에 체결된 전연澶淵의 맹약은 국경의 현상유지를 상호 확인한 제1항이 최대 핵심이다. 물론 현상유지를 위해 영 · 막 · 역 3주의 귀속을 쟁취했다고는 하지만, 송은 제3항에서 은 10만 량, 비단 20만 필의 증여(매년 납입)를 약속하고 있기 때문에 결코 무조건적 주장의 관철은 아니었고, 실질적으로는 일종의 배상이었다. 또한, 3주의 확보를 거란 측으로부터 승인받았다고는 하지만, 그 반면에 송은 남은 10여 주를 요로 귀속시키는 것을 공인했기 때문에 연운 16주의 전면 탈환이라는 종래의 기치와 비교해 매우 빈약한 내용에 머물고 있다. 그렇다고 해도 석경당에 의해 야기된 과거

남탑 요대, 바린좌기 소재

채색자기 요대

60년간의 분쟁이 이 화약에 의해서 일단의 해결을 보았고 양국 평화의 기초를 새롭게 굳히게 된 공적만은 인정하지 않을 수 없다.

결과적으로 말한다면 송 스스로 요에게 연운 10여 주의 귀속을 인정하고 있음은 할양을 허락했다는 의미가 된다. 중국 고유의 판도라고 일컫는 지역을 타국에 할양한 이상—앞서 석경당이 신하의 예를 취해 종주국에 헌납한 것 같은 예는 논외로 하더라도—양국의 관계는 대등한 입장이어야 한다. 실제로 이 화친조약 체결 이후 양국이 교환한 국서에는 서로를 북조·남조라고 표현하고 있다. 이것은 중국에게도 중대한 변화였다. 원래 중국을 대표했던 왕조들이 번왕국藩王國이나 조공국朝貢國은 인정했어도 대등국을 인정한 경우는 원칙적으로 없었는데 이 오랜 전통이 여기에서 깨졌다. 이러한 중대한 변화를 초래한 것은 무엇보다도 정복왕조의 막강한 국력과 정치의식의 고양이라 할 수 있다. 이로부터 본격적인 제2차 남북조 정국이 전개되었다.[14]

---

14) **역주_** 윤영인, 「10~13세기 동북아시아 다원적(多元的) 국제질서(國際秩序)에서의 책봉(冊封)과 맹약(盟約)」, 『동양사학연구』 101, 동양사학회, 2007.

연주하는 여진족   이춘시 출토

2. 12세기의 남북관계-금과 남송

여진족 금의 남진[15]

본래 만주의 동부, 송화강 중류 일대에서 수렵 및 농경 생활을 영위하던 퉁구스계 생여진生女眞은 동족인 숙여진熟女眞과 비교해서 발전 정도가 뒤떨어진 부족이었다.[16] 그들은 12세기에 들어서 수령 아구타의 통솔 아래에서 부족통일을 완성했고, 요의 가혹한 통제정책에 불만을 품어 군사행동을 감행했다. 그리고 다음 해(1115년)에 아구타는 요의 마지막 황제 천조제天祚帝가 이끄는 친정군을 격파한 뒤에 스스로 황제를 칭하고 국호를 금金, 연호를 수국收國으로 해 독립을 선언했다.[17]

---

15) **역주_** 李龍範, 『中世 滿洲·蒙古史의 硏究』, 同和出版公社, 1988.
16) **역주_** 金庠基, 「金의 始祖에 대하여」, 『국사상의 제문제』 19, 국사편찬위원회, 1960 ; 이동복, 「遼末 女眞社會의 構成(Ⅰ)-黑水와 黑水靺鞨-」, 『청주대논문집』 17-1, 1984 ; 「遼末 女眞社會의 構成(Ⅱ)-三十部女眞의 問題-」, 『人文科學論集』 3, 청주대 인문사회과학연구소, 1984 ; 「遼末 女眞社會의 構成(Ⅲ)-生女眞社會의 성장-」, 『淸大史林』 4·5, 1985 ; 「遼末 女眞社會의 構成(Ⅰ)-猛安謀克戶의 編成-」, 『歷史學報』 106, 1985.
17) **역주_** 임용한, 『전쟁과 역사2-거란·여진과의 전쟁』, 혜안, 2004.

금대의 잡극전조(雜劇塼雕)
산서성 출토, 윗줄은 연주자들이고 아래는 잡극의 출연자들이다.

아구타 세력은 요동 일대에서 농경사회를 형성하던 숙여진을 규합함으로써 전 여진족의 통일국가를 구축할 목적으로 만주로부터 남하를 시작했다. 그리고 이 시도가 성공하면서 금국은 확실한 기반을 갖추게 되었다. 금국의 형성에 주목한 송이 요나라를 타도하기 위해 금국과 제휴하려는 계책을 세운 때가 바로 이 시기였다.

송은 요에게 지불하던 은 20만 량, 비단 30만 필[18]을 금에게 준다는 조건을 내세워 연운 16주를 탈환하기 위한 군사협력을 요청했다. 1118년에 금은 이 제안을 받아들였지만 그 후 송·금 쌍방의 약속 위반과 불이행이 쌓여서 결국 제휴관계는 없어져 버렸다. 이어서 금 태조의 동생 태종 우치마이(吳乞買)는 여진 군대가 천조제를 공격하기 위해 산서로 진입했다는

---

18) 진종 경덕 원년의 전연의 맹의 증여액은 인종 경력 4년(1044)에 개정되어서 은·비단 각 10만을 증액했다.

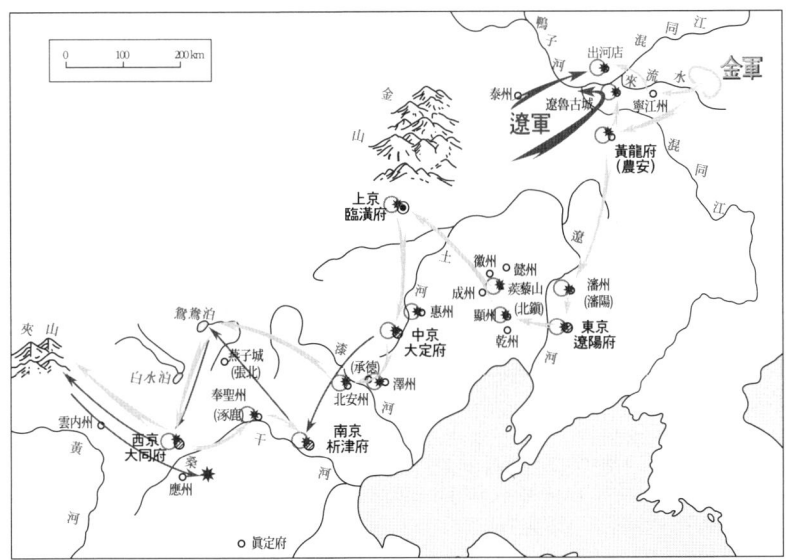

금·요 전쟁도

이유를 들어 산서 쪽에 속하는 연운 10주의 영유를 주장하고 반환하지 않았다. 뿐만 아니라, 그 위에 중산中山(하북성 정현), 하간河間(하북성 하간현), 태원太原(산서성 태원현) 3진의 할양을 요구했다. 내지의 주현을 자기의 영토로 확대하고자 하는 금의 강한 열망은 12세기의 남북조 관계를 요와 송 시대와는 다른 양상으로 이끌고 있었다.19)

정강의 변과 소흥화의

요국의 멸망으로 후환을 두려워할 염려가 사라지자 금의 영토 요구는 급속하게 강경해진다. 정강 원년(1126) 정월, 금은 송의 허를 찔러 수도 변량(개봉)을 포위하고 '3진을 할양하겠다'는 맹세를 강요하는 이상사태를

---

19) **역주**_ 황종동,「金朝의 華北占領과 당시의 민중반란에 대하여」,『대구사학』5, 대구사학회, 1972.

채문희귀한도(蔡文姬歸漢圖)   2세기 말 흉노에게 포로로 끌려갔다가 귀환한 채문희의 고사를 담은 그림. 시기는 다르지만 휘종과 흠종을 비롯한 남송의 황실 관계자 대부분이 북방으로 납치된 경험 때문에 남송에서는 이러한 소재를 즐겨 묘사했던 것 같다. 한말의 이야기지만 남송시대의 풍속을 반영하여 그림에 묘사된 이민족들도 변발을 하고 있다.

남송의 기틀을 닦은 고종

두 차례나 되풀이했다. 결국, 애매한 송의 태도에 화가 치밀어오른 금은 정강 2년(1127)에 송의 황제 휘종·흠종 부자는 물론이고 경사에 있던 후비·종실을 전부 포로로 삼고, 경사의 막대한 약탈품과 함께 북만주로 압송해 갔다. 그리고 금에 억류중인 송의 전 재상 장방창張邦昌을 위협해 변량汴梁에서 초국楚國 황제로 즉위시켰다. 이렇게 해서 혼란한 중원의 정국을 수습시키고자 했다.

이른바 정강의 변으로 송왕조는 어처구니없는 형태로 일단 멸망하지만, 때마침 지방에서 재난을 피한 종실의 한 사람, 휘종의 아홉 번째 아들인 강왕康王 구構가 남경(하남성 상구현商

송의 중흥 4장군 왼쪽부터 악비(岳飛), 장준(張俊), 한세충(韓世忠), 유광세(劉光世)

丘縣)에서 송의 존속을 선언하고 강남으로 후퇴함으로써 송왕조의 명맥을 겨우 건질 수 있었다. 그가 바로 남송의 기초를 닦은 고종이다.

금국이 물론 이 움직임을 좌시하고 있었던 것은 아니다. 목표를 고종으로 좁혀서 그를 추적해 한때는 군대를 멀리 강남까지 출진시켰지만 한정된 군사력에 의한 원정이었기 때문에 남송을 무너뜨리기에는 무리였다. 강소에서 절강, 강서 지방까지 침입한 금군은 광대한 적지에서 오히려 고립되어 보급로를 차단당하고 귀로를 저지당해 겨우 강북으로 귀환할 수 있었다.[20]

이에 반해 송 측은 정강의 변으로 왕조의 중추부를 잃고 기능을 정지당한 마비 상태에서 겨우 회복하여 힘을 소생시켜 갔다. 그리고 남송 정부는 임안臨安(절강성 항현杭縣)을 수도로 삼아 제반 조직을 갖추어 나갔다. 게다가 명신 장준張浚은 사천을 잘 보전하였고, 한세충韓世忠·악비岳飛·유광세劉光世·장준張俊 등의 무장들은 하남 회복을 목표로 강북에서 전과를

---

[20] **역주_** 이석현, 「江南으로의 人口移動-唐宋時期의 戰爭과 避難史」, 『東洋史學研究』 103, 동양사학회, 2008.

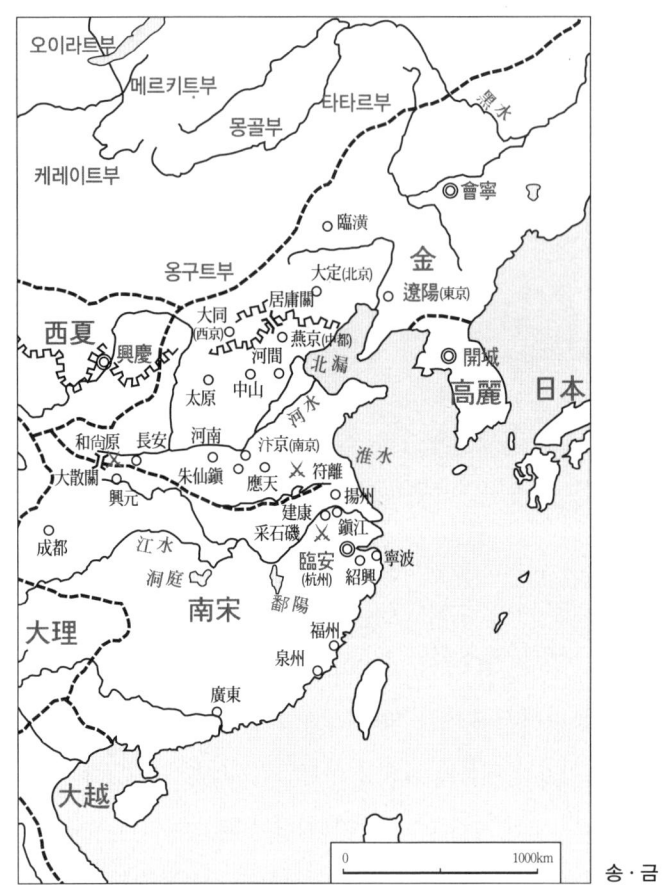

송·금 영역도

올리기 시작했다. '정강의 변' 이후 십수 년간의 공방이 자연히 그 시점에서의 금·송 양국 간의 세력균형선을 결정했다. 1141년(송 고종 소흥 11년, 금 희종 황통 원년)의 화의[21]는 실은 이 균형선을 서로 확인해서 그것을 조문화한 것에 지나지 않는다.[22] 즉 회수淮水·대산관大散關(섬서성 보계현 寶雞縣 서남)을 경계로 국경을 정한 이 화의는 그 후 다소의 파란은 있었지만

---

21) 紹興和議 또는 皇統和議라고도 한다.
22) **역주_** 유원준, 「宋金同盟과 馬擴의 역할」, 『東洋史學硏究』 105, 동양사학회, 2008.

변경되지 않고 유지되었다.23)

따라서 회수·대산관이 중국 본토를 가르는 남북 경계가 되었다. 이전 연운 16주 영유에 머물렀던 요로부터 금이 회수 이북의 백여 주를 획득한 사실은 북조의 획기적 약진이었다고 말할 수 있다. 이렇게 해서 제2차 남북조의 정국은 12세기에 들어와서 비로소 명실상부한 실체를 갖추게 되었다.24)

해릉왕-그 인물과 행적

금의 제4대 황제는 통상적으로 해릉왕海陵王이라 불린다. 태조의 서장자庶長子 완안종간完顔宗幹의 둘째 아들로, 본명은 디구나이 Digunai고, 중국 이름은 량亮이라 한다. 그에게는 천덕天德·정원貞元·정륭正隆의 세 연호만 있고, 13년의 치세(1149~1161)를 가진 황제임에도 묘호廟號25)가 존재하지 않는 이유는 왜일까? 궁정 내에서는 임금을 죽이고 모후를 해쳐서 규문閨門이 수습되지 않았고, 밖으로는 가혹한 형벌로 무고한 자를 살해했다. 또한 까닭없이 맹약을 깨고 명분없이

해릉왕 1122~1161년. 금의 4대 황제

---

23) **역주_** 박지훈, 「南宋 高宗代 主戰派의 華夷論」, 『東洋史學研究』 85, 동양사학회, 2003.
24) **역주_** 조복현, 「宋代 絹價의 變動과 그 特徵 研究」, 『東洋史學研究』 100, 동양사학회, 2007.
25) 사후 종묘에 제사지내질 때 그 종묘 내의 위치를 가지고 죽은 황제의 칭호로 사용한다.

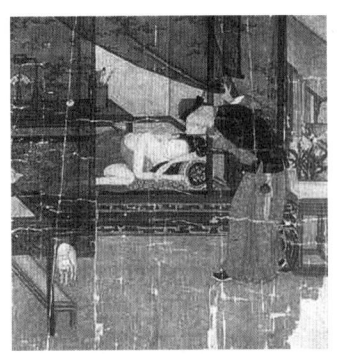

미색을 탐하는 해릉왕을 묘사한 그림

군사를 일으켜 국력을 소모시키는 등의 과오 때문에 사후에도 종묘26)에 제사 지내지 않은 채 단순한 왕작27)으로 대우되었고, 나중에는 왕작조차 박탈되어 서인庶人으로까지 지위가 강등되었다.

해릉왕은 종형제에 해당하는 희종熙宗을 죽이고 즉위하였기 때문에, 처음 출발부터 이상한 흉기가 감돌았다. 즉위 이후에도 질투와 의심으로 종실을 살해하고 미색에 빠져 짐승 같은 행실을 일삼았으며, 기분에 따라 형벌을 실시하였다. 마지막에는 자신 역시 신하의 흉도에 쓰러졌으니 이것 또한 예사롭지 않다. 후세에 그를 대표적인 폭군의 전형으로 삼고 있는 이유도 당연하다. 반면 해릉왕은 어려서 글을 깨쳐서 독서를 좋아하고 유생들과 담론을 즐겼으며 고사故事에 능하고 문예에 뛰어나 당시에 현賢이라 불렸다고 한다. 그가 지은 시인 <오산吳山>은 이러한 일면을 드러내고 있다.

천하는 모름지기
왕자王者 한 사람의 정령政令 아래에 통일되어야 하는 것.
언제부턴가 강남에 대립국이 있었으니,
남북조의 분열이 계속되고 있어도 좋은 것인가?
지금 보라, 백만의 병사를 이끌고 남송을 토벌하여,
국도 임안부의 교외 서호西湖 근처를 공격하여,
몸소 성내 오산吳山의 정상에 말을 타고 나아가,

---

26) 종묘의 제사를 받는 것은 황제의 특권.
27) 최고의 작위지만 신하에게 주어지는 것.

임안부의 함락을 마지막까지 지켜보는 것을.[28]

이 시에서는 강남을 병합하는 해릉왕의 광대한 기개가 흘러넘치고 있다. 또한 <영설詠雪>에서는 이렇게 감성을 표현하고 있다.

어제의 비루한 초촌樵村과 포구도
하룻밤 내린 눈에 오늘 아침에는 백옥白玉의 나라처럼 보이네.
향로봉도 아닌데,
발을 친 사이로 보이는 먼 산 설경의 아름다움이여.
새벽이라 고귀한 미인은 아직도 금장錦帳에서 자고 있어,
눈꽃으로 뒤덮여 버린 하천 풍정風情을 알지 못하네.
눈을 뜬다면 양화揚花가 흩어진 것인가,
아니면 노화蘆花가 흩어진 것인가 놀라 물을 것이다.[29]

만인의 심금을 울리는 섬세한 감정이 잘 표현되어 있다. 실로 당시 으뜸으로 칭해짐이 헛말이 아님이 증명된다.

이러한 모순되는 양면성이 해릉왕에 대한 다양한 해석을 가능케 한다면 그의 치적 역시 똑같은 지적이 가능하다. 즉, 연경燕京으로 천도한 이후에, 중국을 지향하고 중국을 확보하고자 하는 여러 시책을 마련했던 것과는 대조적으로 현실을 고려하지 않은 남벌이라는 난폭한 행동을 하기도 했다. 요의 수도였던 연경을 대규모로 확대해 중도中都를 건설하고 북만주에서 먼저 이곳으로 천도했고(1153년), 이어서 송의 옛 수도 변량을 고쳐 지어 두 번째 천도를 실시했다(1161년). 여기에 대량의 여진인을 군사, 사회

---

28) "萬里車書合混同, 江南何有別提封, 移兵百萬西湖上, 立馬吳山第一峰."
29) "昨日樵村漁浦, 今日瓊州小渚, 山色捲簾看志峰, 錦帳美人貪睡. 不覺天花翦水, 驚問是揚花是蘆花."

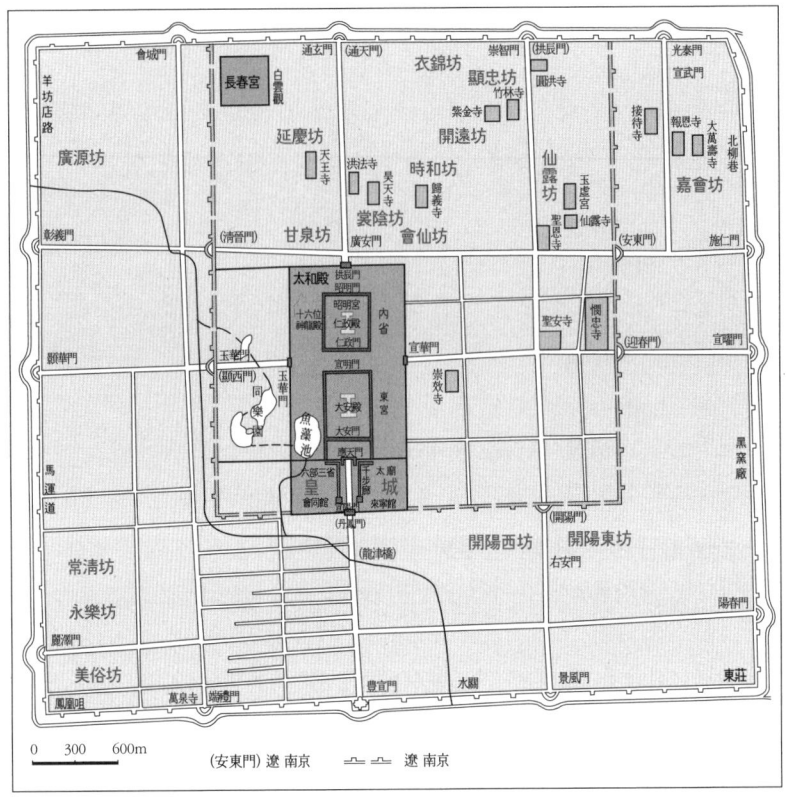

금 중도성

생활적 단위로서 천호千戶(맹안猛安)·백호百戶(모극謀克)의 형태로 이주시키고 중국 내지의 관전官田을 주었다. 한지 통치를 중국인에게 위탁하는 것이 아니라, 여진인 스스로 관리하고자 했다는 점에서, 해릉왕의 이 조치는 정복왕조로서 성숙해 가는 금국의 모습 그 자체라고 하겠다.

일찍이 금국은 20년 전 북송의 국도를 함락시키고 단숨에 하남까지 진출했으며, 거부하는 장방창을 위협해서 괴뢰정권인 초국을 세워서 황제로 삼은 적이 있다. 장방창이 즉위 한 달 만에 남송에 투항하자, 제국齊國을 세워 유예劉豫에게 한지의 대리통치를 위탁시켰던 단계를 넘어서서 여진인

금대의 무인상(좌)과 문인상(우) 모두 중국식 복장을 하고 있다.

에 의한 자주적 통치로의 발전을 이루고 있다. 금나라 최초의 법정화폐인 지폐가 해릉왕의 치세 때 발행된 것에서도, 그가 당시 중원의 경제 상황에 관심이 많았음을 확인할 수 있다.

해릉왕이 정복왕조로의 금의 위상을 높인 것에 비교하면 정륭正隆의 남벌은 전혀 거기에 걸맞지 않는다. 중원에 대한 자주적 통치를 지향하는 여러 시책이 막 진척되기 시작했고, 대규모 토목공사에 따른 노역 동원으로 백성들의 고통이 적지 않은 상황이었다. 그럼에도 불구하고 병사의 강제징발과 막대한 전쟁비용의 증가는 민심의 동요와 국고의 파탄을 피할 수 없었다.

우윤문

실제로, 거란족은 대량 징발에 반발하여 열하熱河에서 대반란을 일으켰고, 내지에서도 산동·산서에서 불만을 품은 한인들이 반기를 들었다. 따라서 여진·거란·해奚·한인 등의 혼성군이 37만을 헤아린다고 해도 단순한 오합지졸에 불과했기 때문에 전혀 화합하지 못했다. 더구나 전투는 북방의 군대가 가장 능숙치 못한 수전水戰으로 진행되었기 때문에, 지리적 이점도 잃게 되었다. 채석기采石磯(안휘성 당도현當塗縣 서북) 전투에서 우윤문虞允文이 이끄는 남송 수군에게 대패한 해릉왕은 군대를 양주로 이동하고, 과주瓜洲(강소성 강도현江都縣 남쪽)에서 재차 도강을 강행하려다가 1161년에 군사정변으로 횡사하고 말았다.

금국 재정의 궁핍

'정륭의 남벌'은 단순한 군사계획의 실패로만 끝나지 않았다. 국내의 동란, 군대의 궤멸과 도망에 이어 거란족의 반란과 송군의 공격이 남북에서 금을 협공해 왔다. 이 비상사태를 어떻게 수습할 것인가? 이것이 해릉왕의 뒤를 이은 세종의 일대 과제가 되었다.

게다가 남송은 채석기 전투의 승리와 해릉왕의 횡사를 틈타 회수를 건너 금국으로 진입해 들어왔다. 이것은 금국 측의 맹약 위반을 방패로 삼아 다가올 강화회의에서 이전의 소흥화약紹興和約, 특히 국경선 문제를 가능한 한 유리하게 개정하려는 목적이었다. 그러나 세종은 북상하는 남송군을 부리符離(안휘성 숙현宿縣 북쪽)에서 격파함으로써 남송의 진출을 국경선상에서 계속 저지시킬 수 있었다. 따라서 1165년(남송 효종孝宗

좌 | 금대의 그릇
우 | 금대의 한주자사(韓州刺使) 동인(銅印)

건도乾道 원년, 금 세종 대정大定 5년)에 체결된 두 번째 강화조약에서 금국은 양국관계를 군신관계에서 숙질관계로 완화시키고, 은과 비단 각 25만 량필에서 각 20만 량필로 삭감하는 정도로만 양보했을 뿐, 국경선에 관한 한 조금의 개정조차 허락하지 않고 조약을 마무리했다.

금대의 화폐 왼쪽은 승안보화, 오른쪽은 정원룡보

금대의 철리경(鐵犁鏡) 쟁기 모양의 동경. 상경지역의 유민들도 점차 유목에서 농경으로 옮아가고 있음을 보여준다.

쌍어문대동경(雙魚紋大銅鏡) 금대에 만들어진 가장 크고 무겁고 정밀한 거울이다.

남송과의 분쟁은 손실이 가장 적은 형태로 일단락되었고, 거란족의 반란도 1년 만에 진압함으로써 외환은 모두 일소했지만, 반면에 국내재건이라는 내정 문제는 여전히 해결의 실마리가 보이지 않았다. 정릉의 남벌에 따른 빈번한 각종 군사 요역과 과중한 징세가 백성들의 생활을 피폐화시켰고, 유망민의 출현과 황무지의 속출은 사회문제로 부상해 있었다. 내정의 정비는 우선 호적·전적田籍에 대한 수정으로 시작되었는데, 이를 통해 고갈된 재정을 재건시키고자 했다.

세종은 즉위 4년(1164)에 토지·장정·동산의 총수를 신고하게 하는 정령을 내리고, 그 결과에 기초해서 물력전物力錢이라는 새로운 자산세를 제정했다. 국운의 회복을 위해서는 우선 백성들의 휴식이 필요하고, 이를 위해 세역의 경감이 급선무인데 오히려 새로운 세를 부가한 것이다. 그만큼 국고 결핍의 심각성을 알 수 있다.

작은 요순 세종의 치세

해릉왕의 남벌 실패가 야기한 금국의 정세는 심각한 위기라 할 수 있고, 회복은 쉽지 않았다. 따라서 대정大定 연간 30년에 걸친 세종의 정치가 일관되게 소극적인 수구守舊 색채를 띤 것은 어쩔 수 없었다. 세종은 황태자에게 이렇게 일깨워 주고 있다.

여진문자 여진진사제명비(女眞進士題名碑)

> 짐은 너를 위해 천하를 도모하였고, 또 국외의 경략經略사업을 벌였다. 너는 또한 조종祖宗의 순후純厚한 기풍을 잊어서는 안 되고, 도덕을 힘써 수양하는 것으로 효孝를 삼고, 상벌賞罰을 명확히 하는 것으로 치治를 삼아야 한다. 옛날에 당 태종이 (황태자) 고종에게 말하길 "나는 고려高麗를 정벌하는 일을 마치지 못했다. 너는 이것을 계속 이어야 한다"라고 했다. 짐은 그와 같은 일을 너에게 남기지 않겠다. (『금사金史』, 「세종본기世宗本紀」)

즉, 그의 눈은 항상 국내로 향했고, 노력은 내치에 집중해 있었다. 사치를 경계하고 검소함을 추구함으로써 자연히 화려한 중국풍 문물을 배척하고 소박한 여진 풍속의 선양에 관심을 가졌다. 그 중에서도 특히 후자는 세종의 치세를 특징짓는다. 다만, 여진 풍속의 선양이라 해도 그것은 여진족의 낮은 문화시대로의 복귀를 의미하는 것은 아니다. 이것은 세종이 국풍國風을 진흥시킨다는 취지에서 여진문자 · 여진 국자학國子學30) · 여진 진사과31) 등을 만들어 국가의 부흥을 지향한 사실에서도 분명히 드러난다.

---

30) 수도에 설립된 여진문자 · 여진어의 학습을 위한 국립대학.
31) 여진문자 · 여진어를 과목으로 하는 과거시험.

본래 여진문자는 여진어 표기에 편리하도록 거란문자를 약간 개정해 만들었고, 일찍이 태조 때의 대자大字, 희종 때의 소자小字가 제정되어 있었지만, 문자 구조의 번거로움과 함께 기록용으로 여진어가 사용되지 않았기 때문에 있어도 쓸모없는 상태였다. 세종 때에 비로소 사용이 장려되기는 했지만, 다만 문자의 속성상 지배층에 한정될 수밖에 없었다. 따라서 여진문자로 경서·사적을 번역하고 그것을 국자학 이하의 주현여진학州縣女眞學에까지 이수시키며, 그 성과를 여진 진사과로 평가해서 관리에 임용한다는 방안이 마련되었다.

다시 말해, 중국 문화를 무턱대고 배척하는 것이 아니라 그 정신문화의 가치를 평가하고, 여진어·여진문자에 의해 그것을 여진족에게 주입하고자 했다. 그러므로 이것이야말로 여진인과 중국인 사이에서 서로의 독자성을 인정한 기초 위에, 공통의 문화 기반을 절충하고자 하는 정복왕조의 지향 그 자체라 하겠다. 이런 의미에서 세종의 국풍 진흥은 단순한 국수주의가 아니었던 것, 그와 동시에 작은 요순이라고 후세에 찬사를 받는 것도 결코 우연이 아님을 이해할 수 있다.

장종 시기, 금 문화의 황금시대

세종이 기도했던 국풍 진흥은 30년간의 노력에도 불구하고 별다른 효과를 거두지 못했다. 다음의 치세인 장종 시대가 되면 적어도 중국 내지로 이주한 여진족은 모두 중국화되고 말았다. 즉, 만주에서 이주해 중국에 거주하였던 여진인의 천호·백호 집단의 성원은 대부분 중국 농민에게 경작을 맡기고 기식자寄食者로 변화하기 시작하였고, 상층의 부유한 여진인은 중국 문물을 받아들이는 데 몰두했다. 이러한 경향은 장종을 정점으로 하는 궁정이 가장 심했는데, '정강의 변'을 통해 약탈해 온 북송

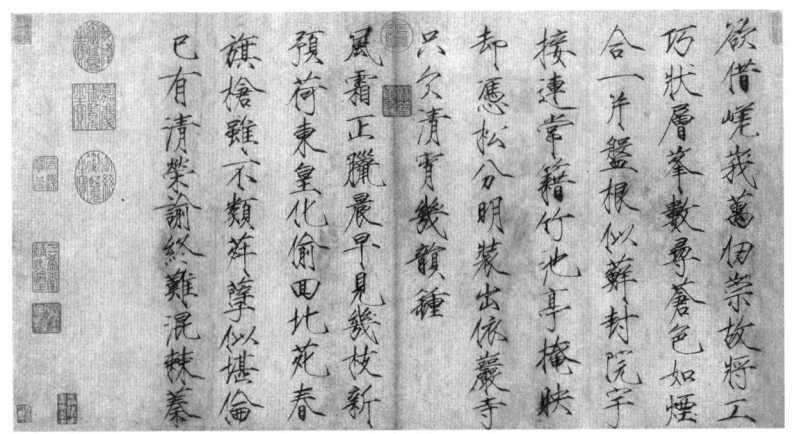

휘종의 글씨   그림에도 능했던 휘종의 수금체(瘦金體)는 후세의 서체에 큰 영향을 주었다.

문화의 난숙기인 선화宣和 연간의 기교 옥기奇巧玉器나, 북송 휘종이 비밀리에 소장했던 서화 골동품을 애호하고, 변경汴京의 궁전 금원禁苑을 그림으로 그리면서 이것을 선망하는 풍조가 넘쳐 있었다. 장종이 휘종의 외증손에 해당되고 그런 까닭에 휘종의 글을 좋아하여 그 서체를 체득하고 있었음은 잘 알려진 이야기다. 세종이 의도한 이상과 비교하면 그것은 매우 상반된 현실이었다. 정화·선화 연간에 만연된 현란한 사치 문화가 실은 북송 멸망의 조짐을 만든 꽃이었던 것처럼, 장종 시기에 제철이 아닌 때에 핀 것 같은 선화 연간을 모방하는 문화도 같은 운명을 금왕조에 예언하고 있다.

북송의 휘종   정치력은 없었지만 서화 등에 뛰어났다.

동일한 북방민족이라 해도 몽골족과 만주의 주민은 한 문화를 수용하는 태도에 차이가 있다. 그것은 생활 기반의 차이에서 유래한다.32) 유목민은 근본적으로 농경경제에 친숙해질 수 없으므로, 한 문화에 전면적으로 동화할 수 없다. 이에 반해 반농·반목하는 만주의 퉁구스족에게는 한 문화와 농경사회라는 공통 조건이 있기에 양자는 선진·후진 관계에 지나지 않는다. 때문에 후진의 퉁구스족이 선진의 한인 문화에 일직선적으로 몰입하는 것은 피할 수 없는 이치로, 금왕조가 좋은 예라 하겠다.

그렇다면, 해릉왕에서 장종 시기에 걸쳐 높아지는 세 번의 비연속적 물결 속에서도 세종조의 두 번째 물결은 자연에 역행하는 인위적인 움직임이며, 결국 그것은 자연의 대세에 대항하지 못하고 사라져 버렸다고 볼 수 있다. 금국을 대표하는 문인·학자의 대부분이 그 후반기에 나타나는데, 그 중에서도 장종 시기가 인재 배출의 중심축을 이루고 있다. 역학易學의 마구주麻九疇, 『황화집黃華集』의 저자인 동시에 서화로도 명성이 나 있던 왕정균王庭筠을 비롯해서, 『호남유로집滹南遺老集』의 저자 왕약허王若虛, 『동암집東巖集』의 저자 원덕명元德明 등은 모두 그러한 예다.

정복왕조는 이 단계에 이르러 확실히 너무 무르익어 가고 있었다. 그 사실을 명확히 보여주는 것이 원호문元好問의 금국에 대한 관점이다.『유산집遺山集』을 포함하는 여러 저서를 통해 금나라 제일의 문인이라 칭해지는 원호문은 비참한 망국의 유민으로 여생을 보냈지만, 역경 속에서도 『금사』편찬에 온 힘을 다 바쳤다. 무엇이 그로 하여금 『금사』편찬에 열의를 가지게 했던 것일까?

금국의 전장법도典章法度는 예례禮에 맞고 이리에 합치되며, 한漢과 당唐의

---

32) **역주_** 주채혁, 「유목사상에서의 몽골의 위치-유목의 개념 정의 문제와 함께-」, 『강원사학』, 강원사학회, 1988.

것과 비교해서 크게 뒤떨어짐이 없다. 나라가 망했다 하더라도, 이 가치 있는 일대의 발자취를 어찌 후세에 전하지 않을 수 있겠는가? (『금사金史』, 「문예전文藝傳」)

한인 사대부, 즉 중국인 지식계급에 속하는 원호문에게 금왕조는 이미 이민족 왕조가 아니라 자신의 왕조였던 것이다.

3. 몽골의 출현과 제2차 남북조의 종말

금국 북변방비의 파탄

열하초원의 거란인이 '정륭의 남벌'에 따른 가혹한 군사 징집에 반발해 대규모 반란을 일으켰음은 이미 살펴보았다. 그런데 와알窩斡을 수령으로 하는 이 반란은 결코 고통스러운 나머지 일어난 단순한 폭동이 아니었다. 금으로부터의 독립을 쟁취하려는 이러한 지향은 거병 후 얼마 지나지 않아 와알이 황제를 자칭한 것에서도 엿볼 수 있다. 거란족이 품고 있는 망국의 원한이 강제 징발이라는 가혹한 통제와 해릉왕 암살에 따른 금국의 혼란을 절호의 기회로 삼아서 일제히 솟구쳐나온 것이다.

본래 유목민의 의식에 따르면, 수렵농경민은 자신들보다 한층 열등한 존재였다. 그들이 쉽게 농경민이 되지 않는 이유의 태반도 여기에 있다. 게다가 예전에는 거란 요국의 예속민이었던 열등한 퉁구스계 여진족이 지금은 반대로 거란인 위에 군림하게 되었기 때문에, 거란족의 심중에 새겨진 굴욕의 깊이는 상상하고도 남음이 있다. 그 한 예를 몽골제국 칭기스칸의 공신인 석말에센石抹也先의 일족에 의해 뚜렷이 살펴볼 수 있다.

12세기 말 몽골족의 분포

석말에셴은 거란인이다. 조부인 크리겔庫烈兒은 요국이 멸망하자, 금국의 녹봉은 먹지 않겠다고 맹세하고 부락을 거느리고 옛 땅에서 멀리 이주했다. 크리겔의 아들인 트라비차르脫羅(畢)[華]察兒도 마찬가지로 금국에서 벼슬하지 않고 죽었다. 에셴은 그 차남이다. 10세 때 아버지에게서 조국의 멸망 사정을 듣고 분개하여, 내가 반드시 조국을 부흥시키겠다고 말했다. (『원사元史』「석말에셴전石抹也先傳」)

아버지에서 아들에게, 아들에서 손자로 전해진 거란족 망국의 통한 역시 와알의 봉기를 재촉하는 또 하나의 원동력이 되었을 것이다. 그러나 와알의 반란은 세종의 현명한 노력에 의해 곧 진압되었고, 반란에 가담한 모든 거란인들은 가족과 함께 북만주로 강제 이주되어 여진족의 맹안·모극호 아래 배속되었다. 억압 때문에 생긴 울적한 불만이 안으로 쌓이고, 밖으로는 많은 거란인이 열하로부터 이주된 이 사태가 금의 북변 방비체제에 중대한 균열을 만들게 되었다.

금의 몽골 통제는 일종의 교묘한 근교원공近交遠攻 정책으로 이루어졌다. 광활한 초원에 흩어져 있는 유목민에 대한 전체적 통제는 농경수렵민인 여진족에게는 대단히 어려운 일이었다. 때문에 우선 인접한 초원민을

흥안령 일대의 금대 계호(界壕) 장종이 북변 방호를 위해 구축한 장성과 참호

확실하게 제압하고, 그 세력을 몰아서 몽골리아 유목민을 복종시키며, 차례로 위령威令을 전달시켜 몽골의 깊숙한 곳까지 도달시키고자 했다.

이것을 실현하는 첫째 조건이 거란족의 완전한 제압이었음은 말할 필요도 없다. 그리고 사실 규군糾軍이라는 요의 근위 군단을 전용해서, 그들의 생활권인 열하초원 주변에 배치한 것이 금의 북변방어의 최전선을 이루고 있었다. 그 다음 이를 통해 흥안령 서쪽의 유목민인 타타르부를 위압하고, 나아가 타타르부를 통해 중앙 몽골리아의 여러 부족을 제압하는 데 성공했다. 실제로 해릉왕의 명령에 따라 타타르부는 당시 중앙 몽골리아에 흥기한 몽골부의 부족장 암바가이칸(칭기스칸의 종증조부)을 체포해서 금에 넘겨주었다. 또 금 세종 시기에는 종종 변방의 군대를 몽골리아에 파견하여 감정減丁, 즉 장정壯丁을 죽이는 멸정 정책을 통해 몽골의 전투력을 삭감시키기도 했다.[33]

이상에서 와알 반란의 평정으로 야기된 열하초원의 새로운 정세가

---

33) **역주_** 박원길, 『몽골고대사연구』, 혜안, 1994.

좌 | 몽골의 말안장과 등자
우 | 안장과 등자를 착용한 말

금의 변방에 중대한 결과를 초래하고 있음을 살펴보았다. 비협력적인 거란족의 소극적 반항과 거란부대의 현실적 허술함이, 곧 금의 타타르부에 대한 통제력을 이완시켰다. 세종 말기부터 장종 시기에 걸쳐 빈번히 보고되고 있는 변방 침입 소식은 실제로 이러한 의미를 나타낸다. 금국은 마침내 1196년(승안承安 원년)에 타타르부의 토벌을 결의하지만, 이때에도 독자적인 힘으로는 토벌이 결코 가능하지 않았다. 이 목적은 몽골리아 중앙부의 대표적 세력인 케레이트부를 교사하여 비로소 달성할 수 있었다. 그러나 이 성공은 얄궂게도 금에게 치명적인 중대사를 야기하는 원인이 되었다.

정우의 남천-몽골의 금국 침공[34]

남쪽 음산산맥陰山山脈과 동쪽 대흥안령大興安嶺에 의해 병풍처럼 둘러싸인 몽골리아 중앙부의 오논강과 케룰렌강 상류에 거주하고 있던 몽골부가

---

34) **역주_** 김귀달, 「文獻上에서 본 元太祖연구」, 『大邱史學』 4, 대구사학회, 1972 ; 「秘史를 통해 본 蒙古 太祖의 연구(2)」, 『전북대학논문집』 14, 전북대학교, 1972.

좌 | 칭기스칸 초상
우 | 칭기스칸 탄생지 부르칸 칼둔과 칭기스칸 행궁터

부족통일의 기회를 가진 것은 12세기 전반 요·금 교체에 따른 몽골리아의 혼란을 틈타서다. 그러나 곧바로 신흥강국 금과 그 협력자 타타르부에 의해 저지되어 부족이 분해되고 말았다. 이 고난 속에서 칭기스칸(1167~1227)은 1189년에 몽골부족의 재통일을 실현하기도 했는데, 이때는 금 세종의 치세가 끝나기 1년 전이었다.

그로부터 7년 후에, 금국의 타타르 토벌에 칭기스칸도 케레이트 부족장 옹칸과 제휴하여 출정했다.[35] 몽골부에게 타타르부는 금국과 더불어 2대 숙적의 하나였다. 당시 몽골부로서는 아직 독자적인 힘이 없었고, 어디까지

---

35) **역주_** 잭 웨더포드 지음, 『칭기스칸 잠든 유럽을 깨우다』, 정영목 옮김, 사계절, 2005.

제1장 몽골제국 전사 – 북방민족왕조 53

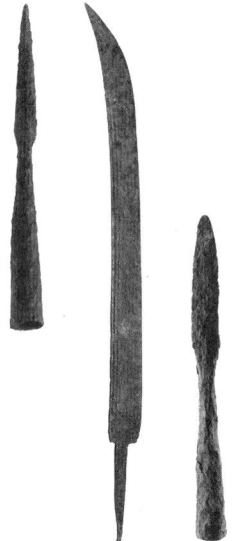

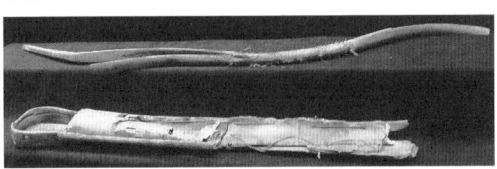

1 | 몽골의 그물갑옷
2 | 몽골의 동제 갑옷
3 | 몽골의 활과 화살
4 | 몽골의 철모(鐵矛)와 철도(鐵刀)
5 | 몽골의 마름모꼴 철촉(鐵鏃)과 철제 마름쇠(鐵蒺藜)

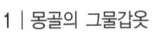

산악지대를 뚫고 금군(金軍)을 추적하는 칭기스칸 몽골군은 원정에 나서는 족족 바로 금의 산채들을 빼앗았다.

나 상대방의 실력을 평가하기 위해 출진한다는 계략적인 행동이었다고 여겨진다.36) 예상대로 타타르부가 궤멸되자 후방의 걱정을 해소한 칭기스칸은 금국의 북변을 노리면서 세력 확대에 힘써서, 1206년에 마침내 몽골리

---

36) **역주_** 김호동, 「北아시아 遊牧國家의 君主權」, 『東亞史上의 王權』, 한울, 1993.

아의 통일을 달성하였다. 나아가 그로부터 5년 후인 1210년부터 개시된 금국 침입은 이후 한 해도 거르지 않고 계속되었다.[37]

초기의 금국 공격은 영토 획득을 목적으로 한 것이 아니라, 부족의 원수를 갚는 약탈 행동에 주력했다. 또한 이것을 유발시킨 특수 동기로 거란인의 부추김도 크게 작용하였다는 것을 간과해서는 안 된다.

일찍이 승안承安의 타타르 토벌에 즈음해서 금의 명령을 받고 케레이트부로 파견된 야율아해耶律阿海가 아마도 그 시초를 이루는 것 같은데, 그는 칭기스칸에게 금나라의 허술한 방어책을 지적하면서 정벌을 권하고 있다. 게다가 중국으로 향한 몽골군에 초원의 거란족이 대거 합류한 것 역시 야율아해와 완전히 같은 심정의 발로일 것이다.

거란과 몽골은 같은 언어, 유목이라는 공통의 생활양식을 가진 같은 계통의 종족이었기에, 협력해서 다른 종족인 여진의 지배에서 독립하고자 했다. 따라서 거란족의 이러한 동향이 금국의 북변 방어체제를 허술하게 만들었음은 부인할 수 없는 진실이다.

칭기스칸의 직접적인 금 공격은 1211년에 시작된다. 이 일격으로 금은 수도의 북문이라 할 수 있는 거용관居庸關을 잃어버리게 되지만, 다행히도 몽골은 금국의 수도인 중도中都까지는 진공하지 않은 채 단지 장성 밖의 군목감群牧監(국영 군마 사육 목장)을 약탈하고 철수했다. 그러나 군목감의 궤멸은 금국의 전력에 치유할 수 없는 상처를 남기고 말았다. 이렇게 해서 중도는 다음 해부터 계속해서 매년 포위당했고, 그 결과 마침내 정우貞祐 2년(1214) 3월에, 성하城下의 맹盟을 체결하게 되었다. 금나라는 금과 비단 그리고 자녀를 바치고서야 겨우 포위를 벗어날 수 있었다. 그러나 더 이상 중도에서 안주할 수는 없었던 금은 같은 해 5월에 마침내

---

37) **역주_** 윤은숙, 「몽골제국 초기 帝位 계승 분쟁-옷치긴의 군사행동을 중심으로-」, 『몽골학』 21, 한국몽골학회, 2007.

거용관 과가로(過街路) 외장성 선과 내장성 선이 합쳐지는 지점에 설치된 관문으로, 수도 연경(현재의 베이징) 북면의 중요 초소다.

60년간의 옛 수도를 버리고 하남의 변량汴梁으로 천도한다.38)

몽골의 서역 원정39)

비록 '정우의 남천'은 수도의 안정을 보장받지 못하는 긴급 사태에서 취해진 비상조치이긴 했지만, 이것으로 금이 하북을 완전히 포기한 것은 아니었다. 황하 이북의 주현에는 여전히 관리와 군대가 계속 배치되어 있었다. 따라서 천도 다음 해에 군호軍戶의 가족 100여만을 모두 하북에서

---

38) **역주_** 金浩東, 「蒙古帝國의 形成과 展開」, 서울大學校 東洋史學硏究室 編, 『講座 中國史Ⅲ』, 지식산업사, 1989.

39) **역주_** 르네 그루쎄 지음, 『유라시아 유목제국사』, 김호동 · 유원수 · 정재훈 옮김, 사계절, 1998 ; J. A. Boyle, *The Mongol world Empire(1206-1370)*, London: Variorum Reprints, 1977 ; Thomas T. Allsen, *Mongol Imperialism*, Berkely and Los Angeles: University of California Press, 1987 ; *Commodity and Exchange in the Mongol Empire*, Cambridge: Cambridge University Press, 1997.

칭기스칸 즉위식

하남으로 이주시킨 것도 다른 뜻이 있었던 것은 아니다. 이들 비전투원(군호의 가족)을 안전한 하남 땅에서 보호함으로써 하북 주둔군의 사기를 고무시킴과 동시에 그들의 두 마음을 억누르고자 하는 의도였다.

그러나 이 조치는 생각지도 못한 역효과를 낳고 말았다. 금조의 의도와는 상관없이 하북의 주민들은 이 조치를 '금나라 조정의 하북 포기 행위'로 간주했고, 심각한 동요가 하북 전역을 뒤덮었다. 관리는 관직을 버렸고, 장수는 부대를 떠났으며, 서민은 향리를 단념하고 계속해서 하남으로 도피하니, 이것을 위무하고 금하고자 하는 조정의 조치도 큰 효과를 거둘 수 없었다. 이렇게 해서 하북 전역에서 몽골의 침입에 대한 방위력이 급속히 저하되었고, 몰락의 색채는 날로 깊어졌다.

특히 1217년, 칭기스칸의 4걸傑 중 한 사람인 잘라이르부의 장군 무칼리가 국왕에 책봉되고 한지漢地 경영의 임무를 총괄하게 되면서 그의 오르두가 연운 지역에 있었던 점은 하북 정국에 커다란 영향을 미쳤다.40) 왜냐하면 말이 살찌는 가을에 출진해서 따뜻한 봄을 기다려 철수한다는 몽골의 정기적 군사행동이 일변하여, 4계절을 불문하고 항상 진행되었기 때문이다. 하남 천도로부터 수년 후에, 금의 주권은 황하 이북에서 거의 자취를 감추고 말았다. 이 단계에 이르러 화북 지역은 두 부분, 즉 하북을 차지한 몽골과 하남을 유지하는 금으로 분열하였다.

북조의 분열은 이후 십수 년 동안 계속되었는데, 그것은 칭기스칸의 서역 정벌이라는 돌발사건 때문이었다. 1219년, 몽골의 평화 통상 사절이 중앙아시아의 지배자 호라즘 왕국의 오트라르 태수太守 이날칙 Inalchig에 의해 까닭 없이 살해되는 사건이 칭기스칸의 서정西征을 돌발시켰음은 잘 알려진 사실이다.41) 몽골의 전 병력은 이후 수년 동안 서역 원정에 투입된 채 돌아오지 않았다. 국왕 무칼리의 한지 경영이 황하에서 일선을 긋고, 굳이 이것을 넘으려 하지 않았던 이유는 여기에 있다.

전후 7년에 걸친 서역 대원정을 성공리에 마치고 개선한 칭기스칸은 서하 정벌 과정에서 뜻하지 않게 갑자기 병사했다. 40여 개 나라를 멸망시킨 그의 불후의 기록 속에 금이 포함되지는 않았지만, 이어지는 우구데이 카안(1186~1241)의 즉위(1229년)와 함께 드디어 하남경략이 착수되었다.42)

---

40) **역주_** 구범진, 「몽원제국기 '국왕'의 정치적 위상」, 『서울대동양사학과논집』 23, 서울대학교 동양사학과, 1999.
41) **역주_** 라츠네프스키 저, 『칭기스한 : 그 생애와 업적』, 김호동 역, 지식산업사, 1992.

금·송의 멸망과 몽골의 천하통일

우구데이 카안

금국의 중병重兵은 동관潼關43)의 험준한 곳에 위치하고 있으므로 이곳을 피하라. (『원사元史』, 「태조본기太祖本紀」)

위에 언급한 칭기스칸의 유언에 따라 먼저 섬서 공격이 개시되었다. 동관에 있는 금군 주력군의 주의를 서쪽으로 돌리게 하고, 그 사이를 틈타 본대는 백파도白坡渡(하남성 맹현孟縣 서남)에서 황하를 건너 단숨에 하남으로 침입하고자 했다. 이 작전은 계획대로 진행되었고 1232년에 금국의 수도 변량이 포위되었으며, 애종哀宗은 귀덕歸德(하남성 상구현商丘縣)으로 달아났다. 결국 채주蔡州(하남성 여남현汝南縣)로 도망친 애종이 그곳에서 자결함으로써 금왕조는 멸망했다. 그때가 1234년 정월이었다.

120년간 계속된 여진 금왕조가 지상에서 사라진 후에는 몽골왕조가 대신하게 되지만, 몽골과 남송의 대립으로 여전히 남북조가 연속되고 있었다. 게다가 더 큰 문제는 양자 사이에 금·송 간에 있었던 것과 같은 평화조약 체결이 없었다는 점이다. 물론 금이 멸망할 때에, 남송은 선화宣和의 예를 모방해서 금국에 대한 협공책을 몽골에 제안했다. 그러나 명확한 협정이 성립되지 않은 채 쌍방의 군사행동이 진척되었기 때문에 금의

---

42) **역주_** 티모시 메이 저, 『칭기스칸의 세계화 전략 몽골병법』, 신우철 옮김, Korea.com, 2009.

43) **역주_** 섬서성 華陰縣에서 동쪽의 25km, 하남성 閿鄕縣의 서쪽으로 35km 지점.

멸망 직후에 분쟁이 발생했고 무력충돌이라는 사태가 야기되었다. 다시 말해 회수를 경계로 보는 몽골 측과 하남河南의 삼경三京, 즉 동경東京(변량忭梁)·서경西京(낙양洛陽)·남경南京(귀덕歸德)의 회복을 요구하는 남송 측 사이에 의견일치가 될 수 없었던 결과다. 이런 관계에서는 평화적으로 남북조가 양립하기는 불가능하다. 그래서 금의 멸망으로부터 약 40년간 국경에 관한 의견 조정이 처리되지 않은 채, 하남에서 강회에 걸친 지역은 시도 때도 없이 전쟁터로 변해 황폐해졌다.

이 불안정한 남북관계는 수년간 몽골제국을 뒤흔든 내분을 일단락하고 즉위한 쿠빌라이 카안이 1267년부터 남벌작전을 시작함으로써 종결되었다. 다시 말해 사천에서 강소에 이르는 장강長江 전역에서 벌어진 몽골의 대규모 군사행동이 성과를 거두면서 남송의 수도 임안부는 결국 1276년 3월에 함락되었다.44) 비록 복건·광동 등지에서 송왕실의 후예를 받드는 육수부陸秀夫·장세걸張世傑·문천상文天祥 등의 저항이 계속되었으나, 3년 후인 1279년에 애산厓山45)에서 궤멸되어 명실상부한 몽골의 천하통일이 실현되었다.46)

대원제국의 특이성47)

아시아의 절반을 통치한 몽골제국은 영역의 광대함과 구성의 복잡함 때문에 칭기스칸의 손자 세대에 이르면 대분열을 초래하게 되었다. 그 분열로, 대원제국은 동아시아를 한 단위로 분리해 성립했다.

---

44) **역주_** 박원길, 「대몽골제국과 南宋의 외교관계 분석-칭기스칸 시대를 중심으로-」, 『中央史論』 13, 1999.
45) 厓山=崖山 : 광동성 新會縣 南方의 섬.
46) **역주_** 이근명, 「남송말 몽고군의 남하와 양양(襄陽)·번성(樊城)의 전투」, 『역사문화연구』 17집, 韓國外國語大學校 歷史文化硏究所, 2002.
47) **역주_** 이개석, 「정통론과 13~14세기 동아시아 역사서술」, 『대구사학』 88, 2007.

낙인 도구

금제 그릇

그런데, 동아시아라 함은 중국을 중심으로 만주·몽골리아에 걸친 지역이기 때문에, 위에서 기술한 10세기 이후의 정복왕조 발전에 입각해서 말한다면, 이 대원제국이야말로 그 극한極限의 형태라 할 수 있다. 그와 동시에 당왕조 멸망 이후 3세기 반 만에 재현된 통일중국의 시대로서, 역대 중국왕조의 계보 속에 자리매김할 필요가 있다. 물론 대원제국은 유목과 농경을 아우르는 양면성을 지닌 왕조지만, 여기서는 오로지 중국사의 관점에서 그 역사적 의의를 설명하는 것으로 한정하기로 한다.[48]

대원의 출현은, 160년간의 중국 분열에 종지부를 찍게 했다. 원은 수隋나 서진西晉과 마찬가지로 단명한 통일왕조이긴 했지만, 그 90여 년의 통치기간은 이전 분열시대의 불일치·불균형을 조정하기에 충분한 시간이었다. 대원제국 90년은 송과 명 사이에서 앞으로는 송과, 뒤로는 명대에 연결되는 과도기적 시대로서 파악할 수 있을지도 모른다. 그렇지만 이것은 어디까지나 피상적인 상정에 지나지 않고, 사실은 결코 그처럼 순조롭지만

---

48) **역주**_ 김호동, 「元代의 漢文實錄과 蒙文實錄―『元史』「本紀」의 中國中心的 一面性의 解明을 위하여―」, 『東洋史學硏究』 109, 2009.

은 않았다. 대원 자체가 정복왕조였던데다가, 과거 160년간의 분열 또한 평범하지는 않았다. 이민족에 의한 정복왕조와 한인왕조와의 대립이었기 때문이다.49)

　북방민족과 중국의 제도·문화를 절충한 정복왕조는 소위 제3의 문화의 창시자라 해야 할 것이다. 제3의 문화를 전통적인 중국 문화의 관점에서 평가하는 한, 조잡함을 지적당하는 것은 어쩔 수 없다. 복잡하고 치밀한 송의 관제는 금대에 들어와서 간결해졌고, 사상적 측면에서도 치밀하고 오묘한 이학理學 등은 북방민족에게는 물론이고, 그 치하의 한인들에게도 다가가기 어려운 점이 많았다. 실제로 주자학은 금에 전해지지 않은 채, 우구데이 카안의 남송침략에 즈음해서 포로가 된 남송의 유학자 조부趙復에 의해 몽골 지배 하의 화북에서 나타나게 되었다. 간신히 서민문예 분야에서 잡극이 계승되고 발전했음이 이 시기의 사정을 가장 잘 나타내는 것이리라.

　총괄하면, 북송의 문화 조류가 남송에서 당연히 답습되긴 했지만, 회수淮水 이북의 금에서는 그 방향이 많이 굴절되었다. 더욱이 160년의 분열 시기 동안에 금의 통치 범위에 속하는 강북 지역은 경제적으로 위축되어 있었다. 원래 금·송 시대 이전부터 강남과 강북 사이에는 상당한 경제적 격차가 있었다. 그러나 북송 시대는 강남 세금의 대부분이 수도 변량으로 집중되었기에 관리·병사의 급료와 관부에서 필요로 하는 물자를 조달할 수 있었다. 즉, 막대한 자금이 수도권에 방출되었으므로, 이것이 윤활유가 되어 강북의 여러 산업은 쇠퇴를 피할 수 있었다. 한편으로 강남의 특산품과 사치품의 구입도 왕성했기 때문에 전국적인 유통망이 순환될 수 있었다. 그 결과 비록 강·남북 간의 격차가 있기는 했으나 강북 경제를 위축시키는 단계로 진행되지 않았지만, 분열시대가 지속되면서 사정은 크게 변화되었다.

---

49) **역주_** 김호동, 「문명과 야만 : 정주사회와 유목세계의 역사적 관계의 일면」, 『신인문』 창간호, 1997.

강남의 풍부한 재부는 금에게 완전히 타국의 재부에 지나지 않았기 때문에, 그것을 수입하는 것은 자국 통화의 일방적 유출 외에는 방법이 없었다. 따라서 금은 대송무역에 자국의 통화를 유출시키면서 통화 기근으로 고생했다. 통화의 부족은 부득이하게 불환지폐를 발행하게 했지만, 양자는 서로 원인이 되고 결과가 되어 전면적인 산업의 위축과 경제 혼란을 재촉하지 않을 수 없었다.

분열시대를 통해서 북조 측에서 진행되었던 이러한 남조와의 엇갈린 상태는, 비교적 짧은 원의 90년 통치 기간 동안 회복되기에는 무리였다. 특히 원 자체가 한인왕조가 아닌 정복왕조라고 한다면 더욱 그러할 것이다. 이리하여 원의 경우 통일왕조라고는 하지만 통일로 다 소화할 수 없는 두 가지 형태, 즉 강북과 강남이 저류底流로서 계속 존재하고 있었다. 그것은 통일과 분열의 복합체라고도 칭할 수 있는데, 다시 말해 총체로서 불통일이란 이름을 피할 수 없다.

원이 중국 역대왕조와 어깨를 나란히 하면서도, 가장 특이한 존재였던 이유는 여기에 있다. 따라서 송과 명 사이에 위치하는 원의 역할은 통일왕조라는 외관에 의한 것이 아니라, 완전히 불식되지 않는 남북조의 연장이라는 실질에 입각해서 살피지 않으면 안 된다. 그것은 송과 명 사이를 연결하는 가교로서의 시대였을지언정, 양자 사이를 메우는 지속적인 맥락은 아니었음을 의미한다.[50]

---

[50] **역주_** 윤영인, 「중국의 몽골-한족관계 연구 동향-최근 10년간 몽골(원)제국기 민족관계사 연구를 중심으로-」, 『중국의 민족·변강문제 연구 동향』, 고구려연구재단, 2005.

제2장
몽골제국의 속령지배시대

1. 한지의 간접통치

정복왕조로의 과정

초원의 기마민족 몽골

북위 45도선을 가운데 축으로 아시아의 동서에 걸친 띠 모양의 지역은 예로부터 유목을 생업으로 하는 이동민이 성쇠를 반복한 스텝 지역이다. 이에 반해 그 남쪽의 중국·동투르키스탄·서투르키스탄 등과 연속해 있는 토지에서는 농경사회와 상업도시국가라는 구별은 있었지만, 모두 각각의 문화를 발전시켜 왔다. 남북으로 서로 다른 생활권은 역사적으로 오랫동안 서로 관련을 가지고 있었다. 동아시아의 역사에서도 이러한 관계는 중국과 새외민족塞外民族의 관계로 엄존해 왔다. 한·당과 같이 통일국가가 강력하면 초원의 주현화州縣化가 진행되고, 반대의 경우에는 북방민족에 의한 중국지배가 출현한다. 후자의 대표적인 예가 몽골이다.

12세기 말, 중부 몽골리아에서 발흥한 몽골부는 칭기스칸의 지휘 하에 전 몽골리아를 제패한 후, 알타이산의 키르기즈 초원으로 진출했다. 그리고 북아시아 유목사회의 대통일이 완성되자, 그 세력은 남방 정주민의 세계로 향하게 되었다. 정주세계에 대한 원정은 다시 서쪽의 중앙아시아 원정과 동쪽의 금국 공격 등으로 나눌 수 있다. 그런데 궁극적으로 목초지를 벗어날 수 없었던 유목민에게는 정주지역의 지식·기술·재화가 아무리 진귀하다고 할지라도 그것을 초원으로 들여오지 않는 이상, 유목 생활을 향상시킬 재원이 되지는 않는다. 따라서 우선 지식인·기술자를 포함한, 약탈 가능한 동산動産만이 침략 의욕의 대상이 되었다. 다만 얼마 있지 않아 약탈전쟁의 반복은 쓸모없는 손실을 초래함을 깨달아 항구적인 지역 확보를 지향하게 되지만, 그 단계에서도 직접적인 목표는 여전히 동산이었기 때문에 관심의 표적은 각종 생산 과정이 아니라 결과에만 집중된다. 여기서 일정한 공물의 납입과 그 밖의 의무만을 명령하고 다른 것에는 관여하지 않는다는 위임통치의 양식이 생겨난다.1)

칭기스칸 말년에 진행된 고려 공격에서 화의를 허락했을 때도 그러했는데, 고려왕의 통치에 대해서는 거의 아무런 제약도 가하지 않았다. 물론 고려처럼 통일국가에 대해서는 이 같은 태도는 무난할 터지만, 하북과 같은 무정부적 혼란 상태가 지속되는 지역에서는 통치를 위임받은 군소 정권이 서로 독립하면서 각각 독자적인 통치를 행할 위험성이 농후하다. 이렇게 해서 출현한 중간 단계의 착취와 가혹한 정치는, 지배자인 몽골에게

---

1) **역주_** 박원길, 『유라시아 대륙에 피어났던 야망의 바람 : 칭기스칸의 꿈과 길』, 민속원, 2003.

나 피지배자인 서민 누구에게도 도움이 되지 않는다. 이 혼란한 상황도 언젠가 몽골이 조정하지 않으면 안 되는 상태였다. 간접지배에서 직접통치로의 희망은 정복왕조 몽골이 성장하는 첫 걸음이 되었다.

한인세후의 출현

정우貞祐의 남천이 야기한 하북의 동요는 그 파문이 점점 커졌고, 그에 따라 하북의 쇠퇴는 더욱 깊어져 갔다. 대부분의 관리와 군대가 하북에서 하남으로 도피했기 때문에 금 조정이 아무리 하북의 사수를 선언했다 해도 위급에 처했을 때 관헌에 의한 실제적인 보호를 바랄 수 없었다. 쇠락 위에 질서의 혼란이 더해져 갔다.

그런데 하북에서 하남으로의 대량의 인구이동이 이미 한 차례의 금지령으로는 어찌할 수 없는 대세가 되었다고는 하지만, 이동이 모두에게 허용된 것은 아니었다. 모아둔 재물이 없는 서민에게는 고향의 토지를 버리는 것은 죽음을 의미했다. 불안 속에서 이를 악물고라도 향촌에 머물지 않으면 안 되었다. 이런 상황에서는 언제 습격당할지도 모르기 때문에 반드시 자위수단을 필요로 한다. 따라서 도처에서 향촌을 단위로 하는 자위조직이 발생했고, 이어 주현 단위까지 횡적으로 연결되었다. 증대되는 위험 앞에서 자위력을 높이려고 한 노력임에 분명하다.

향촌에서 발생한 이 자위단은 말할 것도 없이 본래는 순수한 자치조직이었다. 그러나 이것이 주현까지 확대되자 당초의 성격이 유지되기 힘들어졌다. 규모가 커진 집단은 통제를 철저하게 할 필요에서 복종을 강제하는 상하관계를 갖춘 군사집단으로 변모했다. 또 예로부터 이어진 짙은 향토색도 점점 상실되어 지역을 초월한 정치집단으로 바뀌어 가기 때문이다. 이 단계에 이르면 침략자 몽골과의 정치적 거래도 쉬워진다. 왜냐하면

[표 1] 한인세후의 분포

	투항 연도	투항수령의 출신·본관	투항 후의 관직
하 북 성	1212년(칭기스칸 7년)	大同府威寧城 천호 劉伯林	西京留守兼兵馬副元帥
	1213년(금, 貞祐 원년)	燕京永淸縣 鄕兵長 史秉直 易州淶水縣 향병장 趙柔 趙州萬戶 王玉	覇州管民官 逐易二州長官 趙州四十寨長
	1214년	景州蓚縣 향병장 賈德 趙州寧晉縣 향병장 王義 祁州束鹿縣 향병장 耿福 定州曲陽縣 향병장 邸順	提控景州兵馬事 寧晉縣令兼趙州以南招撫事 安定軍節度使行元帥府事 行唐縣令
	1215년	眞定府藁城縣 義軍將 董俊 眞定府藁城縣 의군 만호 趙迪	行中山府事監軍左副元帥 永安軍節度使
	1217년(금, 興定 원년)	保定府博野縣 향병장 王興秀	千戶招撫使
	1218년	保定府定興縣 의군장 張柔 保定府定興縣 향병장 聶福堅 易州行軍 천호 何伯祥	便宜行事行元帥事 百夫長 易州軍民總管
	1219년	眞定府藁城縣의군장 王善 趙州寧晉縣 향병장 李直	同知中山府事 行寧晉縣事
	1220년	冀州南宮縣 향병장 李珍 保定府永平縣 향병장 杜泉	大名縣軍前都彈壓 曲周縣令行軍提控
	칭기스칸 시대	懷來縣향병장 譚資榮 滄州淸池縣 榮祐 彰德府安陽縣 향병장 趙某	交城縣令元帥左都監 行都統萬戶府事 聊城縣總管
산 서 성	1216년(칭기스칸 11)	汾州平遙 의군백호 杜豊	兵馬都提控
	1217년	堅州 향병장 王兆 忻州定襄縣 향병장 周獻臣	堅州軍事判官 定襄縣令
	1218년	汾州平遙縣 향병장 梁瑛 太原府祁縣 향병장 程達 蒲州河津縣 향병장 史千 汾州臨泉縣令 袁湘 平陽府蒲縣 향병장 謝天吉 澤州晉城縣향병장 段直	元帥左監軍 監軍鎭撫軍民都彈壓 鎭西帥 臨州帥 浦縣令鎭邊大元帥 澤州長官潞州元帥府左監軍
	1219년	平陽府曲沃縣 향병장 靳和 崞州의군장 閻德剛	絳陽軍節度使 崞山軍節度使
	1221년	吉州鄕寧縣吏 趙仲	鄕寧縣令
	1222년	蒲州榮河縣 향병장 吳信	鎭西元帥

산동성	1213년(칭기스칸 8)	淄州刺史 奧屯世英	萬戶德興府尹
	1220년(興定 4)	濟南府齊河縣 의군장 劉通	齊河縣總管左副都元帥
		濟南府長淸縣 향병장 朱楫	兵馬都總領同知濟南府事
		大名府冠氏縣令 趙天錫	元帥左都監冠氏縣令
		大名府等數州 의군장 嚴實	行尙書省事
	1226년(금, 正大 3)	濟南府歷城縣等數縣 의군장 張榮	知濟南府事兵馬都元帥
	1227년	萊州盜賊 수령 李全	山東淮南楚州行省
	칭기스칸 시대	東昌府館陶縣 의군만부장 朱泉	彰德府錄事

집단의 안녕과 현상유지를 몽골로부터 보장받는 대신 공물의 납입과 군사적 협력을 약속하게 되기 때문이다. 이러한 행위는 집단 내부에 대한 통제력이 어느 정도 있어야 가능하고, 이행할 수 있다. 투항집단의 수령들은 몽골이라는 강력한 권력자로부터의 권한을 부여받아 내부에 대한 통제력을 절대화하고, 몽골 역시 이러한 투항집단을 유력한 협력자로 확보할 필요가 있었다.

물론 자위단에서 출발한 모든 집단이 순조롭게 이 목표에 도달한 것은 아니다. 아마도 대부분이 도중에 도적에게 섬멸당하거나 또는 몽골로의 투항 기회를 잃고 궤멸당했을 것이다. 그러나 반면 몽골과의 거래에 성공한 집단은 칭기스칸의 말년까지 하북 일원에 있었는데, 이들을 한인세후라고 부른다. 한인세후들을 표시하면 다음의 표와 같은데, 이 분포야말로 몽골에 의한 화북 잠식의 축소판이라 하겠다.

한인세후의 공과

향촌 자위단에서 출발하여 의군義軍이라 칭했던 수령들은 아마도 그들이 제멋대로 붙인 난잡한 관호를 몽골로부터 그대로 승인 받아 각각의 방면에서 사용했을 것이다. 비록 그것이 편의적인 칭호였다고 해도 예전의 동지들을 군민軍民으로 다스리는 권세를 휘둘렀음에 틀림없다. 게다가 그들의 관직은 세습되었고 지위는 봉건영주와 동일하였다. 당시 기록이 그들을 한인세후라 칭한 것은 결코 과언이 아니다.

본질적으로 영주의 신분을 가지고 있었기에 그들은 영역의 보전에 높은 관심을 가진다. 따라서 유민을 계속 모집해서 경내의 황무지 경작에 종사시켰다. 각종 산업을 장려하거나 군표軍票의 모조품인 지폐를 발행하는 등 모두 영지경제의 재건을 지향했다. 몽골을 향한 임시의 공물헌납이나 종군의 지령에 응하기 위해서는 항상 물적·인적 자원을 확보해야만 했고, 그것이야말로 자기보전의 상책이었기 때문이다. 물론 쇠락하는 하북을 부흥시키는 실마리를 진척시킨 한인세후의 공적은 결코 등한시되어서는 안 될 것이다.

그렇지만 영지에서의 독자적인 징세·징병, 문무 관리의 임용이나 생사여탈 등이 모두 한인세후의 재량에 맡겨지고 있었기 때문에 어쨌든 혼란을 피할 수 없었다. 그것은 한지를 결집시킬 때에 장애가 될 뿐만 아니라 개별 집단 사이의 불화를 발생시켜 총력을 저하시켰다. 또 타자의 간섭에서 완전히 독립한 부내部內 통치에는 필연적으로 자의가 횡행하고, 그것이 심해지면 국외에 기밀을 흘려보내고 금지된 품목을 밀매하며 결국은 적국과 내통하여 개별 이익까지 도모하게 된다. 조금 시대가 내려오지만 실제로 산동의 강력한 세후인 이전李全이나 장방직張邦直에게서 그 같은 사실이 확인된다. 여기에 어떤 대책이 필요하다는 것은 만인의 눈에도 명백했고, 몽골은 이러한 문제를 해결하는 하나의 방책으로 다루가치라는 관직을 설치하였다.

간접통치관 다루가치

다루가치達魯花赤란 몽골어 Darugachi 의 음역音譯으로, 제압관制壓官을

의미한다.2) 이 몽골 관직은 유
목민이 아니라 속령의 정주민
을 대상으로 창설되었다. 이 사
실은 나중에 세조 쿠빌라이 카
안의 입에서도 명확하게 선언
되고 있다. 즉 쿠빌라이 카안은
속국인 고려왕과 안남왕에게
내린 조칙에서 그들이 준수해
야 할 여섯 가지 의무를 이렇게
말하고 있다.

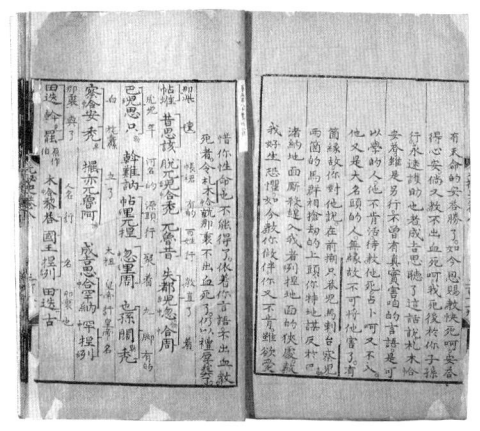

> 생각건대, 우리 태조 칭기스
> 칸 황제의 제도에는 모든 내
> 속內屬의 국가는 인질을 바칠
> 것, 군대를 도울 것, 양곡을
> 바칠 것, 역참驛站을 설치할
> 것, 호적을 작성할 것, 다루가
> 치를 둘 것 등이 정해져 있다.
> (『원사』「고려전」)

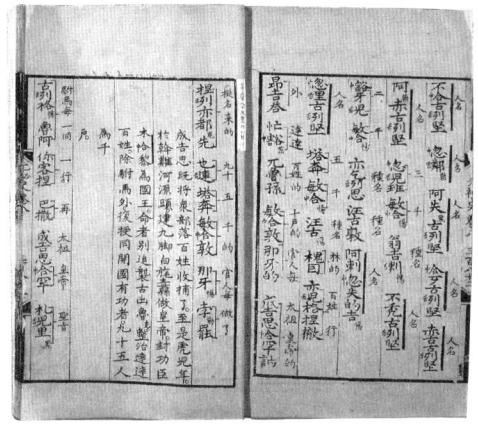

『원조비사』 몽골어를 한자로 음사한 것으로, 오른쪽에 중국어 번역이 달려 있다.

몽골에 투항해서 속령이 된
정주지역의 국가가 공부貢賦와 군사협력 위주의 의무를 착실하게 완수하는
한, 그 지역의 통치는 토착 유력자에게 위임하고 관여하지 않는다는 것이
몽골의 통치 원칙이었다. 이렇게 본다면 그 복속을 항상 독려하고 감시하는

---

2) **역주_** 이개석, 「『고려사』 원종(元宗), 충렬왕(忠烈王), 충선왕세가(忠宣王世家) 중 원조관계 기사(元朝關係記事)의 주석연구」, 『동양사학연구』 88, 2004.

감찰관으로서 카안의 대관代官이 파견되어 주재하는 것은 당연하다. 대표적인 예로는, 우구데이 카안 때에 고려의 항복으로 국도를 비롯한 많은 부·주·현에 배치되었던 72인의 다루가치, 그리고 칭기스칸의 서역 정벌 이후에 동·서 투르키스탄의 여러 도시에 설치된 다루가치 등을 들 수 있다. 그 요강을 『몽골비사』에서는 다음과 같이 기록하고 있다.3)

> 사르타올(서역)의 민을 완전히 정복했을 때, 칭기스칸은 "각 도시에 다루가치를 두라"고 명했다. 그때 마침 우르겐치 성城 출신인 얄라바치와 마스우드 두 사람이 서역 도시국가의 통치 양식을 칭기스칸에게 상주하자, 즉시 그것을 받아들여서 "종래의 관행에 따라 통치하라"는 허가를 내렸다. 그 결과, 마스우드를 우리의 다루가치와 함께 파견해서 부하라, 사마르칸트, 우르겐치, 호탄, 카슈가르, 야르칸드, 쿠차와 타림 등의 도시들을 통치하도록 맡겼다.

새롭게 속령이 된 서역의 도시국가는 다루가치의 감시 하에 종래의 통치체제를 허락받은 것이다. 이 사례를 통해 중국의 실정도 미루어 짐작해 볼 수 있다.

다루가치의 직무 범위

문헌에 처음 등장하는 한지에 설치된 다루가치로는 자파르가 있다. 그는 1214년 금국이 수도를 하남으로 옮긴 '정우의 남천' 직후에 칭기스칸에 의해 임명되었다. 그는 칭기스칸으로부터 직접 '황하이북, 철문이남鐵門

---

3) **역주_** 유원수 역주, 『몽골비사』, 사계절, 2004 ; 최기호·남상긍·박원길 공역, 『몽골비사 역주』, 두솔, 1997 ; 박원길, 『몽골비사의 종합적 연구』, 민속원, 2006 ; 박원길, 「『몽골비사』의 원본논쟁과 성서연대의 고찰」, 『몽골학』 12, 한국몽골학회, 2002 ; 주채혁, 「『몽골秘史』 주석과 그 문제점(1)」, 『북방민족사연구』 1, 북방민족사학회, 1995.

以南의 천하를 모두 감독하는 도都다루가치'에 임명되어 금의 옛 수도인 중도中都에 주재했다. 그런데 자파르가 받은 도다루가치는 대大다루가치 Yeke darugachi의 다른 이름으로 자파르 임명 이전에 이미 통상적인 다루가치가 있었는지 아니면 장차 그 지역을 두루 관장할 예정으로 붙인 이름인지는 확실하지 않다.

[표 2] 한지(漢地) 다루가치

연 도	임명지·이름
1215년(칭기스칸 10)	北京(大名城) 다루가치 石抹也先
1217·1218년	易州 다루가치 趙瑨
1219년	某州다루가치 谷里夾打
1222년	高州 다루가치 마노
	滄·棣州 다루가치 耶律天祐
칭기스칸 시기	逐州 다루가치 치도르
1229년(우구데이 1)	豊·靖·雲 3州 다루가치 사이드 아잘
1230·1231년	太原·平陽 2路 다루가치 사이드 아잘
1232년	懷孟州 다루가치 曷思麥里
1233년	中山·眞定 2路 다루가치 趙瑨
	益都行省軍民 다루가치 순지카이
1235년	山西大 다루가치 수케
	汶上 다루가치 劉 바투르
1237년	琢州 다루가치 지도르
	京兆行省 다루가치 순지카이
1240년	懷孟河南 28處都다루가치 曷思麥里
1241년	眞定·北京兩路 다루가치 石抹査刺
우구데이 시기	同州管民 다루가치 完顔拿住
	東平路 다루가치 타스
	北京路 다루가치 차찰
	平陽·太原兩路 다루가치 하사나
	眞定路 다루가치 보르카르
	名磁等路 다루가치 소고르
	中都路 다루가치 耶律綿思哥

원대에 통행증으로 사용된 다양한 패[牌子] 왼쪽 위는 오체문(五體文)으로 된 동제 패, 아래는 급체포령 패다.

　물론 이 경우에 다루가치를 배치한다고 해도 철문관, 즉 거용관居庸關에서 황하까지의 모든 주현에 빠짐없이 배치된다고 이해할 필요는 없다. 오히려 주현제와는 별개로 중요 도시 몇 곳을 선정했다고 보는 편이 타당하다. 다만 사료에서 구체적이고 직접적인 사실을 실증할 수 없음이 유감이지만, 위의 도표에 나타낸 간접적인 사례를 통해서 일정 부분 보충할 수 있을 것이다.

　요컨대 다루가치란 몽골 속령지배의 한 기관이므로, 그 직무도 자연 분명하다. 러시아의 동양학자 바르톨트 V. Bartol'd는 다루가치의 역할을 호구조사, 병력의 징발, 역참의 설치, 조세의 징수, 중앙정부로의 공납 수송 등으로 규정하고 있다.4) 물론 다루가치가 항상 이 다섯 항목의 임무만

---

4) V. Bartol'd, *Turkestan down the Mongol Invasion*, E. J. W. Gibb Memorial Trust,

을 수행했다고 보기는 어렵지만 대체로 다루가치의 직무 범위는 대동소이했을 것이다.

그렇다면 한인세후들에 의해 혼란이 가중되고 있는 상황에서 한지에 배치된 다루가치는 과연 어느 정도까지 몽골의 간접지배를 가능하게 했을까?

2. 한지 직접통치로의 움직임

세법의 창설

몽골제국은 제2대 우구데이 카안 치세부터 한지에 대한 직접통치를 시도하게 된다. 1229년에 하북의 한인 민호에게 호戶를 단위로 하는 부세賦稅를 부과한다는 원칙이 만들어졌다. 다음 해 2년(1230)에는 지세地稅·상세商稅·전매세專賣稅라고 하는 세목과 그에 따른 세율이 정해지고, 징세기관인 십로징수과세소十路徵收課稅所5)가 신설되었다.6)

야율초재 우구데이 카안 시기 행정관료. 한지에 관한 대부분의 정책을 입안했다.

   London, 1977.
5) 燕京·宣德·大同·太原·平陽·眞定·東平·平州·濟南·北京大名城.
6) **역주_** 이개석, 「몽고제국 성립기 상업에 대한 일고」, 『경북사학』 9, 경북사학회, 1986.

세제에 관한 이런 움직임은 실은 우구데이 카안의 즉위 쿠릴타이Quriltai (대집회)에서 결의된 금국 토벌 준비를 위해 착수한 것인데, 그렇다고 해도 이것을 가리켜 세제의 창설이라 부르는 한, 이 이전의 세제는 존재하지 않았음을 시사한다. 그 경위에 대해 한지의 세제 제정에서 중심적 역할을 한 야율초재耶律楚材(1190~1244) 열전에서 이렇게 설명하고 있다.[7]

칭기스칸의 치세 중에는 서역 정벌에 몰두해서 중원을 다스릴 여유가 없었기 때문에, 한지漢地의 관리는 거의 모두 민으로부터 취렴聚斂하여 사복私腹을 채우는 것이 보통이었다. 그 결과, 그들의 재산은 엄청난 숫자를 헤아렸으나 관에 저장된 것은 거의 없는 상태였다. 그래서 태종의 측근인 베데이가 건의하기를 "한인들은 전혀 나라에 도움이 되지 않는 존재이므로 차라리 그들을 쫓아내고 그 토지를 목초지로 삼는 것이 타당합니다"라고 했다. 이에 야율초재가 말하기를, "폐하는 실로 남하해서 금국을 정복하려고 합니다. 지금이야말로 남벌에 필요한 군수軍需를 부족 없이 공급할 수 있는 재원이 필요합니다. 중원의 지세·상세를 비롯한 소금·술·철야鐵冶·산택山澤의 이익을 균등히 정하기만 하면, 연간 은 50만 량, 비단 8만 필, 곡물 40여만 석을 확실하게 징수할 수 있으므로, 부족할 염려가 없습니다. 이것은 모두 한인에게서 징수해야 하므로 한인이 나라에 도움이 되지 않는다고 어떻게 말할 수 있습니까?"라고 했다. 태종은 초재의 말이 더 옳다고 여겨서 그에게 세법의 제정을 명했다.

---

7) **역주_** 스기야마 마사아키는 몽골제국에서 야율초재의 역할에 대해 이견을 제시하고 있다(김장구·임대희·양영우 옮김, 『몽골세계제국』, 신서원, 1999). 그에 따르면 야율초재는 스스로 '中書相公' '領中書' 등 현실과 거리가 먼 중국풍의 칭호를 상황에 맞게 자칭하고 있지만, 실은 칭기스칸 시대에 '占師'의 한 사람에 불과했고 우구데이 카안 시기에 거란계 군사집단과 연락을 취하기 쉬운 이유 때문에 화북·선서·산동 방면의 文敎와 稅收를 담당했다고 한다. 그의 이름이 『집사』를 비롯한 페르시아어 역사서에 보이지 않는 것은 기록할 가치가 없었기 때문이라고 단언하면서 실제 야율초재의 역할을 '비치게치(bičigeči)' 즉 '쓰는 사람' 혹은 '書記'에 불과했다고 평가하고 있다.

그런데 이 구절에서 베데이가 말하는 '한지의 관리'란 '한인세후'로 볼 수 있다. 한인세후의 공물과 부세가 비록 몽골 조정에 공납된다고 해도, 카안의 개인 재산이므로 국고 수입에 기여하는 것은 아니었다. 국고조차 이런 상황에서, 한지 주현의 금고는 말할 필요도 없다. 아직 한인세후의 공물과 부세가 엄밀한 의미의 조세는 아니었지만, 많은 지출을 필요로 하는 금국 토벌사업이 수행되자 몽골은 이러한 상태를 더 이상 방치할 수 없었다. 여기에서 새삼 세법의 첫걸음이 내딛어지게 된 것이다.

세법의 제정에서 가장 우선적으로 필요한 것이 호적戶籍과 전적田籍의 정비이므로, 아무리 긴급하다고 해도 곧바로 징세를 행하는 것은 거의 불가능하다. 그러나 당시 다급했던 야율초재는 의거할 만한 기초 자료도 없는 상태에서 세호稅戶의 수를 40만 호라 규정해 버렸다. 따라서 이 수치를 근거로 하는 우구데이 카안 2년의 세법은 세제라고는 부를 수 없는 완전히 잠정적인 것, 다시 말해 한지세법의 원형原形에 지나지 않았다.

그러나 비록 원형에 지나지 않는다고 해도 세법의 제정은 한인세후에게 모든 것을 일임하고 되돌아보지도 않았던 과거에 비해서 몽골이 보다 적극적으로 한지통치를 시행하려는 조짐을 보인다는 측면에서 중시할 필요가 있다.

두 차례에 걸친 호구조사

1233년(우구데이 5)에 한지에 대한 호구조사가 처음으로 실시되었다. 물론 이 호구조사는 3년 전에 만들어진 잠정적인 세법을 본격화하려는 의도를 내포하고 있다. 이 호구조사를 통해 황하 이북(현재의 하북·산동·산서의 3성에 해당)에서 73만여 한인호漢人戶를 등록시켰는데, 이 조사가 계사년에 시행되었기에 통상 계사년적癸巳年籍이라 부른다. 계사년적 작성을 전후로 하남에서의 작전이 급속도로 진척되어, 불과 수개월 후인 다음해 1234년 정월에 금국을 멸망시켰다. 이때 많은 하남 주민이 하북으로 이주하게 되었으므로, 제2차 호구조사가 필요했다.

그런데 금국의 멸망과 동시에 하북으로 이주를 명령받은 이들 한인호는 일반 민호가 아니었다. 몽골인이든 한인이든 간에 하남 공략에 종군한 장수와 병사들은 전장에서 획득한 전리품으로서의 금국 유민을 데리고 하북으로 개선한 것이다. 금나라 말기 문화인을 대표하는 원호문元好問도 이때 포로가 되어 연행되었는데 그가 전하는 글을 통해 당시 상황이 얼마나 비참했는지 미루어 짐작할 수 있다.

> 연로沿路에는 이르는 곳마다 헤아릴 수도 없는 포로의 무리가 죽은 사람처럼 누워 있다.
> 그들은 피로해 일어나려고도 하지 않는다.
> 연이어 북쪽으로 향하는 휘장을 단 마차가 그 앞을 긴 행렬을 이루며 이어진다.
> 마치 강물이 흐르는 것처럼 언제 끝이 나는지 다함을 알 수 없다.
> 그 가운데에서도 유달리 아름다운 묘령의 한 여인이, 단아한 옷차림에서 추측해 볼 때 양가의 자녀이리라, 울면서 말을 탄 위구르 무장에게 끌려가고 있다.
> 쓰러질 듯 걸음을 멈추고, 서서 멈추고는 지나온 방향을 되돌아본다. 남편을 생각하고 자식을 염려하는 가엾음. 끊을 수 없는 은애恩愛를 어떻게 할 것인가![8]

이때는 계사년의 호구조사가 행해진 우구데이 통치 5년(1233, 금 애종

---

8) "道傍僵臥滿纍囚, 過去旐車似水流, 紅粉哭隨回鶻馬, 爲誰一步一廻頭."

천흥天興 2)에 해당되는 때다. 위의 글은 수도 변량이 함락된 직후인 5월 3일에 포로가 되어 황하를 북으로 건넜던 원호문이 목격한 생생한 사실을 반영하고 있다.

> 장엄해야 할 불당의 불상도 야만스런 침입자의 손이 닿으면 아낌없이 한 조각의 땔나무로 변한다.
> 종묘의 제사에 바쳐진 신성한 악기도 무참히 훼손되어 거리에 버려졌다. 모든 전통의 가치가 전복되는 슬픈 시대다.
> 그들이 구하는 것은 소나 말과 같은 인간뿐. 사대부나 서민도 가릴 것이 없다. 닥치는 대로 노략된 무고한 사람들이 얼마나 많은 것인가?
> 보라, 함락된 변경에서 끊임없이 북행해서 황하로 향하는 큰 배는 불행한 이 포로들을 가득 실은 노예선이 아닌가.9)

한지세법의 제정과 의의

원래 몽골의 군법에는 전리품은 사람을 포함해서 모두 포획자의 소유로 인정되는 관습이 있었다. 다만, 사람에 관한 한 노획이 허용되는 대상은 어디까지나 불배호不拜戶, 즉 항전 끝에 포로가 된 자로 한정되고, 저항하지 않고 자발적으로 투항한 자, 즉 호투배호好投拜戶에게는 미치지 않는다. 하지만 전란이 한창인 때는 이것을 분명하게 변별한다는 것 자체가 현실적으로 불가능하다. 승자는 한 사람이라도 더 많은 예속민을 획득하고자 하므로 닥치는 대로 노획하게 될 것이다. 계사년적이 성립한 직후의 하북에는 이러한 대량의 강제 이주자가 급증했다.

만약 자신들의 전통 군법에 따라 몽골 조정이 이들 이주자의 천민화賤民化를 용인한다면 우선은 다른 문제가 생기지 않을 것이다. 그러나 그럴

---

9) "隨營木佛賤於, 大樂編鐘蕩市排, 虜掠幾何君莫問, 大船運載汴京來."

경우 한지는 통제 불능 상태에 빠지게 될 것이고 혼란한 정국을 바로잡고자 하는 야율초재의 사업은 엉망이 된다. 다소 무리해서 작성한 한지세법의 원형도 헛되게 되고 계사년적의 조사도 무의미해져 버린다.

이에 야율초재는 강경하게 반대했고, 그 주장이 우구데이 카안을 움직였던 것이리라. 하남에서 이주된 민호에 대해서는 노획자의 권리가 일단 보류되었다. 우구데이 카안 통치 7년(을미년乙未年)에 조칙을 받은 쿠투쿠 노얀의 주재 하에 이들 하남 이주민을 대상으로 하는 제2회 호구조사가 실시되어 110여만 호를 헤아리는 을미년적乙未年籍이 성립되었다. 물론 하남에서 강제로 이주당한 민 모두가 을미년적에 등록된 110여만 호에 포함되어 있는 것은 아니다. 특별한 은상恩賞에 의해 용서받거나, 혹은 은닉에 의해 등록에서 빠진 수가 상당히 있었을 것이다. 이들은 이후 공사公私의 기록에 구구驅口(예속민)로 불렸던 천민에 해당되었다.

여하튼 우구데이 카안 통치 8년에는 계사년적의 73만여 호와 을미년적의 110여만 호를 합한 180여만 호를 기초로 드디어 본격적 세제가 확립되었다. 이 세제의 기조에는 전과호全科戶, 감반과호減半科戶로 불리는 상하 두 종류의 표준호를 중심으로 한 호등제戶等制의 원칙이 관철되어 있었다. 위에서 말한 유래에서도 나타나듯이 계사년적에 등록된 구호舊戶와 을미년적의 신호新戶는 당초부터 경제능력이 동떨어져 있었다. 전자는 한인 세후의 부름을 받았기에 다소의 차이는 있을지언정 토지를 얻은 지 1년이 경과하고 있었음에 비해, 후자는 완전히 무일푼인 채로 포로가 되어 타향으로 연행된 자이기 때문이다.

이 점을 개괄적으로 말하면 다음과 같다. 구호를 전과호全科戶로 신호를 감반과호減半科戶로 나눈 뒤, 그 위에 자세한 호등의 차이를 가미한 새로운 세제는 적어도 제정 당시의 실정에 적합한 것이었다. 이후 다소의 개혁은 있었지만 거의 원형의 형태로 대원제국 일대의 정해진 제도가 되었다.

구체적 내용은 장정수壯丁數 또는 전무수田畝數를 기준으로 하는 곡물세를 세량稅糧이라고 한다. 호등제에 의해서 생사生絲를 부과하는 사료세絲料稅와 은銀을 징발하는 포은세包銀稅를 합쳐서 과차科差라고 하였는데, 세제는 세량과 과차의 두 가지 항목으로 구성되었다.

세제의 제정은 그때까지 한인세후들의 개인 재산을 늘리는 수단에 불과했던 징세권을 국가가 회수함으로써 부고府庫를 충실케 하는 역할을 했음은 말할 것도 없다. 동시에 또 하나의 중요한 의도가 포함되어 있었는데, 두 차례에 걸친 호구조사를 통해 한인세후 및 몽골 군인이 한지에 소유하고 있던 민호를 국가의 평민으로 만들었다는 점에서도 중대한 의의가 있다.

이 조치야말로 몽골의 한지에 대한 직접통치의 첫걸음에 적합한 성과라 하겠다. 그런데 외형적으로는 그렇게 보이지만 과연 내실도 그럴까?

일족 공신에게 한인호 분봉[10] – 오호사호의 출현

을미년적이 몽골 조정에 보고된 때는 1236년(우구데이 8) 7월이다. 이에 몽골 조정은 한인 신호와 구호 약 180여만 호를 하북 속령에 두었다. 한편, 재상 야율초재는 이 번적藩籍을 기초로 세역법稅役法을 확립하고 내외 행정기구를 정비하려 했다. 아울러 관리의 임용, 관직 이동의 규정, 감찰제도의 부활과 법전의 편찬·반포 등 중국식의 주현제 관료정치를 지향하는 구상을 펴려 했다. 이를 통해 당말오대의 번진과도 유사한 한인세후의 분할정치를 저지함과 동시에 몽골족의 자의적 규제로부터 한인호를 보호할 수 있을 것이라 확신했다.

그러나 야율초재의 이상은 실현될 수 없었다. 우구데이 카안은 을미년적

---

10) **역주**_ 김호동, 「칭기스칸의 子弟分封에 대한 再檢討 – 『集史』 <千戶一覽>의 分析을 중심으로 – 」, 『중앙아시아연구』 9, 중앙아시아학회, 2004.

[표 3] 일족 공신에 대한 한인호 분봉

	수여자	분봉 지정지와 호수	
종실제왕	칭기스칸의 숙부 다리타이의 자손	寧海州(산동)	10,000호
	칭기스칸의 동생 조치·카사르	般陽路(산동)	29,493호
	칭기스칸의 동생 카치온의 아들	濟南路(산동)	55,200호
	칭기스칸의 동생 옷치긴	益都路등(산동)	62,156호
	칭기스칸의 동생 벨구테이의 자손	恩州(산동)	11,603호
	칭기스칸의 아들 주치의 자손	平陽(산서)	41,302호
	칭기스칸의 아들 차가다이	太原(산서)	47,330호
	칭기스칸의 아들 톨루이의 자손	眞定路(하북)	80,000호
	우구데이의 아들 구육	大名(하북)	68,593호
	우구데이의 아들 쿠레겐	河間路(하북)	45,903호
	우구데이의 아들 쿠텐	東京路(요양)	47,742호
공주·부마	칭기스칸의 딸　趙國公主	高唐州(산동)	20,000호
	칭기스칸의 딸　昌國公主	缺(산동)	12,652호
	칭기스칸의 손녀 魯國公主	濟寧路(산동)	30,000호
	칭기스칸의 손녀 鄆國公主	濮州(산동)	30,000호
	칭기스칸의 손녀 大雷公主	延安府(섬서)	9,795호
	칭기스칸의 부마 테무다이	磁州(하북)	9,457호
공신	무칼리	東平路(산동)	39,019호
	다이르우손	東平路(산동)	10,000호
	쿠르다르의 자손	泰安州(산동)	20,000호
	주치다이의 자손	德州(산동)	
	바다즈	順德路(하북)	14,087호
	오게르	廣平路(하북)	15,807호
	테리구트	하간로(하북)	1,450호
	보로타이	廣平路(하북)	17,332호
	카다안	하간로(하북)	1,023호
	하산	曹州(산동)	10,000호
	메구치	鳳翔府(섬서)	130호
	보로	廣平路(하북)	100호
	항완르	대명(하북)	100호
	키리타이	東平(하북)	100호
	소나타이	東平(하북)	100호
	제미스	懷孟(하남)	100호
	테가	대명(하북)	1,713호
	항우르트카이	平陽(산서)	144호
	텐드호르	진정(하북)	100호
	예수 부카 등	하간로(하북)	1,317호
	예수 우르 등	하간로(하북)	1,775호
	보르고의 처 佟氏	眞定(하북)	100호

의 신구新舊 양호兩戶를 합한 새로운 판적版籍의 절반을 나누어서 일족 공신에게 분봉하였다. 이것은 무엇 때문에 두 번에 걸쳐서 호구조사를 실시했는지 알 수 없도록 하는 조치였다. 적어도 야율초재에게는 그러했음이 분명하다. 그는 토지와 백성을 나누는 것에 따른 폐단을 강조하며 이 조치에 강하게 반대했지만 받아들여지지 않았다. 결국 이 문제는 민을 국가와 봉건영주에게 나누어 속하게 하고, 주현관이 영주의 지배를 대행한다고 하는 절충안으로 겨우 타협되었다. 다시 말해 이들 분민에게 부과된 사료絲料는 2호마다 1근(600g)의 비율로 국가에, 5호에 1근의 비율로 영주에게 양분되었다. 그 징수는 주현관이 담당하고, 그 밖의 다른 모든 요건은 주현을 경유하지 않고는 직접 처리하지 못하게 한다는 결정이다.[11]

제한적으로 봉건영주에 예속되는 분민을 오호사호五戶絲戶라고 부르는 것은 위와 같은 사정에 의해서다. 이 절충안에 의해 몽골 영주들은 일정한 제약을 받았지만 잠재 영주권이 그대로 남아 있었기 때문에 각종 폐해가 발생할 수밖에 없었다.[12] 야율초재의 예견은 결코 기우가 아니었다. 일족 공신에 대한 한인호 분봉은 1236년에 한정된 것은 아니고 그 이전이나 이후에도 지속되었지만 규모의 크기로 봐서 이것이 대표적이기 때문에 참고로 그 개요를 표시해 둔다.

한지의 군사지배-미완의 정복왕조

우구데이 카안 통치 8년에 행해진 몽골 제왕과 공신에 대한 한인호 분봉은, 한지에 대한 직접통치를 실현하려 한 야율초재의 이상과 우구데이

---

11) **역주_** 孫賢淑,「蒙古의 相續慣行에 대하여-특히 蒙古 帝國期를 中心으로-」,『東洋史學硏究』16, 동양사학회, 1981.
12) **역주_** 윤은숙,「칭기스칸 東道諸王의 분봉지와 그 발전-몽골칸국의 創業·守成과정의 대응과 관련하여-」,『江原史學』19·20, 강원사학회, 2004.

카안의 통치이념 사이의 근본적인 차이를 드러냈다.

야율초재는 중국의 전통 법제를 바탕으로 몽골의 지향과 관행을 포함시킨다면 한지에 대한 주권자 몽골의 자의恣意는 충분히 제어될 수 있다고 생각했다. 이러한 야율초재의 식견은 가깝게는 금조를 본보기로 몽골 조정을 정복왕조화 하려는 것이었다. 이에 비해 우구데이 카안의 직접통치는 극히 단순한 것으로, 한인세후에게 일임한 한지의 통치권을 몽골의 수중으로 회수하고자 할 뿐이었기 때문에 양자의 충돌은 당연한 것이었다. 우구데이 카안으로 대표되는 몽골은 중국 농경사회의 통치법에 완전히 무지한 까닭에 우선 한인세후를 이용하고, 이어서 한인 재상 야율초재에게 위임한 형태였기 때문에, 강인한 종족의식만은 야율초재로서도 어찌할 수 없었다.13)

한지에 대한 몽골의 직접통치 움직임은 군정 면에서 매우 분명하게 드러난다. 속령의 확보에 가장 우선적 요소가 군사적 제압이라는 점에서 볼 때 이러한 움직임은 당연할 것이다. 이미 살펴보았듯이 칭기스칸 12년 (1217) 우선 국왕 무칼리가 2만 3천의 몽골군 및 위구르·거란·한군의 총사령관으로 장성의 내부, 산서성의 북변에 오르도를 건설하고 이어서 각 요충지에 다루가치를 배치함으로써, 한인세후에 대한 군사적 위압과 감시체제는 일찍부터 진척되고 있었다. 다만 종전의 군사적 조치로는 아직 미완성의 단계를 벗어나지 못했다. 이제 우구데이 카안의 새로운 기운을 맞아 조직화 태세로 들어선 것이다. 우구데이 통치 원년(1229)에 금국 토벌의 결의가 이루어지자 여기에 호응해서 한인세후의 군사력을 총동원하는 조직화가 착수되었다. 한군 3만 호의 편성이 바로 그것이다. 대동大同의 유력세후 유흑마劉黑馬는 산서 방면의 군소 세후를 통할하는

---

13) **역주**_ 한영근,「耶律楚材에 대한 일고찰-몽고제국의 對漢人政策을 중심으로-」, 『東義史學』 5, 1989.

우익만호장右翼萬戶長에, 진정眞定의 강력한 세후인 사천택史天澤은 하북 방면의 총지휘를 담당하는 중군中軍만호장에, 연경燕京의 니엔호중상粘合重山은 산동 방면의 한군을 결집해 좌익左翼만호장에 임명되었다. 그런데 한인세후의 막강한 군사력은 금국 평정이 완료되자 경계의 대상이 되었다. 우구데이 카안 통치 8년에 실시된 5부部 탐마치군의 내지內地 상주는 그 대책이 구체화된 표현이다.

탐마치군은 일종의 진수군鎭戍軍으로, 이키레스·옹기라트·우르우트·망구트·잘라이르 등 몽골 5부족으로 구성되었고, 각각 쿠쿠부카·안차르·볼로르·실레체·케레이트 등의 장군에 의해 통솔되었다. 이들 탐마치군은 익도益都·제남濟南 지방, 평양平陽·태원太原 지방, 진정眞定, 대명大名, 동평東平 등에 상주하였다. 익도·제남 지방은 산동의 강력한 세후인 이전李全과 장영張榮의 기반이 있는 곳이고, 평양·태원 지방은 우익만호장 유흑마의 세력권이며, 진정 및 대명 또한 중군만호장 사천택의 근거지에 해당된다. 그리고 마지막으로 동평은 '하북 4대 세후'의 제일이라 불리던 엄실嚴實의 세력권이었다.

몽골의 한지에 대한 직접지배는 우구데이 카안 통치를 특색짓는 경향이었다고 판단된다. 단지 한지의 통치는 몽골의 직접지배라 해도 한인의 도움이 없으면 안 되었기 때문에 직접지배를 강조할수록 이원성二元性이 두드러진다. 게다가 몽골의 직접지배 역시 카안에 의한 일원지배와 몽골 제왕의 공동지배가 여전히 해결되지 못한 상태로 공존하고 있었다. 우구데이 카안의 치세가 중복, 불통일성과 잡다함으로 뒤덮인 이유는 바로 여기에 있다.

이러한 의미에서 중국과 북방민족을 절충해서 제3의 통일을 발견하는 정복왕조까지는 아직 좀 먼 여정이 남아 있었다.

3. 속령 한지에 만연한 불일치 현상

중원의 황폐와 부흥

정우의 남천(1214년)으로부터 시작된 하북의 쇠퇴는 하남으로 이동한 피난민 때문에 생긴 호구 감소에 의한 것만은 아니었다. 몽골의 침략에 따른 치안의 혼란과 포로·살육·기근에 의한 유민의 증가, 인구의 급격한 감소, 전무田畝의 황폐 등이 악순환을 야기함으로써 쇠퇴를 가속화 시켰다.

> 금의 정우 연간(1213~16)부터 하삭河朔 지방은 20년 동안 교전 상태가 지속되었고, 주민 10 중 7은 도망자였다. (『목암집牧菴集』, 여수신도비呂洙神道碑)

금국이 멸망할 당시(1234)에 하북 인구가 이전에 비해 30%나 격감했다는 이 기록은 결코 과장이 아니다. 판적版籍의 극성시기로 불리는 금국 태화泰和 7년(1207)의 통계에서 섬서·하남을 합한 수치이긴 했지만 하북 인구가 768만여 호를 헤아렸던 것에 비해, 불과 26년 후의 계사년적에서는 단지 70만 호였고, 여기에 하남 이주자를 합해도 겨우 180만 호에 지나지 않았다. 그래서 하북성 진정부眞定府의 무극현無極縣은 '황량하여 변방의 성처럼 된' 상태였고, 산동성 제남부濟南府의 양신현陽信縣은 '흙무덤으로 덮인 황량한 성'처럼 변해 있었다. 예전에 5만 호의 인구를 거느려서 산동 제일 도시였던 연주兗州 자양현滋陽縣의 경우는 '남아 있는 인가가 겨우 10여 호로, 거리에는 대낮에 여우와 토끼 같은 것들이 횡행한다'고 할 정도로 쇠락했다고 하는 이야기도 신뢰할 만하다.

그런데 이러한 쇠락의 대세 속에서도 호구가 증가하고 농지가 개발되는 곳도 적지 않았다. 하남성의 기주淇州는 세후 주씨周氏의 안무按撫를 통해

'5년도 되지 않아서 생활 여건이 잘 갖춰진 마을'로 되었고, 산서성의 대동현大同縣은 협곡씨夾谷氏의 노력에 의해 '즐거움이 가득찬 곳'으로 변했다. 1천여 호수에 불과한 하북성의 자주磁州도 역시 고씨高氏의 선정으로 이웃한 지역에서 옮겨오는 민이 끊이지 않았다고 한다.

모두 한인세후의 초무를 통해 얻어진 결과로 볼 때 세후들이 할거하는 곳은 예외 없이 이런 종류의 공적功績을 올리고 있었다고 생각된다. 황폐한 주현향촌州縣鄉村과 복구중인 성시전야城市田野라는 이 대조적인 두 가지 현실은 불균형과 불일치의 색채를 느끼게 한다.

하북 인구의 격감과 그로부터 파생된 주인없이 버려지는 토지가 산재해 있었기 때문에 하남에서 옮겨온 110만 호의 새로운 호는 세호稅戶로서 조정에 편입될 수 있었다. 앞서 살폈듯이 우구데이 통치 8년에 제정된 한지세법은 신호新戶(=감반과호減半科戶)에게 구호舊戶(=전과호全科戶)와 비교해 절반의 세역을 부과했다. 액수는 적어도 세호였기에 그들은 결코 전호佃戶(소작인)가 아니다. 이들 모두는 어느 정도의 토지를 소유하고 있었다. 게다가 이들 신호들은 대부분 무일푼이거나 가족이 없는 단정호單丁戶(장정 1인 호)로 하북에 강제 이주되었기에 일정 부분 황무지를 교부받았다. 이들에게 토지 사여가 없었다면 결코 세호가 되지 못했을 것이다.

다만 황무지의 교부가 이루어졌다 해도 단정호의 노동력은 미약할 수밖에 없어서 구호에 비해서 계층적인 차이가 있었을 것이다. 신구의 양호를 병존시켜 발족한 북방민족 몽골 치하의 한지는 독특한 불일치를 특징으로 하는 사회가 될 수밖에 없었다.

재정의 난맥

동전의 남방 유출은 금과 송이 대립한 120여 년을 통해서 끊임없이

정우삼년동초판(貞祐三年銅鈔版)　금대

계속되었다. 특히 누적된 동전 유출로 발생한 통화 부족이 금조 말기에 두드러졌다. 장종章宗 말년 이후의 금국이 교초交鈔(지폐)의 발행으로 교역에 대처하고 있었던 것은 무엇보다도 좋은 증거다. 하남으로 후퇴한 후에 금국은 국토의 반감에도 불구하고 군비의 필요성이 커졌기에 교초를 남발했다. 결국 '초鈔는 가치가 없고 물物은 비싼' 상황의 극한을 향해서 돌진하게 되었다. 이 틈새를 은으로 채우기 위해 은으로 가격을 표시하는 풍조가 금조 말기에 생겼다.

몽골이 금을 멸망시켜 획득한 한지漢地는 금조 말기의 연장선상에 있는 한지와 다름없었기에 이 같은 정세가 바뀔 리 없었다. 영역 내에 동산銅山은 전혀 없고, 더욱이 전란중이기도 해서 동전의 발행은 생각할 수도 없었다.

따라서 이러한 경제적 사정에서, 우원丁元의 건의로 몽골제국 최초의 교초 발행이 금국 멸망 직후인 1236년에 실시되었다. 다만 이때에도 '금국의 전철을 밟지 않아야 한다'는 야율초재의 견해가 받아들여져 한도액을 50만 량으로 하는 발행액 억제책이 있기는 했지만 여하튼 정부발행의 지폐가 시행되었다.

그러나 지방에서는 이것과는 별개로 유력한 세후나 몽골 영주들은 각종 지폐를 발행해 유통시키고 있었다. 세후 엄실嚴實의 지배 하에 있는 산동성의 박주博州(요성현聊城縣), 쿠빌라이의 분봉지인 하북성의 형주邢州(형대현邢臺縣), 섬서성의 관중關中, 그 외 여러 도道에서도 생사生絲 또는 은銀을 준비금으로 하는 교초가 발행되었다. 이렇게 되면 신중한 배려 하에 중앙정부가 교초를 발행했다고 해도 국가의 통화정책 수립에 전혀 기여할 수 없다.

경제에 관한 행정의 난맥은 단지 통화문제에만 국한되지는 않는다. 조세의 매박은 징세권의 근본에 관해, 알탈전의 운용은 제실帝室재정의 존재방식에 대해, 모두 정상궤도를 벗어난 통제되지 않는 모습을 드러냈다.

이슬람 상인의 활동 – 매박과 알탈전

조세의 '매박買撲'은 일종의 청부제請負制로서, 특정 개인이 국가에 납입해야 할 조세를 정부와 약정한 금액으로 미리 내고 그 보상으로 징세권을 획득하는 것을 말한다. 따라서 매박인이 자신의 이익을 염두에 두어야 하기 때문에 일반 민중들은 그만큼 부담이 가중될 수밖에 없다.

우구데이 카안 시기의 매박은 우선 유쿠투마劉忽都馬·유정옥劉丁玉·세라흐·우딘에 의해 제안되었다. 이 제안은 야율초재의 단호한 반대로 당시에는 무산되었지만, 우구데이 카안 통치 11년에 이슬람 상인 압둘라하만이 110만 량에 해당하는 과세를 그 두 배나 되는 액으로 매박하고자 청했을 때에는 야율초재의 반대도 아무 소용이 없었다. 매박을 허락받은 상인은 세액을 마음대로 증가시키기 때문에 세제는 공문空文이 되어 버리고, 징세권은 상인의 수중에 들어가 십로징수과세소十路徵收課稅所는 아무런 쓸모도 없게 되었다. 이것이 법제의 문란이 아니고 무엇일까?

'알탈전斡脫錢'이란 카안 이하 제실帝室의 제왕들이 사경제를 확충하기 위해 특정 서역 상인에게 부탁해서 그 이자를 얻는 자금을 이르는 말이다.[14) 이들 서역 상인은 일종의 길드 Guild 와 유사한 형태를 띠고 있었는데, 투르크어로는 조합원을 의미하는 오르톡 Ortoq 으로 불렸다. 오르톡 상인은 제왕들로부터 받은 은을 운용하여 최대 효과를 올리기 위해서 수단과 방법을 가리지 않았다.

그 중에서도 연이율 10할의 복리식 고리대 사업이 최대의 이윤을 약속했다. 알탈전을 당시 한지에서 양고아식전羊羔兒息錢(피라미드식 고리)으로 부른 것은 알탈전이 고리대 자금의 전형적인 운용 형태였음을 나타낸다. 원래 영리사업에 익숙하지 않았던 몽골에게 그것을 가르치고, 어용상인이 된 오르톡 상인들은 멀리 앞을 내다보는 깊은 속셈을 가지고 있었다.[15)

사마르칸드와 부하라를 중심으로 번성한 상업 도시국가 소그드는 은 본위제를 오랫동안 유지해 왔다. 그런데 10세기 말부터 은부족 현상이 약 300년간 지속되면서 필연적으로 은 가격이 상승했다. 동이슬람권 출신 혹은 이 지역과 밀접한 관계를 가졌던 오르톡들은 이러한 사정을 잘 알고 있었다. 중국의 은을 서방으로 가져간다면 다른 어떤 것보다 높은 이익을 보증하는 상품이 될 수 있었기에, 그들이 은 획득에 집중한 것은 당연한 현상이다. 더구나 이자 개념이 희박했던 몽골 자금주들은 1할의 이자로 충분히 만족하고 있었다.

그런데 당시 지독한 황폐를 벗어나지 못했던 하북의 민들이 도대체 왜 터무니없는 고리대 은을 빌렸던 것일까? 사업회복용 자금이라고 한다면 당시의 서민은 아직 그 정도로까지 부유하지 않았고, 하물며 소비용으로 빌렸다고 볼 수는 없다.

---

14) **역주_** 杉山正明 지음,『유목민이 본 세계사-민족과 국경을 넘어-』, 이진복 옮김, 학민사, 1999.
15) **역주_** 김호동,『몽골제국과 세계사의 탄생』, 돌베개, 2010.

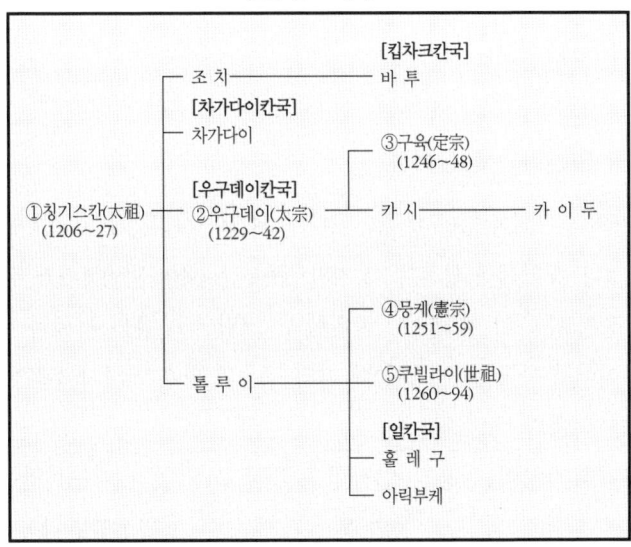

몽골 왕조 세계도

* 괄호 안은 재위 연수

    오르톡 상인들은 이러한 실정을 간파하고 있었고, 이에 대한 용의주도한 계획을 실행에 옮겼다. 다시 말해 몽골 지배층을 설득해서 중국에서 그때까지 전례가 없던 포은세包銀稅라는 은납 세목을 설정하게 했다. 호마다 몇 량의 은을 세금으로 국가에 바치지 않으면 안 된다는 절대명령 하에서는 이율의 높고 낮음은 말할 수 없었다. 서민은 그저 융자자의 말대로 빌릴 따름이었다.16)

    그러나 일단 이것을 빌리기만 하면 생계 파탄은 피할 수 없었다. 이렇게 해서 일반 세호의 궁핍한 경제 상황은 더한층 심해져 파산에 이르게 되었다. 물론 알탈전은 몽골 황실 제왕들의 사경제에 기여한 부분이 적지

---

16) **역주_** 고명수, 「쿠빌라이 정부의 交通·通商 진흥 정책에 관한 연구-소위 '팍스 몽골리카(Pax Mongolica)의 성립조건 형성과 관련하여-」, 고려대학교 대학원 박사학위논문, 2009.

않지만 그만큼 국가재정을 잠식함으로써 실로 사자 몸 안의 벌레 같은 것이었다.17)

행정의 일원화와 행상서성

13년간의 우구데이 카안 통치가 끝나자 대칸의 자리는 4년 동안 공석으로 남아 있었다. 투레게네 황후가 그 기간 동안 감국監國(섭정)하다가 우구데이 카안의 장자 구육이 카안으로 즉위했다. 그러나 구육의 치세는 3년으로 끝났고, 이어서 몽골제국의 전통에 따라 구육의 황후가 다시 3년간 제국을 감국하게 되었다.18)

우구데이 카안이 관용과 인자함을 갖추고 있었기 때문이라는 말도 있지만, 여하튼 그의 치세 동안 일관되게 보이는 행정명령의 불일치는 감국시대 9년간 점점 더 문란해졌다. 이러한 정세를 『원사』는 "태종(우구데이)의 황후가 감국한 임인壬寅(1242) 이래 법도는 하나가 아니었기 때문에 안팎의 마음이 떠나 태종의 정치는 쇠해졌다"라고 개관하고 있는데 이는 정확한 표현이다.

구육의 뒤를 이은 뭉케 카안은 칭기스칸의 막내아들인 톨루이의 장남이다. 이로써 몽골제국의 대칸의 자리는 우구데이 왕가로부터 톨루이 왕가로 옮겨가게 되었다. 양 왕가의 대립이 격심해지자 결국 위압적 수단을 통해 뭉케의 즉위가 이루어졌다. 뭉케 카안이 즉위와 동시에 황제권 강화에 전념하였던 것은 이러한 내력에서 나온 일종의 필연이었다. 즉, 뭉케 카안은 밖으로는 차가다이 칸국의 수령을 심복인 카라 훌레구로 경질하고,

---

17) 愛宕松男, 「斡脫錢の背景－13世紀蒙古＝元朝における銀の動向－」, 『東洋史研究』 32-2, 1973.
18) **역주**_ 김호동, 「구육(定宗)과 그의 시대」, 서울大學校 東洋史學研究室 編, 『近世 東아시아의 國家와 社會』, 지식산업사, 1998.

원대의 동인(銅印) 문자는 파스파문이다.

우구데이 칸국을 여러 개의 소왕국으로 분할시키는 등 가안을 위협하는 제왕의 세력을 억제하는 한편, 안으로는 황제정치의 관철을 용이하게 할 의도에서 관제를 정비했다. 몽골리아 조정은 재상 뭉케 사르와 부재상 불가이 아래에 국가재정·제실재정·제사·역참을 전담할 관청을 신설했다.[19] 또한 속령 정주定住지역을 한지漢地, 동·서 투르키스탄으로 삼분하여, 각각 연경등처행상서성燕京等處行尙書省·비쉬발릭등처행상서성別失八里等處行尙書省·아무하등처행상서성阿母河等處行尙書省을 창립했다.

행상서성은 직접적으로는 금국 관제의 답습이다. 금국은 중앙정부를 상서성, 정부의 지방 출장기관을 행상서성이라 이름했다. 따라서 뭉케 카안 시대에 창설된 세 개의 행상서성은 남방의 정주지역 속령을 중앙정부에 직속하는 일원적 지배 하에 둠으로써 명실상부한 카안의 직할지로 삼으려 했다.

세 행상서성 중에 중국과 관련된 것은 연경등처행상서성으로, 얄라비치를 장관으로 하고 세미스 웃딘·니잠 웃딘을 부관副官으로 하는 인적 구성은 한지 전역을 총괄하는 최고 관부로서 아주 적합하다. 그때까지도 여전히 다루가치, 한인세후, 탐마치 군관과 오호사호五戶絲戶 영주의 파견관

---

19) **역주**_ 김성수, 「몽골제국시기 유라시아 광역 교통망 잠치(jamci)」, 『몽골학』 25, 한국몽골학회, 2008.

뭉케 카안과 가족

까지 그대로 혼재해 있었기에 한지의 행정은 매우 복잡한 양상을 띠고 있었다. 이런 한지의 불일치한 행정은 행상서성의 설치로 점차 일원화되었다. 다만 불과 8년간이라는 짧은 뭉케 카안의 치세로서는 이 목적을 완전히 달성할 수 없었으나 그의 지향만은 충분히 평가되어야 할 것이다.

마르코 폴로의 초상과 폴로의 지휘 아래 출항을 준비중인 갤리선

행상서성과 『동방견문록』

일원적 통치의 단서는 불완전하기는 하지만 비쉬발릭등처행상서성의 활동을 통해 찾을 수 있다. 이것은 마르코 폴로(1264~1324)가 비쉬발릭別失八里을 중심으로 하는 천산북로天山北路 일대의 땅을 칭긴 탈라스Chinghin talas라고 부르고 있는 사실 속에 숨겨져 있다.

마르코 폴로는 아버지 니콜로와 숙부 마테오를 따라 1271년 후반에 시리아를 출발하여 아시아 대륙을 횡단해서 쿠빌라이 카안의 궁정으로 향했다. 도중에 병이 든 마르코 폴로는 바닥샨에서 1년 동안 요양한 뒤에, 1272년 말 12773년 초쯤에 천산남로에 도착했다가 남쪽 길을 따라 동진하여 사주沙州에 도달했다. 마르코 폴로는 『동방견문록』 54절부터 61절까지 남도南道의 여러 나라 카쉬가르, 야르칸드, 코탄, 차르찬, 롭노르와 사주 등을 기술하고 있다. 또한 사주 다음으로 서북방에 위치하는 카물(하미), 위구르스탄(카라호초), 칭긴 탈라스 등을 3절에 나눠서 썼다.

사주沙州(감숙성 돈황현)의 서북방에는 먼저 카물국谷迷里이 있다. 이 나라는 예전에는 독립왕국을 이루고 있었는데(현재는 쿠빌라이 카안에 예속하

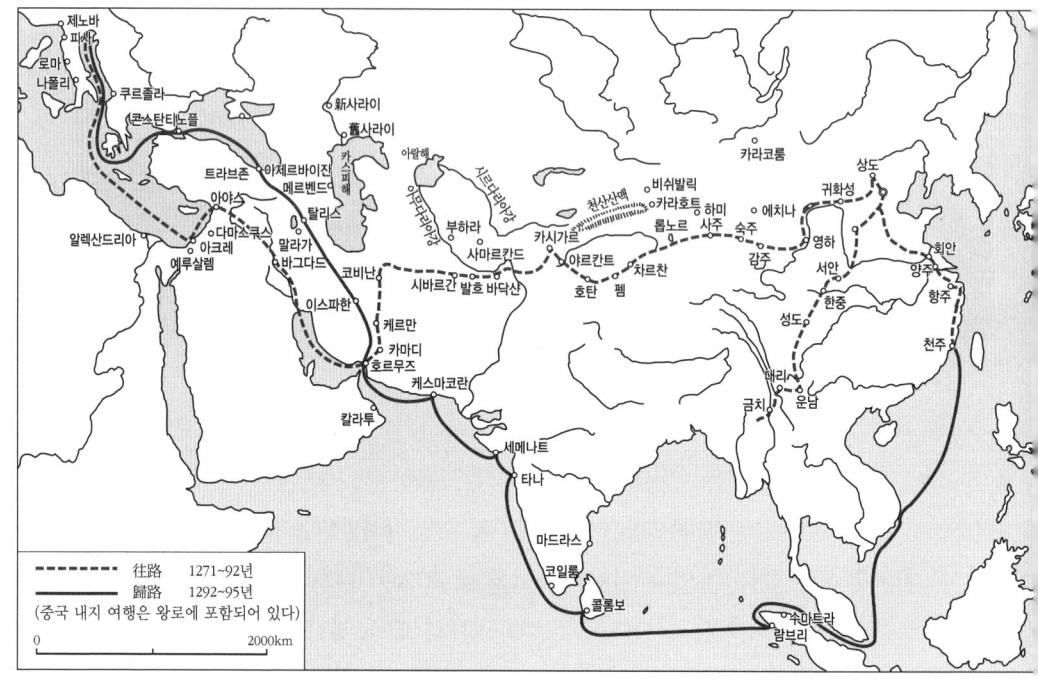

마르코 폴로의 여정로

는 지방이 되었다), 거기에는 많은 도시와 취락이 있고 그 중에서도 카물시(하미시)가 가장 큰 도시를 이루고 있다. …… 카물의 북방과 서북방 사이에 있는 나라 중 하나는 위구르스탄국畏吾兒이다. 중요 도시는 카라호초(투르판시)다. 이 도시는 몇 개의 도시를 관할하는 대도시다. 이 나라의 우상숭배자들은 자신들의 법률 관습을 지키고, 매우 학식이 깊으며 게다가 항상 문예의 도에 힘쓰고 있다. 이 나라에는 곡물 외에도 양질의 포도주가 생산된다. …… 칭긴 탈라스는 작은 사막과 접하고 있고, 북쪽과 서북쪽 사이에 위치하는 지방이다. 크기는 16일 거리로, 카안에게 예속되어 있으며 엄청난 수의 도시 취락이 산재해 있다. 주민은 우상숭배자, 이슬람교도, 네스토리우스파에 속하는 투르크인 크리스트교도 등의 3종류로 나누어진다. 이 나라의 북쪽 경계에는 산이 하나 있는데, 강철과 안다니크 광맥이 있다. 또 이 산에는 살라만더火浣布의 광맥도 있어서 채굴되고 있다. (『동방견문록』)

위의 내용과 위치의 전후관계로 보아 칭긴 탈라스가 카라호초의 서북으로 천산의 남북에 걸친 지역임은 거의 의문의 여지가 없다. 그럼에도 불구하고 현재 이 지역의 위치를 둘러싸고는 여러 견해가 설왕설래하고 있다. 즉 산산鄯善설, 준가리아 평원설, 치킨赤斤 평야설, 진서주鎭西州설뿐만 아니라 나아가 예니세이강 상류의 켐켐주 謙謙州라는 견해까지 제기되고 있다.

『동방견문록』의 첫 페이지

이러한 오류와 혼란의 원인은 칭긴 탈라스를 순수한 지명이라고 간주하는 데 있다. 다시 말해 음성상의 유사함만을 생각하고 다른 조건을 고려하지 않음으로써 여러 가지 설이 나온 것이다. 칭긴 탈라스는 순수한 지명이 아니라 '행성관할구'를 의미하는 몽골어의 행정구획명 싱싱다라시 Hsing-Shing darasi의 음을 본딴 것이다.[20]

말할 것도 없이 이 '행성관할구'란 뭉케 카안 원년에 설치된 비쉬발릭등 처행상서성과 관계된다. 그리고 행상서성의 설립에서 마르코 폴로 당시까

---

20) **역주_** 칭긴 탈라스를 Hsing-Shing darasi로 간주하는 저자 오타기(愛宕) 씨의 주장에 대해 김호동 역주, 『마르코폴로의 동방견문록』(사계절, 2000, 177~178쪽)에서는 동방견문록의 대부분 사본이 Chinchin 혹은 Ghinghin으로 되어 있는 것으로 보아 초반부 발음은 '싱싱'이 아니라 '킨긴'이나 '긴긴'이 되어야 한다고 보았다. 또한 몽골어 daruġa에 투르크어 어미 si를 붙여서 daruġasi 〉 darasi라는 설명은 수용하기 어렵고 당시 darasi라는 단어가 실제로 사용된 예를 찾아볼 수 없다고 한다.

지 약 20년 동안 천산북로 일대 지역을 총칭하는 말로 '싱싱다라시-칭긴 탈라스'라는 행정구획명이 사용되고 있었다. 이 사실은 단순한 지방 이름에 관한 사소한 일로 간과할 수 없다. 초원지대의 남쪽으로는 카안 직할지인 정주문화 지역이 있었고, 뭉케 카안 시기에 창설된 세 행성에 의해 각각 통합된 행정 단위로서 실적을 올리고 있었기에 가능했다.

뭉케 카안의 기념비

제3장

쿠빌라이 카안

1. 쿠빌라이 카안의 즉위

톨루이 가문의 사람들

 칭기스칸은 정후 부르테와의 사이에 네 아들을 두었는데, 장남 조치, 차남 차가다이, 삼남 우구데이, 막내 톨루이 등이다. 미증유의 성공을 거두고 중앙아시아 원정에서 개선한 칭기스칸은 급속하게 팽창한 몽골제국을 통치하는 방식으로 자제子弟들에 대한 분봉을 결행했다. 칭기스칸은 몽골리아를 중심으로 동쪽 흥안령 좌우의 지역은 조치 카사르 이하의 동생에게, 서쪽 알타이산의 초원지역은 여러 아들들에게 분봉했다. 당시에 조치가 이미 사망했기에 조치 가문은 가장 멀리 떨어진 볼가강 하류지역(킵착인의 거주지역), 차가다이는 거기서 동으로 인접하는 츄강 유역(옛 카라키타이국의 영지), 그리고 우구데이는 더 한층 그 동쪽에 해당하는 알타이산 서쪽 기슭의 땅(나이만부의 옛 땅)을 각각 분봉받았다. 막내아들 톨루이의 분봉지 지정이 빠져 있는데, 이것은 몽골의 말자상속제에 입각해 아버지의 소유 영토, 즉 칭기스칸이 영유하는 몽골리아가 약속되어 있었기 때문이다.

쿠빌라이 카안 수렵도 고궁박물관 소장. 쿠빌라이가 수렵 생활을 즐겼음은 물론이고 대원 사회가 다인종사회였음을 확인할 수 있다.

이상의 분봉은 몽골의 가산상속의 관습과도 맞아 실로 타당한 것처럼 판단될지도 모르지만, 실제로는 생각지도 못한 어려운 문제가 숨어 있었다. 그리고 그것은 얼마 지나지 않아 칭기스칸 사후, 몽골제국 제2대 카안이 된 칭기스칸의 셋째 아들 우구데이 때에 나타났다. 그는 관용의 덕을 갖춘 온후한 인물로 인정받아 칭기스칸으로부터 후계자로 지명되었다. 따라서 그를 추대하는 쿠릴타이1)는 아무런 이의도 없이 극히 순조롭게 끝났다. 그런데 우구데이 카안의 즉위는 몽골리아의 귀속 문제를 표출시킬 수밖에 없었다. 왜냐하면 몽골리아가 톨루이 가문의 영토가 되면, 카안이 몽골리아 본토를 직접적으로 지배할 수 없다는 모순이 생기기 때문이다.2)

쿠빌라이 카안

이 모순을 조정하기 위해서는 막냇동생 톨루이의 영토를 다른 것과 교환할 수밖에 없다. 그러나 적당한 교체지가 없는 상태에서 톨루이는 형 우구데이

쿠빌라이 카안의 황후 차부이

---

1) 몽골 전통에 따라 새로운 카안의 추대는 칭기스칸 가문의 제왕을 비롯해서 공신과 장수들로 이루어진 집회에 의해 선출된다.
2) **역주_** 구범진, 「몽원제국기 '국왕'의 정치적 위상」, 『서울대 동양사학과논집』 23, 1999.

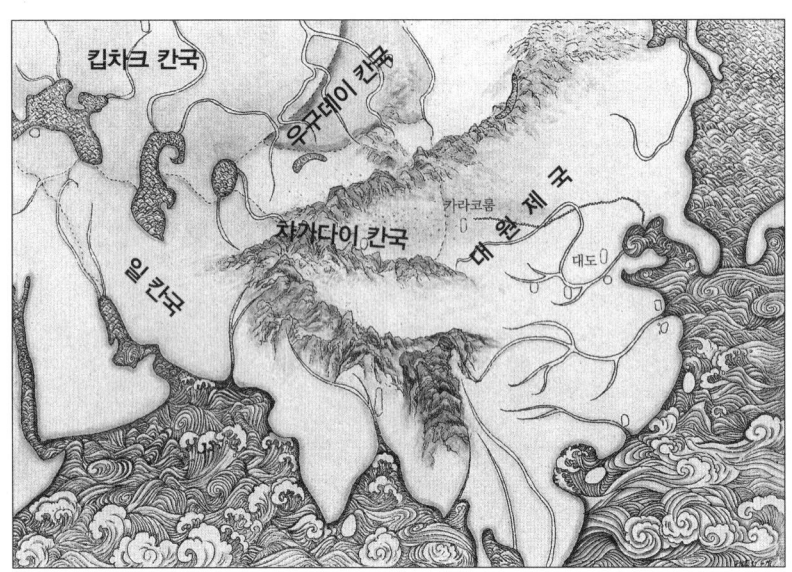

대원과 4칸국

카안을 위해 자신의 권리를 포기했다. 다시 말해 이 같은 자기희생에 의해 몽골제국은 최초의 내분을 회피할 수 있었지만, 그 결과 톨루이 가문은 오랫동안 돌이킬 수 없는 손실을 입게 되었다.

한지·서역으로의 비상한 관심

톨루이 가문에 영지가 없었다고 해도 물론 완전히 없었던 것은 아니다. 많지는 않지만 칭기스칸 말년에 주어진 하북성 일부와 우구데이 카안 초기에 하사받는 서역 부하라의 3천 호, 우구데이 카안 4년에 분봉된 하남성과 섬서성의 4만 호, 그리고 우구데이 8년에 오호사五戶絲를 줄 때 획득한 진정로眞定路의 8만 호 등이 할당되어 있었다. 그러나 모두 한지와 서역에 해당하므로, 몽골 본지인 북방 유목초원지대가 아니다. 특히 한지의 분지분민分地分民의 경우, 칭기스칸 집안의 제왕들 대부분이 소유하고 있었다. 오호사호五戶絲戶 역시 초원의 광대한 영지를 소유한 자나 톨루이 왕가와 같이 그렇지 않은 자 모두 같은 입장에서 하사받은 것이다. 결국 톨루이의 희생은 보상받지 못했고, 톨루이 가문은 다른 일족에 견줄 수 있는 칸국의 영유를 바랄 수 없게 되었다.

톨루이 가문이 북방초원에 영지를 갖지 않은 결과, 어떤 특수한 경향들이 강하게 나타나기 시작하였다. 한지와 서역이라는 정주사회 및 그 주민에 대한 강한 관심과 이해의 자세가 그것이다. 이것은 톨루이의 과부 소르칵타니 베키에게서 현저하였고, 그녀의 아들들인 뭉케, 쿠빌라이, 훌레구, 아릭부케 등에서도 인정되는 부분이다. 그리고 1251년 제4대 카안에 즉위한 뭉케 카안이 즉위와 동시에 남방 정주지역에 비상한 관심을 보이고 있던 점에서도 그 일면을 엿볼 수 있다. 보다 더 명료하게는 쿠빌라이에 관해 말할 때 비로소 명확해진다.

형 뭉케 카안의 즉위

쿠빌라이(1215~1294)는 톨루이의 둘째 아들로 태어났으며, 뭉케 카안이 형이고 일칸국의 창설자 훌레구가 그의 동생이다. 36세까지 그의 행적이 거의 알려지지 않았음은 톨루이 가문이 처해 있던 불우한 지위를 반영하는 것으로 볼 수 있다. 평범한 무관武官의 왕자일 수밖에 없었기 때문에 그의 관심은 한지에 있는 자신의 봉지에만 계속 집중될 수밖에 없었다. 또 한지에 대한 이해의 정도도 그만큼 깊어지게 되었을 것이고, 그 바탕은 뭉케 카안 시기에 급속하게 발전된다.

1251년에 뭉케 카안이 즉위한 사건은 몽골제국 대분열의 한 원인이 된 극히 중대한 사건이다.[3] 이를 톨루이 가문으로 한정시켜 보더라도

---

3) **역주_** 조성우, 「13세기초 옹구트부 계승분쟁과 그 배경」, 『서울대 동양사학과논집』

톨루이 가문의 3형제 맨 위가 뭉케(헌종), 가운데가 쿠빌라이(세조), 아래가 훌레구다.

그때까지의 불행을 극복하고 영광으로의 재생을 계획하는 출발점을 이룩했다는 점에서 의의가 깊다. 앞서 말한 톨루이 가문의 구성원들에게서 나타난 성격과 같이 남방 정주지역에 대한 뭉케 카안의 정책은, 앞서 예로 든 세 개의 행상서성의 설립에서 엿볼 수 있듯이 이채로운 특색을 발휘한다. 그때의 협력자로서 당연히 그의 여러 형제가 참여하는데, 특히 쿠빌라이의 참여가 주목된다. 뭉케 통치 원년에 연경등처행상서성燕京等處行尙書省 설립과 때를 같이 해서, 쿠빌라이는 한지 민호民戶의 통치를 담당하는 '막남한지대총독漠南漢地大總督'의 지위를 받았다.

전자가 재무를 주로 담당하는 민정 총괄 기관이었음에 비해서, 후자는 그 위에 군정도 겸한 한지 통치의 최고직이었다. 이러한 사정은 다음 해에 이루어진 티베트와 운남雲南 경략의 경위에 의해서도 분명해진다. 게다가 뭉케 카안 통치 2년의 이 큰 계획은 동아시아 방면에서만 실시된 것은 아니다. 동시에 서아시아에서도 동생인 훌레구가 바그다드의 칼리프국에 대한 경략을 명령받았다.

23, 1999.

동서가 호응해 전개된 이 대사업은 모두 단기간 내에 현저한 성공을 거둠으로써, 서쪽으로 거의 지중해에 이르는 이라크와 이란 지역이, 동쪽으로는 티베트와 운남 전역이 새롭게 카안의 직할지에 편입되었다. 남방 정주지역에 대한 강도 높은 관심의 표현은, 뭉케 카안의 특색을 유감없이 나타내는 업적이었고, 동시에 몽골제국의 판도를 최전성기에 도달하게 했다.

한지대총독 쿠빌라이

그런데 훌레구와 쿠빌라이를 막론하고 이런 큰 전과의 획득은, 그들이 각각 해당 지역의 군정과 민정에 관한 대권을 일시적이나마 위임받고 있지 않았다면 전혀 불가능했다. 동방을 담당한 쿠빌라이에 한해 말하자면, 그는 한지에 주둔한 전 몽골군 및 한인 군벌의 모든 세후를 통솔했고, 휘하에 한인 지식인들을 모았으며, 연경행상서성 이하의 주현 기구를 매개로 군수물자와 군역을 파악했다. 게다가 쿠빌라이는 이 시기에 한지대총독漢地大總督이었기 때문에, 한지에서의 그 명망과 실력이 결코 단순하고 일시적인 것은 아니었다. 그러나 무엇보다도 한지에서 그를 도왔던 쿠빌라이의 세력은, 한인 지식인의 신뢰감을 주축으로 형성되었다. 이러한 신뢰감은 중국에 대한 올바른 평가와 이해를 떠나 다른 것을 찾을 수 없다.

'한지대총독'의 임무를 받은 쿠빌라이는 몽골리아의 국도國都 카라코룸을 떠나 막남漠南의 금련천金蓮川(내몽골 돌론노르)에 오르도를 건설하고 이 지역에 성곽을 쌓아 성에서 생활했다. 유목민이 성에서 거주한다는 것은 생활방식의 큰 변혁임에 틀림없다. 그가 굳이 이것을 실천한 것은 물론 그만큼 자신이 있었다는 반증이다. 그 자신감은 한지에 대한 올바른 평가와 이해에 의해서 이미 배양되고 있었다. 그렇기 때문에 조금 시대는

허형 쿠빌라이의 잠저시기 참모로 활동했고 대학사를 역임했다.

유병충 대원제국의 기초를 닦은 인물로, 상도성과 대도성 건축을 담당했다.

내려가지만 "산山(음산산맥) 이남은 국가 근본의 땅이다"라고 하는 몽골인으로서는 전혀 생각할 수도 없는 말이 그의 입에서 나오게 된 것이다.

쿠빌라이는 한인인 유병충劉秉忠·허형許衡·요추姚樞 등을 고문으로 삼으면서, 중국의 전통 법제와 제도를 배격한 채 한지에 대한 통치가 불가능하다는 인식이 깊어져 갔다. 실제로 톨루이 가문의 분봉지 가운데 하나인 형주邢州(하북성 형대현邢臺縣)가 그 좋은 본보기로, 예전에 1만여에 달하던 민호가 몽골의 관리를 받은 지 15년 만에 수백 호로 감소해 버렸을 때, 쿠빌라이는 장경張耕과 유숙劉肅을 기용해 이 지역의 민호를 확충하는 데 전력을 기울였다.

이러한 체험의 축적이 쿠빌라이에게 중국에 대해 깊은 관심을 갖게 했다. 그것은 또한 한인 세후 지식층 사이의 쿠빌라이에 대한 신뢰감을 강화시켜, 마침내 뭉케 카안 치하의 한지는 '대총독' 쿠빌라이를 중심으로 점차 결속을 굳혀 갔다.

남송 공략과 뭉케의 사망

뭉케 카안 2년에 쿠빌라이는 티베트와 운남을 경략하는 임무를 받았는

양성(凉城) 벽화에 보이는 몽골인의 생활 묘의 주인은 의자에 앉아 있고 그 양 옆으로 시녀들이 시중을 들고 있다.

데, 그 지역의 경략 자체가 궁극적 목적은 아니었다. 실은 남송 공략이라는 별개의 큰 목적을 위한 예비수단에 지나지 않았다. 광대하면서 동시에 부유한 강남을 기반으로 하는 남송은 당시 아시아에서 가장 번영한 문명대국이었다. 게다가 카안 직할의 한지와 직접 마주보는 지역이기도 했다. 직할령의 확보와 확대—이것은 남방 정주지역을 향한 팽창을 의미한다—에 열의를 가진 뭉케 카안에게 남송의 존재는 당면한 최후의 목표였다.

즉, 쿠빌라이의 티베트·운남 경략은, 서쪽 및 남쪽을 차단하여 북·남·서 세 방면으로 남송을 포위하여 고립시키는 원대한 작전임에 틀림없었다. 쿠빌라이가 티베트와 운남에 대한 정복전쟁을 성공적으로 완료하고 귀환한 후에 운남에 잔류하고 있던 장군 우량카다이가 거듭 동남쪽으로 내려가서 안남국安南國(북베트남) 공략을 달성하자 1257년 뭉케 카안은 남송 정벌에 착수하기 시작했다.

뭉케 카안 7년부터 시작된 이 전쟁은, 뭉케 카안이 친정한 최초이자 최후의 경략이었던 만큼 매우 규모가 큰 작전이었다. 즉 뭉케 카안이

쿠빌라이 카안의 악주성 공략

이끄는 본군은 감숙·섬서의 경계에서 사천으로 침입해서 장강 상류의 지역을 제압하고 그 흐름을 따라 동쪽으로 내려가려 했다. 운남에서 귀주·호남을 돌파하고 북상한 우량카다이의 부대와 하북에서 하남을 종단해서 남하한 쿠빌라이 군단이 악주鄂州(호북성 무창武昌)에서 합류해서, 사천의 본군을 기다려 일거에 남송의 수도로 진격하고자 하는 계획이었다.

당초 이 작전은 순조롭게 진척되었다. 아마도 마지막까지 똑같은 기세가 계속되리라고 예상했을 것이다. 그러나 총사령관인 뭉케 카안의 죽음이라는 뜻밖의 사건이 모든 것을 뒤틀리게 만들고 말았다. 그는 1259년 7월 사천성 합주合州(중경 重慶)의 군영에서 병사했고, 총지휘관을 잃은 사천의 몽골 본군은 관을 받들고 급히 북으로 돌아가기 시작했다. 이는 사천의 군영에 전염병이 유행했기 때문으로, 그렇지 않아도 더위에 약한 몽골군으로서는 어쩔 수 없는 선택이었는지도 모른다.

그러나 결과적으로는 우군 쿠빌라이의 부대를 내버려두고 단독으로 전선을 포기한 것과 다름없다. 본군이 사천에서 철퇴하고 있을 때, 쿠빌라이는 바로 악주성을 포위하고 있었다. 수비하는 남송으로서도 악주의 공방전은 나라의 존망과 관계되었기에, 재상 가사도賈似道 아래 중병重兵으로 방어에 임하고 있었다. 때문에 사천의 본군이 북으로 돌아가고 있음을 안 쿠빌라이는 경솔하게 적을 앞에 두고 돌아올 수 없었다. 게다가 운남에서 북상하고 있던 우량카다이와의 접촉이 이루어지지 않은 상황에서, 악주에서의 철수는 부하의 군대를 적 가운데서 죽게 내버려둘 우려가 있었다.

쿠빌라이는 이 난국에서 고민했음이 분명하다. 그렇지만 그 사이에 몽골리아의 조정에서 감국監國(유수직留守職)에 임명되어 있던 동생 아릭부케를 카안에 옹립하려고 하는 움직임이 활발해져 갔다. 쿠빌라이는 이제 한시도 머뭇거리고 있을 수 없었다. 다행히 우량카다이 군대가 이미 담주潭州(호남성 장사長沙)에 도달해 있다는 정보를 듣자마자 쿠빌라이는 급히 가사도와 임시화약을 맺고 적 앞에서 철수를 감행했다.[4]

쿠빌라이의 즉위 선언

동문병 한인세후

몽케 카안 사후에 대칸의 자리를 두고 톨루이 가문의 내분이 폭발하게 된 원인을 살펴보면, 쿠빌라이 아래에 결집된 한지 세력 그 자체에 있었다고 말할 수 있다. 몽케 카안 사망 이전부터 몽골리아 조정의 중신들은 일종의 근심과 두려움을 가지고 쿠빌라이 주변을 지켜보고 있었다. 쿠빌라이와 가까운 한인세후들 중에 불충不忠으로 견책받은 이들이 한두 명이 아니었다. 예를 들면 쿠빌라이의 신임을 얻고 있던 하북의 유력세후인 동문병董文炳도 그 중 한 명인데, 그는 몽케 카안 초기에 조정 대신들과의 불화로 조부 이래로 유지해 온 지위를 버려야만 했다.

---

4) **역주_** 윤은숙, 「옷치긴家 타가차르의 활동과 쿠빌라이의 카안위 쟁탈전」, 『몽골학』 22, 2007.

그러나 그에게는 쿠빌라이라는 희망이 있었다. 동문병은 티베트 원정중인 쿠빌라이를 찾아 천리길을 마다하지 않고 그에게 갔다. 그리고 그의 기대는 결코 어긋나지 않았다. 쿠빌라이는 그를 진영에 머무르게 하고 임용했으며, 즉위 후에도 계속 중용하여 마지막에는 재상으로 기용하기까지 했다.

요컨대 '한지대총독' 쿠빌라이의 중국에 대한 관심이 한지 유력자의 희망과 맞닿은 것으로, 이것은 톨루이 가문의 사람들에게조차 위화감을 품게 할 정도로 위협적이었다. 총사령관인 뭉케 카안을 갑작스럽게 잃은 몽골리아의 정부가 급히 그 본군을 북으로 귀환시키고, 그 동생 아릭부케의 주도 하에 후계 카안 자리를 확보하고자 한 것은 분명히 쿠빌라이를 견제하려는 움직임이었다.

그런데 아릭부케는 톨루이의 막내아들이었기에, 아버지 톨루이의 유산을 상속할 권한을 가지고 있었다. 본래 톨루이 소유였던 몽골리아의 토지와 민이 우구데이의 카안 즉위로 양도되었지만, 뭉케가 4대 카안에 즉위함에 따라 톨루이 가문으로 돌아오게 되었다. 아릭부케는 이것을 계승한 것이다. 따라서 몽골리아에서의 아릭부케의 명망은 자연히 높아질 수밖에 없었다. 뭉케 카안이 남송 친정에 즈음해서 그를 감국監國에 임명한 이유도 여기에 있다. 당시 뭉케 카안의 아들들은 아직 20대의 청년이었기 때문에, 몽골리아 조정 모두가 아릭부케의 대칸 추대에 의견을 일치시키고 있었다.

톨루이 가문의 내분은 한때 중대사로까지 발전되는 것이 아닌가 하고 염려되었음에도 의외로 간단하게 수습되었다. 즉 1259년 윤11월, 악주의 포위를 뚫은 쿠빌라이가 다음 해 3월 금련천의 성에서 쿠릴타이를 소집해서 카안을 선언했다. 이에 한 달 늦게 아릭부케도 카라코룸에서 카안에 즉위하자, 양자의 무력충돌은 불가피했다. 그러나 아릭부케가 1261년 10월 시물타이 노르 전투에서 치명적으로 패배함으로써 마침내 1264년 7월에 쿠빌라이 카안에게 투항했다. 4년의 전쟁이지만 1년 남짓의 전투로 승패가 정해진 것은, 쿠빌라이 아래에 결집된 한지의 인적·물적 역량이 압도적이었던 사실을 말해 준다.5) '한지대총독' 쿠빌라이가 본국을 제압함으로써 이제 쿠빌라이 카안 아래 양자의 총합체가 출현하게 되었다. 이는 말할 것도 없이 대원大元 정복왕조다.6)

2. 칭기스칸 제국의 대분열

우구데이 가문의 쇠퇴

칭기스칸은 1219년 중앙아시아로의 원정에 앞서 아들들과 중신을 모아 후계자를 선정했는데, 다수의 의견을 참고하여 셋째 아들 우구데이를 지명했다. 이 자리에 모인 많은 사람들이 오랫동안 우구데이의 자손을 추대하자고 축원했지만, 명을 받은 우구데이는 다음과 같은 맹세의 말로 아버지 칸으로부터도 그 겸양의 덕을 칭찬받았다.

"비록 저의 자손일지라도 만약 '푸른 풀에 둘러싸여도 소에게 먹히지 않고, 지방脂肪에 둘러싸여도 개에게 먹히지 않는' 그러한 악인이 태어난다면, '큰 사슴이 뛰어넘듯이' 칸의 자리는 미련한 자를 뛰어넘어

칭기스칸 비석

---

5) **역주_** 이개석, 「원대의 카라코룸, 그 흥기와 성쇠」, 『몽골학』 4, 한국몽골학회, 1997.
6) **역주_** 김호동, 『몽골제국과 고려』, 서울대학교출판부, 2007.

우구데이 칸의 즉위 옆으로 우구데이의 비가 앉아 있고 정면 왼쪽에 자식들이 서 있다.

다른 적당한 인물에게 전하고, '쥐가 따르듯이' 대칸에게 복종시키겠습니다."

우구데이 가문은 이 맹세의 말을, 대칸의 지위가 장기간 자신들 가문에 특허된 보증이라고 이해했다. 그러나 실제로 우구데이 카안은 후계자

후보로 손자 시레문과 톨루이의 장남 뭉케를 염두에 두고 있었다. 우구데이 카안이 장남 구육을 제쳐두고 뭉케를 후계자의 후보로 선택한 것은, 첫째 구육이 조치 왕가의 총령 바투와 관계가 나빴던 사정을 고려했기 때문이다. 둘째 분봉지인 몽골리아를 양도한 톨루이에 대한 보답도 있었겠지만, 뭉케의 인물됨을 신용했음에 틀림없다. 그러나 우구데이 카안의 의지는 자신의 가문에 의해 유린되고 말았다. 구육의 생모인 투레게네 카툰이 소집한 쿠릴타이에 대해 주재자의 의향을 알아차리고 참가를 거절했던 바투 등의 의견은 완전히 무시되었고, 우구데이 카안의 지명도 거역하면서 구육이 추대되었던 것이다. 바투의 불복은 물론이지만, 동시에 톨루이 왕가의 불만과 실망도 또한 이루 말할 수 없었다. 몽골제국 분열의 한 원인은 일찍이 이때 발생했다고 말할 수 있다.

구육 카안의 치세는 겨우 3년으로 끝났고, 4대 카안을 결정하는 쿠릴타이를 통해 구육 카안의 황후를 중심으로 하는 우구데이파는 재차 시레문을 옹립하려 했다. 시레문이야말로 우구데이 카안으로부터 두터운 총애를 받았고, 특히 그 후계자의 한 사람으로서 지명되었기 때문이라는 것이 우구데이파가 내세운 이유였다. 마찬가지로 우구데이 카안으로부터 지목받았던 뭉케를 완전히 불문에 붙인 이 모략을 접한 톨루이 가문의 제왕들은 더 이상 덮어두

선위군(宣威軍) 비

고 참을 수 없었다. 킵착 칸국의 영수 바투와 제휴한 그들은 마침내 뭉케를 4대 카안으로 추대했다.

뭉케 카안의 즉위에는 이러한 사정이 얽혀 있는 만큼, 뭉케 카안의 치세 기간은 우구데이의 자손에게는 수난의 시기였다. 구육의 황후 이하 시레문 옹립을 도모한 주모자들이 처형된 후, 새로운 카안에게 순종한 제왕들에게 칸국을 분할하여 나누어 주었다. 이것이 통일을 빼앗긴 우구데이 칸국의 모습이다. 조치 가문이나 차가다이 가문의 분봉지가 칸국의 이름에 걸맞는 반독립의 실력을 갖출 수 있었던 것은 내부의 통일이 있었기 때문이다. 여기에 비하면 세분된 우구데이 칸국의 열세는 숨길 수 없었다.

우구데이 카안 일족의 가계와 분봉지

차남 쿠텐	甘肅省 涼州
차남 쿠텐 왕의 차남 뭉케투	涼州 서쪽지역
4남 카라차르 왕의 장남 톡토	이밀하 유역
5남 카시 왕의 장남 카이두	카얄릭 지역
6남 카단 왕	비쉬발릭 지역
7남 멜릭 왕	이리티쉬강 상류지역

젊은 카이두의 대두

카이두 Qaidu는 우구데이 카안의 5남 카시의 아들이다. 바투를 비롯해 구육, 뭉케와 쿠빌라이 등 대칸 쟁탈의 중추적 인물들이 칭기스칸의 손자인 데 반해 카이두는 그들보다 한 세대 젊은층에 속해 있었다. 때문에 분쟁 당시 그는 아직 약관으로 새로운 카안을 반대할 만한 역량을 갖고 있지 못했다. 뭉케 카안이 우구데이의 후손 중에서 그를 선발해 칸국의 일부를

준 것도 그 시점에서는 확실히 타당한 조치였다. 그렇지만 카이두도 우구데이 가문의 일원인 이상, 뭉케에 의해 갑자기 세력이 약해진 가문으로 전락한 비운에 대해서는 마음 속으로 불만을 품지 않았을 리 없다.

카이두의 분봉지인 카얄릭은 일리강 중류의 북쪽에 펼쳐진 초원으로 오늘날의 호파르Hopar 시를 중심으로 하는 지역이다. 몇 개의 소왕국으로 분열된 칸국을 통일시키기 위해서는 무엇보다도 실력을 함양해야 했다. 이렇게 내일을 위해 참고 기다리는 기간이 그에게 당분간 계속되었다.

뭉케 카안은 치세 9년 동안 조정의 권위를 강화하는 정책을 실시해 상당 부분 효과를 거두고 있었다. 예를 들면 아무하행상서성阿母河行尙書省 이하의 3행성이 설치되어 카안 직할지인 남방 정주지역에 대한 여러 칸국의 야망은 완전히 봉쇄되었다. 또 카안의 위엄을 알리는 외정도 혁혁한 전승을 올리고 있었다. 예를 들면 동으로는 쿠빌라이에 의한 티베트·운남 공략이 성공했고, 서쪽으로는 훌레구가 이란과 이라크의 광대한 새로운 영토를 개척했다. 이 같은 배경으로 쇠락한 칸국의 한 소영주로서는 아무리 노력한다고 해도 불과 9년이라는 기간 동안 쌓을 수 있는 실력 정도로는 카안에 대항할 수 없었다.

이렇게 보면, 뭉케 카안 사후에 발생한 톨루이 가문의 내분은 카이두에게는 정말로 단비처럼 느껴졌을 것이다. 쿠빌라이와 아릭부케 사이에 야기된 제위 쟁탈전에서 카이두는 후자 편에 가담했다. 다만 아릭부케 측에 가담했다고 해도 진정한 아군이 된 것은 아니었다. 양자가 모두 톨루이 가문이므로 그 어느 쪽의 승리도 마음속 깊이 원하는 것은 아니었다. 단지 아릭부케 세력은 카이두와 인접해 있었기 때문에 외관상으로라도 그에게 가담한 척하지 않으면 신상이 위험했다. 따라서 그는 군대를 이끌고 아릭부케 진영에 직접 참가하는 등의 행위는 물론하지 않았다. 오히려 내전이 가능한 한 지연되고 양자 모두 완전히 피폐하기를 희망했을 것이다.

그렇지만 전술했듯이 이 전투에서 쿠빌라이 측의 힘은 압도적이어서 불과 1년 남짓으로 실질적인 승패가 결정되고 말았다. 이로써 카이두의 기대는 빗나가 버렸다. 그럼에도 톨루이 가문의 내전이 카이두가 흥기하는 주요 요인이 되었음을 부정할 수 없다. 왜냐하면 남으로 인접한 차가다이 칸국이 내전의 영향을 정면으로 받아 빈번한 칸의 교체와 내란을 반복하면서 카이두 세력의 확장을 도왔기 때문이다.

카이두 칸의 반란

카이두는 기회를 틈타 차가다이 칸국의 영토를 침범하여 수도 알말릭을 포함한 상당 지역을 점령했다. 원래대로라면 이러한 잠식은, 비록 칸국 사이의 분쟁이라고 해도 대제국의 기존 질서를 파괴하는 것이기에, 카안으로 부터 큰 문책을 당했을 것이다. 그러나 당시의 내전 상황 때문에 묵인되었다. 그 결과 카이두의 세력은 갑자기 강대해졌다. 내전을 극복한 쿠빌라이 카안이 1264년(지원 원년)에 카이두를 비롯한 제왕들의 입조를 요구했을 때 "말이 야위었다"는 핑계를 들어 거절할 정도로 그의 세력은 성장해 있었다. 핑계를 대며 입조하지 않는 카이두에게 모반의 기미를 느낀 쿠빌라이 카안은 조치 왕가와 차가다이 왕가의 수령 뭉케 테무르와 바락에게 사자를 파견하여 만일의 경우에 대비한 포위계획을 준비시켰다. 이것이 카이두에게 위기감을 준 것 같다. 마침내 1266년에 봉기한 그는 동쪽 국경에 주둔한 제국의 군대를 습격하고 이를 격파했다. 카안에 대한 이 공공연한 무력 공격을 계기로 이후 40년간에 걸친 이른바 '카이두의 난'이 진행되었다.[7]

---

[7] **역주_** 유병재, 「'카이두 올로스' 성립에 있어 '탈라스 코릴타'의 역할」, 『몽골학』 18, 한국몽골학회, 2005.

일 칸국의 궁정 생활

대원의 위협을 배제시킨 카이두는 화전和戰의 양면적 태도로 서서히 서쪽으로 진출해 상당한 성과를 거둘 수 있었다. 그리고 1269년 봄 탈라스 초원에서 열린 강화회의에서 카이두·뭉케 테무르·바락 삼자 간에 동맹이

제3장 쿠빌라이 카안

성립되었다. 이 동맹이 성립될 수 있었던 것은 다름 아닌 카이두가 제안한 소그디아나 분할이라는 좋은 미끼 때문이었다. 시르강 남쪽에서 옛날부터 상업 도시국가로 번영해 온 소그드 땅은 유목초원국가인 서북의 세 칸국이 전부터 탐내던 대상이었다. 그것은 정확히 장성 밖의 이민족 국가가 한지에 군침을 흘리는 것과 같은 입장이다.

그렇지만 이 지대는 카안의 직할령에 속해 있었다. 카안의 권위가 어느 정도 완화될 때까지 섣불리 손댈 수 없는 곳이었다. 여러 칸국의 이러한 야망은 우구데이 사후에 계속되는 궁정의 불안정을 틈타서 점차 노골화되었는데, 뭉케 카안은 이를 강하게 억제하고 있었다. 그런데 뭉케도 죽고 거기다가 카안 쟁탈전이 발발함으로써 조정의 기강에 공백이 생겼다. 카이두는 이러한 대세를 잘 파악하여 세 칸국이 연합하면 소그디아나를 점유할 수 있다는 제안을 내놓았다. 그는 이 제안이야말로 뭉케 테무르 및 바락 두 사람을 동시에 회유할 수 있는 유일한 방도라고 간파하고 있었다. 예상은 적중했다. 탈라스 초원의 회의는 세 칸국의 동맹을 성립시켰을 뿐만 아니라 카이두를 칸으로 추대했다.

비록 카이두에게 칸 자리를 용인했다고 해도 아마도 그것은 어디까지나 그를 맹주, 즉 동맹의 리더로 간주했을 따름이지 결코 그에게 종주권까지 허용한 것은 아니었다. 그러나 명목적인 칸이었다고 해도 카이두는 우구데이 후예의 제왕들을 규합하는 것에 그치지 않고, 넓게는 쿠빌라이 카안에 반대하는 제왕들까지도 휘하로 끌어모았다. 다만 우구데이의 가문 중에서도 카다안 왕과 뭉케투 등의 영주들이 원에 가담하고 있었기에, 우구데이 칸국은 아직 완전히 통합되어 있지 않았다.

한정된 대원제국의 영역

세 칸국의 동맹이 성립되자 카이두의 군사행동은 점차 확대되었다. 비쉬발릭을 빼앗고 위구르를 위협했을 뿐만 아니라 몽골리아 내부까지 침입하는 일도 세 차례 있었다. 특히 1287년에 카이두가 흥안령 일대의 칭기스칸 동생들 가문의 수장 옷치긴 왕가의 나얀과 연합하려 하자 위기에 몰린 쿠빌라이 카안은 73세의 노령에도 불구하고 친정을 단행하기도 했다. 그러나 크게 보면 양군의 전과는 일진일퇴를 보이고 거의 동경 85도선으로 경계를 긋고 있었다.8)

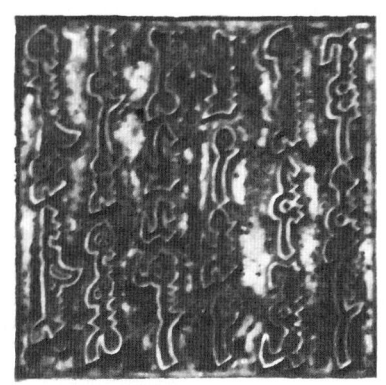

테무르 카안의 동인

쿠빌라이 측이나 카이두 측 모두가 전력을 다해서 싸웠지만 여전히 해결되지 않은 채 다음 세대로 넘겨졌다. 그리고 1303년에 카이두의 장자 차파르와 차가다이 가문의 수령 두아가 강화를 신청함으로써 격심했던 분쟁도 비로소 종결되었다. 그때는 쿠빌라이 카안이 사망한 지 9년 되는 해로, 쿠빌라이의 손자 테무르 카안(성종) 시기인 대덕 7년(1303)이었다.

'카이두의 난'은 이렇게 해서 겨우 종결되었다. 그러나 이것을 계기로 발생한 대제국의 분열은 돌이킬 수 없게 되어 카이두의 반란 이전의 대통일은 결코 두 번 다시 재현될 수 없었다. 쿠빌라이에 의해 창시된 대원제국은 당초부터 동경 85도선 동쪽의 동아시아권에 한정된 정권이라는 특색을 갖게 되었다.

---

8) **역주_** 윤은숙, 「쿠빌라이칸의 중앙집권화에 대한 東道諸王들의 대응 - '나얀반란'을 중심으로 - 」, 『中央아시아硏究』 8, 중앙아시아학회, 2003.

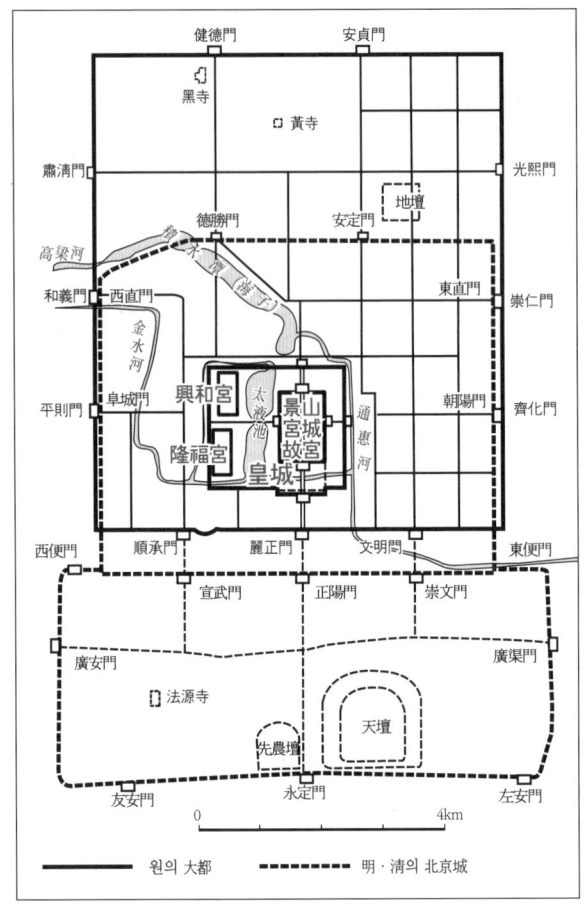

대원의 대도(大都)와 명·청의 경성(京城) 관계도

3. 대원 정복왕조와 그 확대

원의 성립과 국가기구

'카이두의 난'이 약 반세기 만에 종식되었음에도 불구하고 몽골제국이 끝내 통일체로 복원될 수 없었다는 사실에서도 알 수 있듯이, 여러 칸국은

대원제국 궁정의 모습

이 시점에서 각각 개성 있는 독립국으로 성장해 있었다. 남방의 정주지역을 집어삼키면서 이슬람·페르시아적 또는 투르크·이슬람적 문화요소 등이 가미된 외형을 통해 유목국가의 다양화가 진전되었기 때문이다. 공통의 기반이 희박해진 몽골 여러 칸국은 이후 각자의 길을 가지 않으면 안 되었다. 이런 사정은 동아시아에 분리 한정되었던 대원제국에 대해서도

제3장 쿠빌라이 카안 121

원대의 파스파문 동인

그대로 적용된다. 단지 동방에는 동방 독자의 형식이 있을 뿐이다.

1260년 금련천에서 연호를 중통中統으로 명명한 쿠빌라이는 아릭부케와의 전투를 치르면서도 착실하게 국가기구를 정비하기 시작했다. 물론 당시의 몽골리아는 전란의 소용돌이 속에 있었기 때문에 당면한 통치는 하남 이북의 한지漢地에 한정되어 있었다. 그렇지만 가까운 장래에 내란이 진정되면 그가 몽골리아와 한지를 아우르는 통치를 의도하지 않을 리 없었다. 그렇다면 여기서 쿠빌라이가 취한 다음과 같은 행동을 쉽게 이해할 수 있을 것이다.

즉, 쿠빌라이는 처음에 금련천의 성을 개평부開平府라고 하고 국도로 정했다가, 7년 후인 지원 4년(1267)에는 금국의 수도였던 중도中都의 동북에 그것을 능가하는 대규모의 새로운 도성을 건설하고 - 이것이 지금의 북경시北京市의 기원이다 - 대도대흥부大都大興府라 부르고 천도했다. 이와 더불어 국정의 근본 기관인 중서성中書省을 설치하고 군정을 주재하는 추밀원樞密院, 감찰의 최고기관인 어사대御史臺를 병치했다. 원은 국가기구의 골조를 정비하는 이러한 일련의 조치를 통해 직접적으로는 금왕조의 체제를 답습하면서 같은 정복왕조의 궤적을 밟아 갔다.[9]

---

9) **역주_** 김장구, 「쿠빌라이칸 정권과 몽골제국의 발전」, 『동국사학』 41, 동국사학회,

민정·군사·감찰을 통할하는 세 기관을 중앙에 두어 황제에게 직속시키는 이 관제는 중국에서는 진한秦漢 이후의 전통으로서, 황제정치의 근간을 이루는 것이다. 황제를 정점으로 하는 중앙집권정치는 전국에 둘러쳐진 주·현 조직망과 그 운영자인 관료군에 의해 상징된다고 말할 수 있다. 주현은 각각 상하관계를 이루며 중앙정부에 직결되어 중앙의 명령을 아래로 관철시킴과 동시에 지방의 실정을 상달하는 파이프이며, 거기에 배치된 관료는 상하의 흐름을 소통시키는 역할을 했다. 이 양자의 기능이 원활히 움직일 때 비로소 위의 뜻을 아래에 전달하고 아래의 사정을 위에 전달하는 중앙집권정치를 기대할 수 있다.

한인세후의 세력 약화

중통 정부의 중핵은 중서성인데, 과연 이것이 설립과 동시에 문자 그대로 민치民治에 관한 일원적 지배의 최고 관부가 될 수 있었는가 하면, 실제로는 결코 그렇지 못했다. 왜냐하면 중서성의 정치를 지탱하는 주현제도와 관료조직에 중대한 결함이 있었기 때문이다. 앞에서도 살폈듯이 몽골이 침략으로 획득한 한지에는 크고 작은 여러 한인세후가 각각의 세력권을 인정받고 있었다. 그 후 수차례의 호구조사에 의해 그들이 사유하듯이 관할하던 민호는 조정의 호적에 등록되었지만, 그들은 여전히 일족이나 부하를 주현으로부터 진시鎭市에 이르기까지 임명하고 있었다. 따라서 중앙과 지방 말단을 연결하는 파이프로서의 주현 조직은 도처에 매듭으로 묶여 소통되지 못했다. 이러한 현실을 잘 알고 있던 중통 정부는 조만간 어떤 조치를 강구해야 했다. 이 불가피한 추세를 가속화한 것이 중통 3년(1263) 2월에 돌발한 한인세후 이단李璮의 반란이었다.

2005.

청주靑州(산동성 익도益都)를 근거지로 하는 이단은 그의 양아버지 이전李全의 뒤를 이어서 산동반도 일대에 피해를 입혔다. 본래 도적 출신이었던 이전은 금 말의 소란을 틈타 산동에서 세력을 형성했고 금국 멸망 후에도 몽골과 남송 사이에서 세력 확충에 전념했기 때문에 뒤이은 이단은 동방의 강한 제후가 될 수 있었다. 이익에 현혹된 이단이 남송의 교사를 받아들여, 아릭부케와의 내전으로 다급해 있던 대원에 갑자기 반기를 들었기 때문에 사태는 매우 위협적이었다. 다행히 이 반란은 반년도 지나지 않아 완전히 진압되었지만 중앙집권정치를 지향하는 중통 정부로서는 방해자인 세후의 존재가 새삼스럽게 통감되었다.

중통 3년 7월에 반란을 진압한 대원은 같은 해 말부터 다음 해 초에 걸쳐서 군민겸령제軍民兼領制10)를 철폐하여 주현 관직을 우선 세후의 독점에서 해방시켰다. 이어서 전선법銓選法을 제정해서 관리 일반의 임면任免·승강陞降을 중앙정부—중서이부中書吏部가 문관을, 추밀원이 무관을—가 장악하도록 했다. 때마침 아릭부케의 난이 평정되고 몽골리아를 수복한 것에 부응해서 연호는 중통中統에서 지원至元으로 바뀌었다. 지원 4년(1267)에 완공된 대도大都로의 천도가 이루어지고, 지원 8년에는 국호를 대원大元이라 칭하게 된다.

이렇게 해서 대원의 국가체재는 완비되었지만, 어디까지나 중국풍의 채택이라는 한 측면을 지적한 것에 지나지 않는다. 정복왕조로서의 특징은 이 위에 가미된 또 하나의 몽골풍을 지적해야만 분명히 드러난다. 이에 대해서는 장을 바꾸어 정치의 실정을 서술할 때에 언급하기로 하고, 여기서는 우선 이민족정권인 대원의 영역적 확대에 대해서만 당분간 집중하기로 한다.

---

10) 한 사람이 軍官과 民政官을 겸하는 것. 예를 들면 史天澤이 萬戶長이면서 中書右丞相에 임명되는 경우다.

원·남송의 관계 악화

남송 토벌을 통해 동아시아의 주요 지역을 병합하고자 했던 뭉케 카안의 의욕은 1257년에 친히 군대를 진군시킨 사실에서도 분명히 드러난다. 당시 '한지대총독' 쿠빌라이도 임무를 맡아 중심 역할을 하고 있었기 때문에 뭉케의 의욕에 동감하고 있었음에 틀림없다.

그렇지만 뭉케 카안의 죽음을 계기로 격동하는 몽골제국의 정세 속에서, 일방적으로 5대 카안으로 즉위한 쿠빌라이의 남송에 대한 태도는 확실히 변화되어 있었

몽골군 원정도

다. 1260년에 그는 가까운 신하인 학경郝經을 국신사國信使로 남송에 파견하여 평화조약의 체결을 요청케 했다. 이에 대해, 몽골리아 본국에서 전개되고 있던 아릭부케와의 항쟁으로 이러한 태도 변화가 일어났다기보다는, 오히려 1년 전에 악주성을 포위 공격한 경험에 비추어 광대한 남송 공략에 신중을 기한 것이라고 보아야 할 것이다.

쿠빌라이는 국신사를 파견하여 1년 전 11월에 악주에 대한 포위 공격을 철회했을 때 남송의 최고책임자 가사도賈似道와 함께 성립한 양해 사항에 대한 화의 실현을 요청했다. 다만 쿠빌라이가 제시한 화의 조건에 대해서는

공성전 바그다드로 추정되는 도시를 포위한 몽골군

신빙할 만한 자료가 전해지지 않기 때문에 정확한 사정은 분명하지 않다. 아마도 금·송 양국의 화의 조건을 답습하고자 했을 것인데, 다시 말해 회수淮水·대산관大散關을 연결하는 선을 - 일설에는 장강長江 - 국경으로 삼고, 은과 비단 각 20만 량필의 증여를 받는다는 내용이었으리라 생각된다.

그러나 양해사항을 숨기기에 바빴던 가사도가 몽골군을 악주에서 격퇴했다는 허위 전승 보고로 은상을 얻고 시국을 주름잡는 전권 재상으로서 조정에 임하고 있었기 때문에 새삼스럽게 원의 국신사를 받아들일 리 없었다. 옛 악행의 폭로를 두려워한 가사도의 명령에 따라 학경은 장강 북쪽의 진주眞州(강소성 진현眞縣)에 억류된 채로 15년간의 연금 생활을 강요당했다.

국신사 학경의 억류가 송·원 양국 국교에 어두운 그림자를 던진 것은 말할 필요도 없지만 계속해서 더욱 중대한 사태가 돌발했다. 바로 앞에서 말한 이단의 반란인데, 이 반란이 남송 정부의 지령에 따른 것이었음이 그 후의 조사에서 판명되었기 때문이다. 여기에 이르러 대원의 남송에 대한 태도는 일변한다.[11]

애산에서 남송을 멸망시키다

중통 3년(1263) 7월에 이단의 난을 평정한 대원은 장군 아지기를 정남도원수征南都元帥에 임명하고 대운하를 따라 동부지대로부터 남송 공격을 개시했다.

남송은 회수를 경계로 금국과 접하고 있었음에도, 회수 이남이 전쟁터가 될 수 있다는 판단 하에 국방의 제일선을 강회江淮 사이, 즉 회수 이남과

---

11) **역주_** 박원길, 「대몽골제국과 南宋의 외교관계 분석 - 칭기스칸 시대부터 코빌라이칸 시대까지 - 」, 『몽골학』 8, 1999.

양양성 남송 장수 여문환과 5년여에 걸쳐 장기전을 펼친 장소. 결국 여문환의 항복으로 승리한 몽골군은 파죽지세로 악주를 지나 임안으로 쳐들어갔다.

몽골군 원정도

장강 이북 땅에 두고 있었다. 다시 말해 강남의 안전을 위해 천혜의 요새인 장강을 최후의 수비로 항상 확보해 두고자 하는 자세라고 하겠다. 금국이 멸망하고 몽골과 국경을 접하게 되었을 때도 이 방책에는 변화가 없었다.

즉 장강 상류로부터 강 하구까지 사천四川·형호荊湖·회서淮西·회동淮東의 4 군관구軍管區로 나누어 각각 제치사制置使를 설치하고 하나의 로路[12] 또는 여러 로의 군사를 통제시켰다. 중통 3년 원과의 국교

---

12) 송대 지방제도의 하나로 재정·사법·군사를 총괄하는 상급기구.

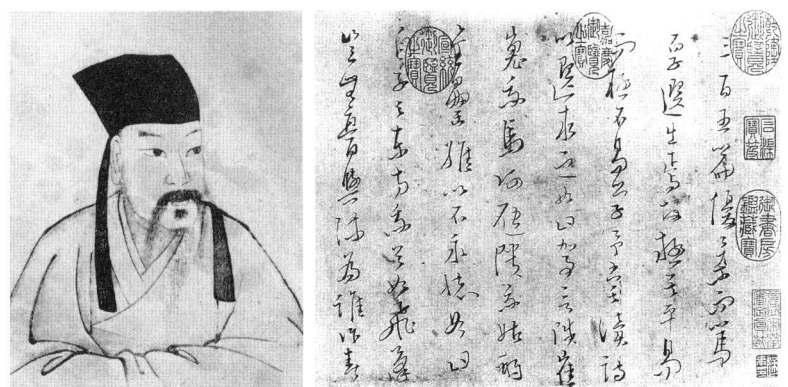
문천상 남송의 멸망과 함께 포로가 되어 대도로 이송된 후 옥사하였다. 오른쪽은 그의 글씨

가 파기될 때 까지 노주瀘州(사천성 노현瀘縣)의 유정劉整, 양양襄陽(호북성 양양현)의 여문환呂文煥, 황주黃州(호북성 황강현黃岡縣)의 하귀夏貴, 양주揚州(강소성 강도현江都縣)의 이정지李庭芝 등이 군대를 거느리고 배치해 있었는데, 이 중 유정은 내부불화로 일찍이 대원에 투항했다. 유정의 투항으로 대원은 양양 공략이 급선무임을 파악하고 지원 5년(1268)부터 양양을 집중 공격했다. 명장 여문환도 5년간이나 성을 지켰으나 몽골의 강력한 공격 앞에 결국 지원 10년에 항복하고 말았다.13)

강 연안의 여러 장군들은 대부분 여문환의 옛 부하들이었기에 여문환이 항복하자 원군에 저항하는 자가 드물었다. 위구르 출신 장군 아리카야 Ariqaya 의 군대를 악주에 주둔시켜 호남 경략에 종사하게 하고 본군은 강과 육지를 가로지르며 동쪽으로 향했다. 그 결과 회서 군단은 하귀를 따라 투항하고, 회동 군단도 패배한 이정지가 사망하자 흩어져서 남송의 국방력은 완전히 붕괴되었다. 국도에 위기가 닥치자 문천상文天祥, 사방득謝枋得 등이 각지에서 의병군을 일으켰지만, 그들은 향리의 젊은이들을 고무

---

13) **역주_** 이근명, 「남송말 몽고군의 남하와 양양(襄陽)·번성(樊城)의 전투」, 『역사문화연구』 17집, 韓國外國語大學校 歷史文化研究所, 2002.

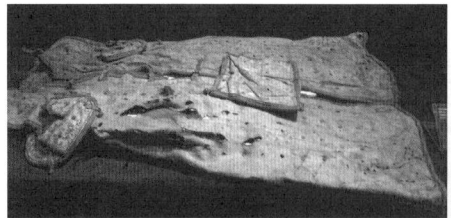
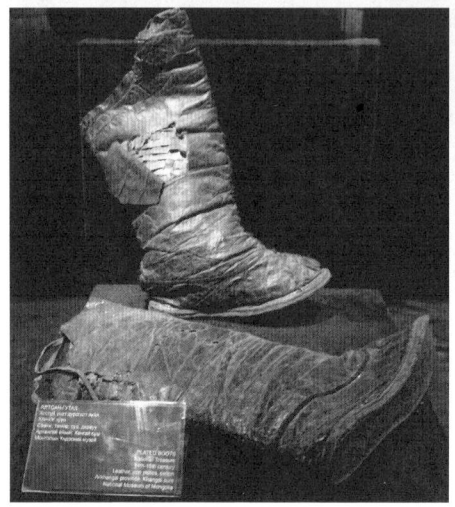
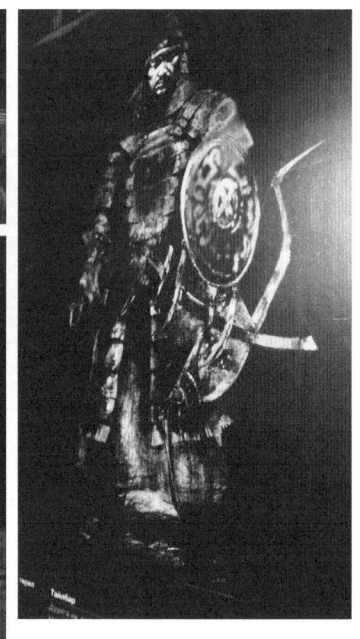

몽골군의 복장 갑옷과 신발, 무장한 병사의 모습

시켜 모은 오합지졸에 불과했고, 전투력을 갖춘 남송군은 이미 궤멸된 상태였다.

지원 12년(1275) 11월, 건강建康(강소성 남경시) 진강鎭江(강소성 진강현)에 집결한 원의 총사령관 바얀 군대는 세 방향으로 나뉘어 임안부로 진격하였고, 그로부터 70일을 경과한 다음 해 정월 18일에 7세인 어린 황제 공종恭宗이 무조건 항복을 청함으로써 몽골군은 국도 임안부에 무혈 입성하게 되었다. 이 사이에 문천상·육수부陸秀夫·장세걸張世傑 등 남송의 잔여 세력들은 공종의 동생을 복주福州와 조주潮州에서 옹립해 최후의 저항을 시도했다. 그러나 복건성에서 추격해 오는 소가투의 군대와 호남성을 석권한 뒤 광서·광동성으로 진출한 아리카야 군대에게 협격당하자 남송의 마지막 황제 병昺은 결국 지원 16년 2월 광동廣東 바다 가운데 떠 있는 섬 애산崖山14)에서 죽고 말았다. 남송의 멸망으로 중국의 모든 영역이 이민족의 통치 하에 들어가는 최초의 경험을 하게 되었다. 이 사태는 명조의 유신遺臣 황종희黃宗羲의 말에 따르면 미증유의 일대 이변이었다.

> "역대왕조의 흥망은 단순한 제실帝室의 교체에 지나지 않았다. 그것은 새로 천명을 부여받은 위임자가 무도無道한 군주를 대신하는 역성혁명이었고, 세상에 흔히 있는 일이다. 그러나 그 사이에도 난지 송·원 두 왕조의 교체만은 이례적이다. 무엇보다도 이민족인 몽골이 중국 전토의 통치자가 되었기에, 옛 성군이 경영하고 이룬 중화의 문물은 하루 아침에 인멸된 것이 아닌가." (『명이대방록明夷待訪錄』)

퉁구스족이 세운 청조에게 멸망당한 중화제국의 유신인 황종의가 송원론宋元論을 통해 어찌할 수 없는 자신의 분개와 절망감을 토로하고 있기에 다소의 과장이 포함됨은 당연하다. 그러나 중국의 전통문화는 대원 백년 동안에 가라앉아 끝날 정도로 취약한 것은 아니다. 반면 몽골 치하에서 정체되고 왜곡되었음도 부인할 수 없는 사실이므로 대원의 여러 실제가 그것을 보여준다.15)

남해무역의 확대와 호상 포수경

남송을 병합한 대원은 강남의 항구에서 번성하고 있던 남해무역의

---

14) 광동성 신회현에서 남쪽으로 30km에 있는 섬.
15) **역주**_ 李玠奭, 「元朝의 南宋倂合과 江南支配의 意義」, 『慶北史學-金燁敎授停年紀念 史學論叢』 21, 慶北史學會, 1998.

12~13세기 중국의 선박 장택단(張擇端)의 『청명상하도(淸明上河圖)』 중

자주요 사계용봉문 대관(磁州窯四系龍鳳紋大罐)

현실을 새로운 시각에서 인식하게 되었다. 동남아시아 여러 나라들과 중국의 무역은 오랜 유래를 지닌 것으로, 당시에는 이란·아라비아 등에서 온 이슬람 상인들의 참여가 더해져서 눈부시게 발전하고 있었다. 원래는 교주交州(북베트남국 하노이)와 광주廣州(광동성 광주시)에서만 무역이 성행했지만, 점차로 북상해서 송대에는 광주뿐만 아니라 북쪽의 천주泉州(복건성 진강현晉江縣)·항주杭州·명주明州(절강성 영파시寧波市) 등이 개항되었고, 무역항의 증가에 따라 무역액도 확대되었다.

남해무역은 열대지방과 서방의 특산물인 향료·보석·보화 등의 사치품을 중국에 유입시키는 원거리

무역으로 이윤이 막대했고 이로 인한 관세수입도 국가재정에 크게 기여했다. 당·송 모두 이 재원을 놓칠 리가 없어 시박사市舶司라는 관세기관을 항구에 설치했다. 대원이 강남의 전 영역을 접수함에 따라 이들 항구가 이제는 대원의 통치 하에 들어왔다.

남송의 공종恭宗이 수도 임안부에서 항복한 직후에도 그 유신들은 여전히 공종의 두 동생을 복건·광동에서 옹립하여 3년간 헛된 저항을 계속했다. 이 교전은 오로지 강남의 해안지대를 무대로 하여 이루어졌기 때문에, 당연히 해상무역에 적지 않은 장애를 발생시켰다. 그렇다고는 해도 3년 만에 완전한 승패가 결정되었기 때문에 커다란 영향을 끼치지 못했다. 특히 천주에 있던 아랍인 포수경蒲壽庚이 산하의 해상세력을 거느리고 대원의 편에 가담함으로써 대원의 작전에

포수경 아랍인으로 송·원시기 해상무역을 주도하였다.

크게 기여했다. 이로써 대원에 중용된 포수경에 의해 남해무역은 오히려 전대 이상으로 발전하게 되었다.

포蒲라는 성은 아랍어 '아부Abu'를 음사한 것으로, 당·송 이후 남해무역의 번성으로 상당수의 아랍인들이 중국 항구에 내항하고 거류하고 있었다. 중국은 각 항구에 '번방蕃坊'이라 일컫는 전용 거류지를 만들어서 아랍인의 자유로운 체재를 인정했다. 포수경을 대표로 하는 그의 일가는 12세기 말부터 광주에서 이름을 날렸고, 이어서 천주로 이주해서 그의 세대까지 거주하고 있었다. 13세기 중반(남송 이종理宗 순유淳裕 연간)에 포수경은 복건성 주변 해역에 있던 해적들을 평정한 공으로 항구무역 사무를 관장하는 제거시박사提擧市舶司로 임명되었다. 이를 통해 당시 그가 가진 해상세력, 구체적으로는 동원할 수 있는 선박과 선원 수로 상징될 수 있는 정도를

몽골군 원정도

이해할 수 있을 것이다.

포수경이 남송을 이반하고 원을 도운 결과 송과 원의 전쟁은 결말을 짓게 되었고, 그 공으로 그는 강서행성江西行省·복건행성福建行省의 집정執政에 발탁되었다. 따라서 남해무역에 관한 대원 초기 대책이 포수경을 중심으로 전개된 것은 쉽게 추측할 수 있다. 특히 서역인에게 재무를 관장케 한다는 몽골의 전통은 대원에도 계승되어, 쿠빌라이 통치 전반기에 실제로 이슬람 출신 아흐마드가 재무장관을 겸해서 전권을 휘두르고 있었다. 그 아래에 있는 재무관리나 관할 하의 오르톡 상인, 그 외에 많은 서역인들이 부유한 강남을 향해 이동하고 있었다. 그들은 거기서 남해무역의 많은 이윤을 획득할 수 있었고, 포수경 등과 협력해 의기투합할 수 있었다.[16]

남해 여러 나라의 복속

대원이 남해무역을 관장함에 따라 무역은 급속도로 활발해졌다. 항구도 광주, 천주, 항주, 명주 이외에 온주溫州(절강성 영가현永嘉縣), 감포澉浦(절강성 해염현海鹽縣 감포진澉浦鎭), 상해上海(절강성 상해시)가 더해졌다. 게다가 일시적이긴 하나 해외무역을 국가의 독점에 가까운 반관반민半官半民 사업으로 통제하기도 했다. 이러한 적극적인 국가경영은 남해에 있던 여러 나라를 초무하려는 열의를 북돋았다. 남해 여러 나라 중에서도 중국본토와 인접한 안남국安南國(북베트남)은 1258년에 우량카다이에 의해 일찍이 내속해 있었다. 쿠빌라이 통치시기에 들어와서 여기에 다루가치가 설치되었고 운남을 경유하는 입공 사신의 왕래도 계속되었다. 남송평정 후에 참파(남베트남)와의 전쟁을 계기로 한때 관계가 단절되기도 했다. 속국의 의무인 군사협력을 꺼린 안남이 쿠빌라이의 명령을 거절했기 때문이다. 그러나 원은 1284년에 해로를 통해 참파에 군대를 파견해 그들을 굴복시켰고, 다음 해부터 두 차례에 걸친 안남 정벌을 속행해서 1289년에 재차 옛날의 종속관계를 회복했다.

---

16) **역주**_ 杉山正明 지음, 『유목민이 본 세계사』, 이진복 옮김, 학민사, 1999.

모란문 청화백자

그 밖에 면국緬國(미얀마)은 운남의 병사를 진격시켜 평정하였고, 수마트라 서쪽의 벵골만 연안의 여러 나라로 사신을 파견해 입공 무역을 촉구한 결과, 멀리는 인도 서남단 마라바르 해안의 쿠란국, 동남단 코르만델 해안의 마바르국 등 16개국이 입조했다. 지원 말년(1292)의 자바국 원정이 실패한 것을 제외하고 대체적으로 인도 서해안에까지 미친 쿠빌라이 카안의 위세는 실로 대원 최대 전성기를 형성했다. 현재에도 희귀한 유물로 알려진 원대 경덕진(강서성 부량현)에서 만든 청화백자가 이란의 알데빌 묘廟와 터키의 토프카피 궁전 등에 많이 남아 있어서, 유례가 없는 세계적 명품이 되었음은 대원의 남해무역 성황을 현대에 전하는 구체적 증거다.

4. 대원과 고려 · 일본

고려의 완전 종속

몽골과 고려의 관계는 일찍이 칭기스칸 통치 13년(1218)에 시작되었다.17) 이보다 앞서 만주에서는 칭기스칸의 금국 침략에 호응해 융안隆安(길림성 농안현農安縣)에서 자립한 키타이 수령 야율유가耶律留哥가 금국의

---

17) **역주**_ 黃時鑒, 「송-고려-몽고관계사에 관한 일고찰」, 『동방학지』 95, 1997.

몽골군 원정도

요동선무사遼東宣撫使 포선만노蒲鮮萬奴의 토벌군을 패배시키고 함평咸平 (요령성 개원현開原縣)으로 남하했다. 그는 요국遼國을 칭하며 세력을 요동·요서 일대로 확장하고 있었는데, 때마침 부하의 배반으로 곤경에 빠져 칭기스칸에게 구원을 요청해 왔다. 몽골은 당연히 종속국을 도와주기 위해 카진을 파견했고, 이것이 몽골의 본격적인 요서 경략의 단서가 되었다. 카진은 야율유가와 협력해서 우선 간도 지방으로 이동해서 자립한 포선만

노의 동하국東夏國을 복종시키고 그 여세를 몰아 위요국僞遼國 – 야율유가로부터 이반한 옛 부하 – 을 평정했다.[18]

그런데 당시 위요국이 고려의 북부 강동성江東城(평양 동쪽)을 본거지로 하고 있었기 때문에, 이들의 창궐로 고민하던 고려로서는 몽골의 도움을 고맙게 여겼지만 동시에 강세를 두려워해 카진에게 몽골 입공을 약속하고 화맹을 청하게 되었다.[19] 몽골에 대한 고려국의 복속관계는 이렇게 해서 시작되었다.[20]

그렇지만 이 화맹이 성립된 후, 1219년 9월부터 시작된 칭기스칸의 서역 원정으로 이후 6년간은 몽골 장군이 고려와의 교섭을 담당했다.[21] 이런 관계에서 몽골의 심한 징발을 참을 수 없었던 고려는 1223년에 마침내 맹약을 일방적으로 파기하고 몽골과의 관계를 끊었다. 따라서 이후 우구데이·구육·뭉케 카안의 치세를 통해 몽골은 수차 고려 토벌을 반복했고, 그때마다 맹약의 성립과 파괴가 계속되었다.[22] 우구데이 카안

---

18) **역주_** 이개석, 「연구 노트 : 13~14세기 여몽관계(麗蒙關係)와 고려사회의 다문화 수용」, 『복현사림』 2010 ; 「麗·蒙兄弟盟約과 초기 麗·蒙關係의 성격 : 사료의 再檢討를 중심으로」, 『대구사학』 101, 대구사학회, 2010.
19) **역주_** 고병익, 『東亞交涉史의 硏究』, 서울대학교출판부, 1970.
20) **역주_** 김당택, 『원간섭하의 고려정치사』, 일조각, 1998.
21) **역주_** 필자는 몽골 장군에 의해 고려관계가 주도되었다고 하지만, 실은 칭기스칸의 서역 원정 이후 몽골제국의 주도권을 잡은 이는 칭기스칸의 말제인 옷치긴이다. 물론 고려에 대한 대규모 공물 요구의 주체 역시 옷치긴으로, 『고려사』에는 "몽골의 칭기스칸은 그 군사가 먼 지역에 주둔하고 있어서 그의 소재를 알 수 없고 訛赤忻(옷치긴)은 탐욕스럽고 포악해 사람이 어질지 못하기에 좋던 정의를 끊어버렸다"라고 기술되어 있다. 당시 서역 원정과 금국 원정이라는 대규모 군사원정을 진행하고 있던 몽골이 가혹하게 고려에 공물을 요구했음을 확인할 수 있다.
22) **역주_** 윤용혁, 『高麗對蒙抗爭史硏究』, 一志社, 1991 ; 丁善溶, 「趙冲의 對蒙交涉과 그 政治的 意味 – 崔忠獻政權과 國王의 관계에 주목하여 – 」, 『진단학보』 93, 2002 ; 張東翼, 『高麗後期外交史硏究』, 一潮閣, 1994 ; 『元代麗史資料集錄』, 서울大學校出版部, 1997 ; 周采赫, 「몽골-고려사 연구의 재검토 – 몽골·고려전쟁사 연구의 시각 문제 – 」, 『애산학보』 제8집, 애산학회, 1989 ; 「몽골-고려사 연구의 재검토 – 몽골-고려사의 성격문제 – 」, 『國史館論叢』 第8輯, 國史編纂委員會, 1989 ; 「撒禮塔(Sartai)

통치 3년(1231)에 장군 사르타이가 고려의 국도 개성을 공격해서 왕(고종)을 굴복시키고 국도 이하의 주현에 72인의 다루가치를 배치한 것이나, 또는 고려왕이 이들 다루가치를 죽이고 강화도로 천도하여 몽골의 공격에 저항한 것도 모두 이 기간 중에 일어난 유명한 사건들이다.

이러한 불안정한 고려국의 복속은 쿠빌라이 카안 시기에 큰 변화를 겪게 된다. 왜냐하면 아릭부케와의 내전을 피할 수 없었던 쿠빌라이는 동쪽으로 인접한 만주 방면의 안정이 필요하였고, 그 때문에 고려에 대한 쿠빌라이의 태도는 종래와는 달리 유연한 회유책을 내세우게 되었다.[23] 당시 때마침 입조해 있던 고려 세자 전倎이 부왕의 부음을 접하자, 쿠빌라이는 극진한 경호 하에 그를 귀국시켜서 국왕(원종)에 책봉했다.[24] 또한 고려에 주둔해 있던 몽골군의 철수를 명하고, 나아가 국경에 설치하였던 호시장互市場(무역장)을 폐지하는 등 일련의 유화 조치를 펼쳤다.[25] 이에 원종은 강화도에서 개경으로 돌아와 공순恭順의 뜻을 표하고, 매년 세공을 보내겠다는 충성을 표시함으로써, 원에 대한 고려의 종속관계는 비로소 안정되게 되었다.[26]

와 몽골-고려전쟁-處仁部曲 大捷의 의미-」, 『고려시대의 용인』, 용인 : 학연문화사, 1998 ; 「札剌와 撒禮塔」, 『史叢』 21·22합집, 1977 ; 『몽·려전쟁기의 살리타이와 홍복원』, 혜안, 2009.

[23] **역주_** 김호동, 『몽골제국과 고려』, 서울대학교출판부, 2010.
[24] **역주_** 윤은숙, 「쿠빌라이와 고려」, 『역사비평』, 역사비평사, 2010.
[25] **역주_** 이강한, 「13~14세기 高麗-元 交易의 展開와 性格」, 서울대학교 대학원 박사학위논문, 2007.
[26] **역주_** 김혜원, 「고려후기 瀋王 연구」, 이화여자대학교 대학원 박사학위논문, 1998 ; 「高麗後期 瀋(陽)王의 政治·經濟的 基盤」, 『國史館論叢』 제49집, 국사편찬위원회, 1993 ; 이개석, 「여몽관계사 연구의 새로운 관점 : 통혼관계를 중심으로」, 『13~14세기 동아시아와 高麗-高麗 大元關係의 성격 탐구-』, 경북대학교 한중교류연구원, 2009 ; 「정통론과 13~14세기 동아시아 역사서술」, 『대구사학』 88, 2007 ; 「元 宮廷의 高麗 출신 宦官과 麗元關係」, 『동양사학연구』 113, 동양사학회, 2010 ; 李命美, 「高麗·元 王室通婚의 政治的 의미」, 『韓國史論』 49, 서울大學校 人文大學 史學科, 2003 ; 李益柱, 「高麗·元關係의 構造와 高麗後期 政治體制」, 서울대학교

『원해상진공일본작전도(元海上進攻日本作戰圖)』(부분) 원군과 일본군의 교전 정황을 묘사한 그림

일본 원정 실패

고려 복속이 안정되자, 원은 일본과의 관계를 희망했다. 지원 2년(1265) 고려인 조이趙彛의 이야기를 통해 동해의 근접한 섬나라 일본의 존재를 알게 된 쿠빌라이 카안이 즉시 다음 해 지원 3년에 흑적黑的·은홍殷弘 두 사람을 사자로 삼아 고려왕에게 길 안내를 명한 것이 관계의 시작이라고 전해지고 있다. 이 사자는 고려국의 남단 경상남도 거제도에까지 이르렀지만 풍파로 목적을 달성하지 못했다. 이후 지원 10년까지 7년간 국서를 갖춘 일본으로의 사절은 고려왕이 파견한 자까지 합쳐 4회로, 이들은 태재부太宰府에 이르러 국서를 가마쿠라鎌倉 막부와 조정에 전달했지만 국서에 적힌 내용이 무례하다는 이유로 회신은 결국 발송되지 않았다.

대학원 박사학위논문, 1996 ; 「14세기 전반 高麗·元關係와 政治勢力 동향-忠肅王代의 瀋王擁立運動을 중심으로-」, 『韓國中世史研究』 9, 한국중세사학회, 2000 ; 장동익, 『高麗時代 對外關係史 綜合年表』, 동북아역사재단, 2009 ; 周采赫, 「이지르부카 瀋王」, 『黃元九敎授定年紀念論叢』, 혜안, 1995 ; 「쿠빌라이칸의 중앙집권화에 대한 카단宗王軍의 항전과 고려 鴿原山城討伐戰」, 『강원인문논총』 8, 강원대학교 인문학연구소, 2000 ; 「洪福源一家와 麗元關係」, 『史學研究』 24, 1974 ; 에르데니바아타르, 「元·高麗 支配勢力 關係의 性格 研究」, 강원대학교 박사학위논문, 2006.

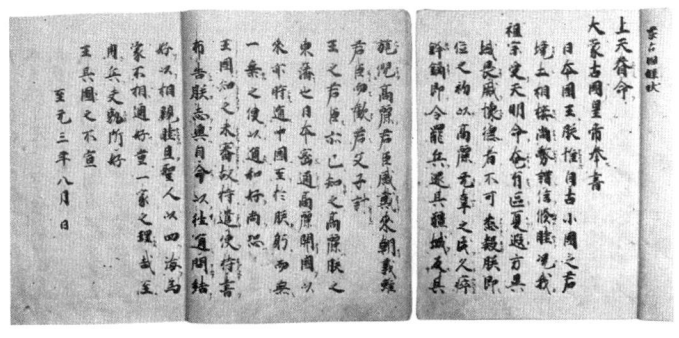

쿠빌라이의 국서 고려사신 반부가 일본으로 가져간 국서

고려왕의 사신 반부潘阜가 일본에 가져간 국서는 『원사』「일본전」에 기술되어 있고 또 그 사본도 도다이지東大寺에 현존하고 있는데, 내용은 극히 온당한 것으로 선린우호의 취지에서 양국관계를 수립하자는 제안이었다. 그렇지만 중국이란 나라는 대등국을 인정하지 않기 때문에 수호修好라고 하더라도 그것은 종속국이 종주국에 입공入貢하는 의미를 갖는 것이므로, 견당사遣唐使의 경험을 통해서 일본에서도 그것은 상식으로 되어 있었다.

다만 대원은 복속국에게 다루가치의 설치를 포함하는 다섯 가지 조건의 충실한 이행을 요구하기 때문에, 당과 송처럼 단순한 명목으로 해결될 수는 없었겠지만 그런 상세한 내용까지 당시 일본에 알려져 있었다고는 생각되지 않는다. 따라서 막부가 답장을 보내지 않은 것은 역시 국서의 내용이 무례하다고 판단했기 때문으로, 아마 그것은 "전쟁에 이르는 것은 그 누구도 좋아하는 바가 아닐 것이다"라고 하는 국서 말미의 한 구절[27]에 의한 것이리라. 수호를 권고하는 여러 차례의 시도를 전부 무시당한 대원은 지원 11년(1274) 10월에 마침내 일본 원정을 단행했다. 즉 몽골·고려·한

---

[27] 제4차 사신 趙良弼이 가져온 국서에도 거의 동일한 구절을 발견할 수 있다.

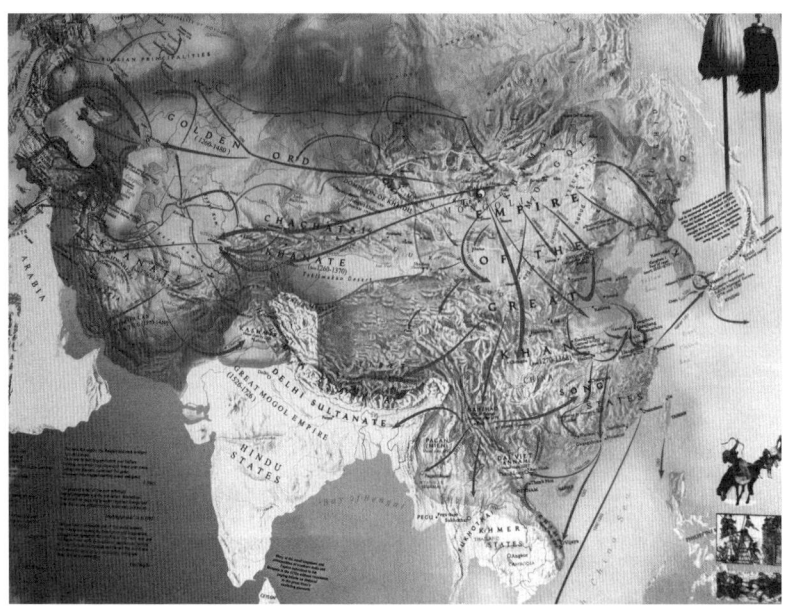

몽골 세계제국 칭기스칸 이래 쿠빌라이 시대까지 정복이 완성된 제국의 모습. 몽골국립박물관

군으로 구성된 2만 6천의 혼성군이 900대의 배에 나누어 타고, 합포合浦(경상남도 마산포)를 출발해서 쓰시마對馬·이키壹岐를 위협해서 하카타博多 연안에 상륙했으나, 10월 20일에 폭풍을 만나 자멸했다. 이것이 이른바 '문영文永의 역役'이다. 제1차 원정이 성공하지 못하고 끝난 후에도 쿠빌라이 카안의 일본에 대한 회유는 여전히 두 번이나 계속되었는데, 두세충杜世忠과 주복周福 등이 각각 가마쿠라와 하카타에서 죽임을 당하자 제2차 일본 원정이 결의되었다. 남송의 남은 후손들을 모두 소멸시킨 지 2년 후인 지원 18년(1281) 5월, 고려에서 출동하는 동로군東路軍 4만 이외에 명주明州에서 출격하는 10만의 강남군江南軍을 더한 대규모 원정군을 파견했다. '홍안弘安의 역'이라 불리는 이 전쟁에서도 원군은 8월 1일의 태풍으로 기타큐슈의 바다에서 어이없이 궤멸되었다.

일본 원정 당시의 몽골군의 복장과 활

일본 원정의 진의

그런데 두 차례에 걸친 일본 원정에 대한 쿠빌라이 카안의 진의가 무엇이었는지 명료하지 않다. 정복욕으로 결말내기에는 너무 단순한 경향이 있는 듯하다. 왜냐하면 고려·일본이 남송과 왕래하고 있던 사실을 잘 알고 있던 쿠빌라이 카안은 일찍이 지원 5년(1268)에 곤혹스러워하는 고려에게 선박과 군병을 내어 남송 토벌에 협력해야 함을 반복해서 명령하고 있다. 특히 다음 해에는 일본과 남송으로 통하는 해로의 요충지 탐라耽羅(제주도)의 바닷길을 조사시키고 있는 사실로부터 추측할 때 (남송 토벌에) 일본 수군의 이용을 계획하고 있었던 것은 아닐까 하고 상상되기 때문이다.

몽골이 종횡으로 흐르는 강남의 소택沼澤지역에서 군대를 활용하는 데 매우 서툴렀기 때문에 남송 공략에 앞서 이 부분에 대한 충분한 논의가 있었을 것이다. 남송의 명운이 다한 지원 12년에도 대원은 장강 입구에서 세력을 떨치고 있던 해적 수령인 주청朱淸·장선張瑄을 회유하고 그 해상세력을 이용하고 있다. 게다가 또 남송의 후손을 소탕하기 위해 천주의 아랍 상인 포수경을 수중에 포섭하고 있는 것도 좋은 예다. 이러한 관점에서 일본 원정의 진상을 새롭게 살필 수 있다면 몽골의 일본 원정에 대한 역사적 의의도 당시의 동아시아 정세에 직결하는 움직임이었음을 다시 한번 묻지 않을 수 없다.

제4장

대원의 중국통치

1. 기본적 자세

몽골 · 한인의 합체정치

지금까지 여러 차례 서술했듯이 정복왕조란 중국을 지배하는 이민족이 정체성을 유지해 나가면서 중국과 합체合體하는 체제다. 중국문물의 수용

대도성 화의문 원 대도의 서쪽에 있던 문으로 1969년 명청시대 서직문 철거 작업중에 발견되었다.

상도성 터 대원의 여름궁전인 상도성의 내성 성터

으로 주체성을 상실해 버리는 것은 단순한 중국화[華化]로의 동화이기에 정복왕조라는 제3의 입장을 끌어낼 수 없다.

　대원의 문화 융합은 중국이라고는 해도 남송과 같이 순수한 중국을 대상으로 하는 것이 아니다. 중국 통치 면에서 선배인 금왕조가 100년간 중국을 합체한 경험을 가진 한지문화를 상대했기에, 몽골로서는 어떤 의미에서 다행이었다고도 말할 수도 있다. 왜냐하면 공식적으로 중국과 처음 접촉한 지 50년밖에 지나지 않은 13세기 중엽에 발발한 몽골제국의 대분열은 동방의 일부분으로 분리된 대원의 성립을 가져왔다. 대원은 이미 '한지대총독 쿠빌라이'를 중심으로 하는 몽골・한인 합체의 기운이 무르익고 있어 그에 즈음해 재빨리 독자적인 정복왕조로 자립할 수 있게 되었기 때문이다. 대원의 성립과 동시에 내몽골의 돌론노르에 상도上都 개평부開平府와 중국 내지에 대도大都 대흥부大興府라는 두 개의 수도를 병존시킨 것은, 이 합체의 내용을 무엇보다도 잘 상징하는 것이라 하겠다.[1]

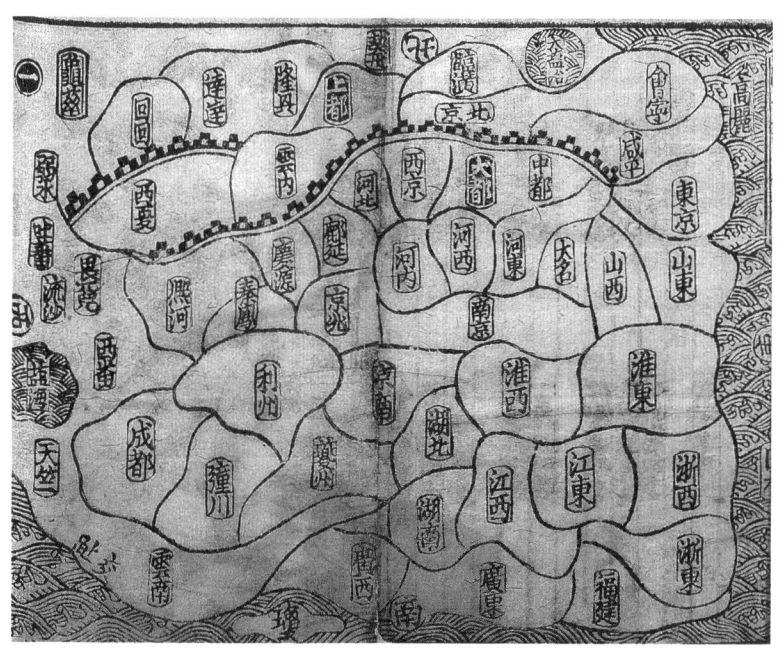

성조혼일방여승람(聖朝混一方輿勝覽)에 실린 지명

몽골리아와 한지 위에 성립된 정복왕조는 각각 양자에 의거하면서도 나아가 양자를 뛰어넘는 입장 즉, 제3의 입장이 되지 않으면 안 된다. 원은 궁정을 따라 중국 내지로 이동한 몽골인(관료, 귀족화한 몽골인과 그 부하) 및 전대 이후 몽골의 협력자가 되어 온 한인(주로 한인세후들을 중심으로 한 사람들)을 결합 제휴시켜 그 인적 진용을 형성했고 이를 주동력으로 독자적인 절충통치 양식을 수행할 수 있었다.

그런데 이 절충통치 양식은 영주·관료적 중앙집권제도라고 표현할 수 있다. 좀 더 상세히 설명하면 만호장·천호장·백호장이라는 군민겸령 軍民兼領의 세습직을 지닌 몽골의 영주 위에도 내지와 마찬가지로 행중서성

---

1) **역주_** 김호동, 「몽골제국 군주들의 양도순행과 유목적 습속」, 『中央아시아硏究』 7, 2002.

적수담 대도성 안에 있던 호수. 운하의 연결통로다.

行中書省을 설치했다.2) 즉, 우승상(종1품)·평장정사平章政事(종1품)·우승右丞(정2품)·좌승左丞(정2품)·참지정사參知政事(종2품)·낭중郎中(종5품)·원외랑員外郞(종6품)·도사都事(종7품), 그보다 아래에 연사掾史·몽골 비체치必闍赤·회회령사回回令史·통사通事·지인知印·선사宣使 등을 두어 문관통치를 통해 조정에 직결시켰다. 또 금국의 옛 영역인 한지에는 여전히 주현제를 시행하면서도 주현관은 과거에 의해 채용되는 관료가 아니라, 조정으로부터 인정받은 세습관계를 갖는 문벌 출신자에 한하는 절충방식을 취했다.3)

물론 몽골리아의 유목민뿐만 아니라 한지의 주민에게도 이러한 절충방

---

2) 지원 말년까지는 카이두의 난에 대처할 필요에서 군사를 관장하는 宣慰司都元帥府가 설치되어 있었다.
3) **역주_** 배숙희, 「元代 科擧制와 高麗進士의 應擧 및 授官」, 『東洋史學硏究』 104, 동양사학회, 2008.

식은 위화감을 주었음에 틀림없다. 한편으로는 각각의 전통이 일정 정도 남아 있었기 때문에 비록 융합할 수 없다 하여도 그 위화감이 그들을 폭발시킬 정도는 아니었다.4)

대원 체제에 대한 강남의 위화감

대원제국이 몽골리아와 한지의 결합체로 머물러 있는 단계에서는 위에서 말한 것과 같은 절충통치 양식도 아직 커다란 왜곡을 드러내지 않은 채 움직여 나갔다. 그러나 남송을 멸망시키고 강남이 병합되자 종래의 체제로는 축이 빗나가는 것을 면할 수 없었다. 뭐라 해도 강남은 한지의 배가 되는 면적과 10배에 가까운 인구를 가지고 있으며5) 경제·문화 면에서는 아시아뿐만 아니라 당시 세계적으로도 최고 수준에 달한 선진지역이었다. 게다가 그들은 예로부터 중국 정통왕조 하에서 중국의 전통문화를 발전시켜 왔으므로, 이민족 통치를 처음 겪게 되었다.

이러한 강남이었지만, 대원은 한지와의 합체라는 종래의 체제에 충분한 자신감을 갖고 있었기 때문에 새삼스럽게 강남을 대상으로 하는 제2의 제휴는 기도하지 않았다. 비록 계획했다고 해도 한지처럼 원만하게 될 리 없었을 것이다. 따라서 이 같은 상황에서 강남 통치가 시작되었을 때 강남 인사人士나 민중들이 품은 위화감은 금조의 유민인 한인도 상상할 수 없을 만큼 컸다.

대원의 칙령 하나를 보아도 그러하다. 가장 존엄해야 할 성지聖旨에서조차 시정잡배와 다르지 않는 속어로, 게다가 천한 내용으로 기술하는 것이 보통이었다. 일례로 지원 21년(1284) 2월, 통제원通制院6)을 통해 천하에

---

4) **역주_** 토마스 바필드 저, 『위태로운 변경』, 윤영인 역, 동북아역사재단, 2009.
5) 지원 27년(1290)의 호구조사에 의하면 강남이 1184만 호인 데 반해 강북은 135만 호였다.

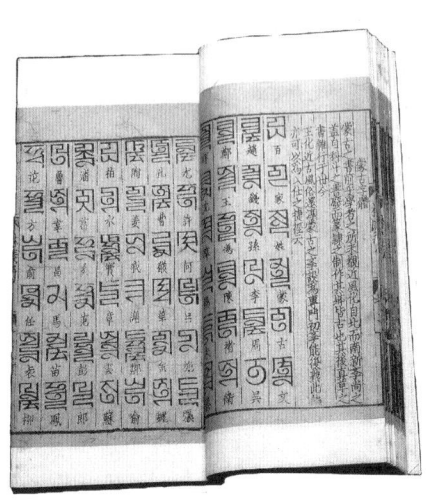

『**사림광기**(事林廣記)』 원대의 저서로, 일종의 생활문화백과사전이다.

공포된 성지를 보자. 역참을 이용하는 사신들이 규정 외의 사치스러운 주식(酒食)7)을 요구하자, 고통당하던 참호(站戶)8)가 소송을 제기했다.9) 이에 대원은 이를 금지하는 칙령을 내렸는데 이와 관련된 한 구절을 살펴보자.

> "규정에도 없는 신선한 양고기를 요구했다고 하여 무리해서까지 이것을 제공한 참호도 얼간이 같은 녀석이다. 지금부터는 수중에 있는 고기만을 제공하라. 만약 가지고 있는 고기를 제공했는데도 이것을 먹지 않는 사신에게는 한 방울의 물도 주지 말라."

---

6) 官設의 역참을 통할하는 관부.
7) 이 경우는 이슬람법에 의해 도살된 양고기가 주제로 되어 있다.
8) 역참에 필요한 말, 식량, 준비물 일체를 제공하는 민호.
9) **역주_** 김호동, 「몽골支配期 西아시아의 驛站制와 가잔 칸(Ghazan Khan)의 개혁」, 『歷史文化硏究』 35, 2010.

조칙이 이 정도라면 당시의 정치 전반을 추측해 볼 수 있을 것이다. 병합 초기의 남송인이 대원에 대해 가진 위화감은 더욱 가중되어 적극적으로는 여기저기에서 작은 반란으로 표출되었고, 소극적으로는 비협력적 방법으로 저항했다. 복건·광동·강서 등의 지방에서 발생했던 반란에 대원은 잠시 애를 먹었다. 또는 한지에서 실시하고 있던 원의 독자적인 세법인 사료絲料·포은세包銀稅(견사·교초로 납입하는 호세戶稅)를 강남에서도 시행하려고 했으나 성공하지 못했음은 모두 그 결과임에 분명하다.

한지·한인과의 제휴 강화

대원은 이러한 강남의 사정에 대처하기 위해서 한지·한인과의 제휴를 강화하는 방책을 취했다. 우선 군사 면에서는 대원에 투항한 남송의 정규군(=신부군新附軍)을 이용하지 않고 한인 천호를 파견해 강남의 요지에 주둔시켰다. 더위에 약한 몽골군의 보좌를 오로지 한군에게 위탁시켰다. 특히 주목되는 것은 과거를 폐지해서 강남 인사의 관계 진출을 저지한 점이다. 속리屬吏와 동등한 하급층은 차치하고서라도 적어도 관료라고 부를 수 있는 상급 관리층에서 강남 인사를 내쫓은 것은 몽골인·색목인과 한인세족을 보충 인원으로 사용하려 했기 때문이다.[10]

이렇게 해서 강남은 그 자체가 가진 다방면의 필요성 때문에 대원 치하에서 경원시되었다. 강남을 병합해서 전 중국에 군림한 대형 정복왕조로 성장한 대원은 강북의 토지와 인민을 거란·거란인[漢地·漢人]이라 하는 한편, 남송의 지역은 만자·만자인蠻子·蠻子人(江南·南人)이라고 특별히 구별해서 지칭했다. 이러한 사실은 단순한 호칭상의 문제만이 아니라

---

[10] **역주**_ 김호동, 「원제국기 한 색목인 관리의 초상 : 이사 켈레메치의 생애와 활동」, 『중앙아시아연구』 11, 중앙아시아학회, 2006.

원대의 몽골인, 한인, 남인의 모습

그 배후에 담긴 차별의 실태도 간파하게 해준다.

한지·한인과의 제휴 강화는 강남을 견제하기 위한 수단으로 채용되었지만, 결과적으로는 몽골리아와의 단절을 가져왔다. 이러한 사실은 원래 몽골리아와 한지 사이에서 균형을 유지해 온 중심이, 강남이라는 제3세력의 참가를 고려한 결과, 중심점이 한지로 크게 이동되었기 때문이라는 추상적인 설명만으로도 충분히 이해될 것이다. 원의 중심이 한지로 옮겨지면 그만큼 몽골리아의 지위는 낮아지게 되고, 구체적으로는 몽골리아 영주들이 중앙정치에 참여할 기회의 상실로 이어진다. 한지에 강남을 더한 중국통치에 융화되지 않은 몽골리아 봉건영주들에게 조정이 기대하는 것은, 단지 몽골리아 보전의 직책에만 한정되기 때문이다. 같은 몽골 세력이면서 한지로 이동해 관료 귀족화한 동족 사이에서 생긴 격차가 그들의 불만을 불러일으키지 않을 리 없다. 이러한 불만은 새로운 황제를 옹립할 때에 항상 권력다툼으로 비화되었다. 이것이 원 백년의 역사에서 진보를 더디게 만든 하나의 이유를 이루는 것이리라.

창주사(昌珠寺) 전경 티베트 최초의 불교사원으로 원래는 송첸칸포 시기에 건립되었다가 대원제국 시기에 중수되어 지금의 모습이 되었다.

율령 시행의 거부

 대원 정복왕조가 한인 사대부 유력자와 제휴했다고 해도, 이 제휴는 양자가 대등한 조건에서 이루어진 것은 아니다. 주권자 몽골의 수중에 최후의 결정권이 쥐어져 있었다. 그렇지만 위로는 황제로부터 아래로는 여러 관청의 장관[11]에 이르기까지 대소 권한의 차이는 있지만 각각에게 독자의 재량이 허락되면 통일국가의 기강이 흔들릴 뿐만 아니라 더 나아가서는 한인과의 합체에도 틈이 생길 것이다. 미숙한 법체제를 가진 몽골의 한지통치에 이런 난잡함이 만연했음은 이미 말했지만, 똑같은 폐해는 중앙집권체제가 정비된 대원에 들어와서도 근본적으로 개선되지 못했다.
 예를 들면 불교·도교 사원이나 특정 개인―오르톡 상인 등―에게 하사된 특전을 보증하는 조칙을 호지성지護持聖旨 또는 집파성지執把聖旨라고

---

11) 百官의 우두머리는 원칙적으로 몽골인에 한정되었다.

티베트 불화

하는데, 이것은 정부를 통하지 않고 황제가 직접 당사자에게 주는 것이 통례였기 때문에, 때때로 제도와 행정을 혼란시키는 원흉이 되었다.[12]

[12) **역주_** 金成修,「蒙藏關係之歷史連續性和河西地區」,『中國史硏究』80, 中國史學會,

즉, 호지성지를 획득한 사관寺觀은

> 영원한 하늘의 힘을 받은 황제의 성지聖旨. 군관軍官들 아래에, 군인軍人들 아래에 성을 관리하는 다루가치 관인官人들에게 성지를 선유宣諭한다. "…… 현재 앞의 성지의 체례體例에 따라 어떤 것을 막론하고 차발差發(조세·요역)하지 않을 것을 하늘을 향해 축수祝壽한다"라는 성지를 주었다.

라는 속어체로 지어진 기묘한 성지를 화려하게 돌에 새겨 문앞에 세우고 조세 납입을 거부했다. 주현에서는 성지 때문에 어찌할 수도 없었다. 호지성지의 발행이 세제의 원칙에 영향을 주고 있는 대표적인 사례다.

야율초재 이후, 몽골에 협력한 한인 사대부는 대책 마련에 고심했고, 일이 있을 때마다 몽골적 색채를 없애려 하였으며 동시에 일련의 법제를 마련하려고 노력했다. 그들의 실현되지 못한 열망은 대원이라는 새로운 시대를 맞이해서 다시 크게 부풀어올랐다. 그리고 이것이 율령의 제정을 요망하는 목소리로 결집했다.

몽골법으로의 고집

율律과 령令은 전자가 형법, 후자가 일반 행정에 관계된다는 차이는 있을지언정, 결국 합쳐져 국가 통치법의 근간을 이루는 큰 틀이다. 율령의 시행에 의해 왕조정치는 하나의 이상을 가질 수 있고, 또 무엇보다도 정치적 통일이 가능해진다. 물론 몽골 주권자 아래의 율령 편찬이기에 그들의 관습법을 완전히 잘라버리는 것은 허용되지 않을 테지만, 어쨌든 중국 전통의 법체계를 약간 소화시키기만 한다면, 몽골이 갖고 있는 최종적 재량 결정권도 문제없을 것이다. 이렇게 해서 쿠빌라이 통치 초기의 호지휼

2012.

성종 테무르 카안

인종 아유르바르와다 카안

胡祗遹로부터 말년의 하영조何榮祖에 이르기까지 율령을 요망하는 한인 지식인의 수가 적지 않았다.

그렇지만, 쿠빌라이 카안이나 그의 뒤를 이은 성종 테무르 카안도 이에 대해서 지극히 냉담했다. 하영조 등에게 율령의 편찬을 명하기는 했지만, 막상 완성되어도 도무지 실시할 기미가 없었다. 개정을 거듭해서, 성종 대덕 4년(1300) 380조로 구성된 '대덕전장大德典章'이 정식으로 상정되었지만 이것 역시 이전과 마찬가지로 방치되었고, 대덕 11년에 이르러 그 실시를 반대하는 몽골 재상 타르카이 등의 의견에 의해 매장되었다.

현실 정치를 수행하기 위해서는 율령은 아닐지라도 얼마간의 기반이 필요하다. 그러나 대원은 지원 28년(1291)에 이르러 '지원신격至元新格'이라는 극히 간단한 법제를 채용했을 뿐, 두 번 다시 율령의 편찬은 꾀하지 않았다. 이렇게 해서 통치에 관한 기본 규정을 망라하는 종합법전이 갖춰지지 않은 대원에서는 각종 판례나 행정조치의 전례가 중요한 근거가 되었다. 따라서 이후 역대에 걸쳐 법전 편찬사업[13]은

---

13) 인종 때의 『大元通制』・『大元聖政國朝典章』, 영종 때의 『風憲宏綱』, 문종 때의 『經世大典』, 순제 시기의 『至正條格』 등이 있다.

계속되지만, 요컨대 그것들은 하나같이 전례의 수집 분류에 지나지 않았다.14)

법전 편찬에 대한 대원의 고집스러운 태도는 대원의 중국 통치에 대한 전형적인 모습을 보여준다. 금국의 말기에 완성한 '태화율령泰和律令'은 정복왕조의 법제로서 하나의 전형을 이루지만, 그 사용을 금지한 쿠빌라이 카안이 때때로 자사크Jasag15)에 의해 조치를 내리고 있는 사실은 이 시기의 사정을 충분히 반영한다. 몽골 대원에서는 비록 중국법의 대폭적인 채용을 인정한다고 해도, 여전히 몽골법은 어디까지나 버릴 수 없는 존재였다.16)

2. 통치기구

관청의 우두머리는 모두 몽골인이다

이민족 왕조의 정체성을 고집하면서 중국과의 제휴를 지향하는 정복왕조의 특징은 통치기구에서 가장 선명하게 드러난다. 대원은 우선 "백관의 우두머리는 몽골인에 한해서 임용한다"는 관제상의 특이한 원칙을 가지고 있었다.

정복자로서 중국에 군림하기 위해 관직 일체를 몽골이 독점하는 것은 사실상 불가능하다. 정규관료[流內官]뿐이라면 문관의 수가 1만 전후이기 때문에 모두 몽골인으로 채울 수도 있다. 그러나 몽골인은 정치상 필요로 하는 지식과 기술을 가지고 있지 않았다. 게다가 비록 그것이 있었다고

---

14) **역주_** 김호동, 「<지정조격>의 편찬과 원(元)말의 정치」, 『至正條格』, 휴머니스트, 2007 ; 이개석, 「元朝中期 法典編纂 硏究와 [至正條格]의 發見」, 『동양사학연구』 83, 2003.
15) 칭기스칸이 정한 유목민 통치의 법령집.
16) **역주_** 몽골법에 관한 전반적인 내용은 시마다 마사오, 『아시아 법사』(임대희·박원길 등 옮김, 서경문화사, 2000)가 좋은 참고가 될 것이다.

8행성도

하더라도 관리를 몽골인에 한정한다면, 기본 정책인 한인과의 제휴가 무효로 돌아가 버린다. 그래서 한지의 법제를 채용하고 그 운영을 한인에게 맡기면서, 동시에 몽골이 주도권을 유지하기 위해서 장관의 지위만큼은 몽골이 장악하고자 했다.

그런데 중앙과 지방 관청은 각각 직무나 권한에 차이가 있다. 중앙 관부는 지방과 비교해서 수는 적지만 권한이 많고 중요하다. 따라서 수도에 있는 모든 관청은 장관에 한하지 않고 많은 몽골 관료귀족이 상층부에 진출해 있었다. 예를 들어 최고 행정부인 중서성의 경우, 좌·우승상左·右丞相(정1품) 각각 1명, 평장정사平章政事(종1품) 2명으로 구성된 복수의 재상이나, 좌우승左·右丞(정2품) 각각 1명, 참지정사參知政事(종2품) 2명으로 구성되는 복수의 집정執政의 지위에는 항상 여러 명의 몽골 관료를 두었기에 몽골의 관청 지배에 허점이 없었다.

반면, 지방 관부에서는 전혀 취지를 달리하고 있었다. 규모가 작은데다가 직무상 서민과 직접 대응하지 않으면 안 되는 특성상, 업무의 대부분을 한인 관료에 의지해야 한다. 따라서 몽골의 입장에서는 지방 관부에서야말로 "백관의 우두머리는 몽골인으로 임용한다"는 원칙의 필요성을 통감했을 것이다. 예를 들면 행정부의 가장 말단에 위치하는 현청의 경우, 현윤縣尹(종7품) 1명, 주부主簿(정9품) 1명, 현위縣尉(종9품) 1명으로 구성되는 적은 정원 때문에, 몽골 장관으로서 다루가치(종7품) 1명이 꼭 배치되어야 했다.

몽골의 독자적인 관직인 다루가치란, 카안이 그의 직할령에 대리인으로 파견한 감독관이다. 다루가치가 원조 관제 속에 부활되어 지방관청과 중앙에서도 작은 관청의 장관으로서 배치되게 되었던 점을 주목해야 한다. 중국 전통의 관제를 나무로 비유한다면, 나무에 대나무를 접목시킨 것 같은 기묘한 형태인 다루가치 제도는 각각 우두머리에 다루가치를 둠으로써 모든 관청의 전결 사항에 몽골이 반드시 참가하는 체제로 만들었음이 분명하다.

분할통치기관-행성 · 행대 · 행원

대원은 분할통치 방식으로 중국을 지배하려 했다. 즉 중앙정부인 중서성은 현재의 하북 · 산서 · 산동 땅을 직할해서 중서성복리中書省腹裏, 줄여서 간단히 복리腹裏라고도 하는데, 이것은 몽골어 구르Gur를 의미하는 말로 "중서성에 연계된 지역", 다시 말해 기내畿內라는 의미다. 이 복리를 제외한 중국 본토 전역을 하남강북河南江北(하남성과 강소 · 안휘 · 호북 3성의 강북지역), 섬서陝西(섬서성과 감숙, 청해성의 동부), 감숙甘肅(감숙성 서쪽과 내몽골 일부), 사천四川(사천성), 강절江浙(절강, 복건성과 강소성의 강남지역), 강서江西(강서, 광동성 동부), 호광湖廣(호남, 광서성과 광동성 서부), 운남雲南(운남성) 등의 8개로 분할해 행중서성行中書省을 설치했는데, 행중서성은 줄여서 행성行省이라 한다.

행중서성이란 중서성의 지방 임시출장 기관이라는 의미다. 정벌과 기타 긴급사태에 편리하게 사용하기 위해 임시로 권한을 위임받은 출장기관인 행중서성은 사건이 수습되면 폐지되는 것이 원칙이다. 그러나 대원에서는 뭉케 카안이 설치한 연경燕京, 비쉬발릭, 아무하 등 세 개의 행상서성行尙書省을 모방하여 행성이 해당 지역의 통치를 담당하는 상설 기관이 되었다. 중통 원년(1260)의 섬서·사천행성, 이어서 지원 2년(1265)의 하남행성이 행성제도의 선구를 이룬다. 이것은 금국의 멸망과 동시에 일찍이 몽골제국령이 되어 있던 옛 땅에서부터 재빨리 대원의 지방제도가 시행되었음을 의미하고, 따라서 중국통치의 기본 구상이 거기에 있다고 할 수 있다.

행성은 중서성의 출장대리 기관이기 때문에 격식格式(종1품)도 높고 조직(승상 1명, 평장 2명, 우승 1명, 좌승 1명, 참지정사 2명)이나 직무(군현을 총괄하고 벽촌을 다스림)도 도성都省을 본따 구성되었다. 또 관할 범위도 복리에 필적하는 넓이였다. 다시 말해 관제상 일단 도성에 속하지만 행성제도를 통해 일종의 연방제를 엿볼 수 있다. 여기서 다시 "백관의 우두머리는 몽골인으로 임용한다"는 원칙을 결부시켜 생각하면 이 연방제가 의도하는 바가 의심의 여지없이 분할통치에 있음이 분명해진다.[17]

분할통치 방식은 단지 행성제도에 한해서 인정되는 것은 아니다. 이것과 호응하는 것으로 행추밀원行樞密院, 행어사대行御史臺, 행통정원行通政院 등을 들 수 있다. 최고의 군정기구인 중앙 추밀원의 분원으로는 사천·강남·

---

17) **역주**_ 최윤정,「元代 동북지배와 遼陽行省-行省 建置 과정과 治所 문제를 중심으로」, 『동양사학연구』110, 동양사학회, 2010.

감숙 등의 행원行院이 있었다. 관리의 감독과 감찰을 담당하는 중앙의 어사대는 복리·하남행성을 전담 관리하고, 지방에는 강남 3 행성(호광·강서·강절)을 감독하는 강남행대江南行臺, 감숙·운남·사천·섬서의 4 행성을 감찰하는 섬서행대陝西行臺가 있었다. 그리고 관에서 설치한 교통기관인 역참을 관장하는 통정원通政院도 강남에는 별개로 통정분원通政分院이 설치되었다.18)

중국 본토를 여러 지역으로 구획하고, 각각에 반半독립적인 통치를 시행하는 대원의 통치방식은 주현제에 기초한 중국 전통의 통일정치와는 확실히 다른 것으로 중앙집권을 약화시킬 염려가 충분했다. 그러나 이민족 왕조 대원은 중국 통치에 대해 중앙집권도 물론이거니와, 나아가 지배가 급선무였다. 이러한 의미에서 몽골인을 장관으로 하는 행성行省·행원行院·행대行臺에 의한 분할통치는 대원 정복왕조의 지배형태로서 평가되어야 할 것이다.

로 제도의 부활-중층적 감독정치

주현제는 진한 이후 중국에서 일관되게 중앙집권적 정치의 근간을 형성해 왔다. 다시 말해, 지방행정의 최소단위인 현縣이 있고, 그 위에 이를 통할하는 주州를 설치하여, 주를 근간으로 중앙정부에 직속시키는 피라미드형 일원적 통치조직이다.

중국 본토에 한정해서 말한다면, 현의 총수는 한대 이후 대략 1200개 전후였는데, 주(당나라 이전은 군郡이라 함)는 진대秦代의 40개에서 계속 증가해 당송시대에는 350~400개에 달했다. 주의 증가는, 관할하는 현이

---

18) **역주_** 고명수, 「쿠빌라이 정부의 大都건설과 역참교통체계 구축」, 『中央아시아硏究』, 15, 중앙아시아학회, 2010.

그만큼 감소했기 때문인데, 속현이 감소되면 그만큼 주의 관할 능력이 빈틈없이 침투됨을 의미한다. 이에 따라 중앙정부가 꾀하는 지방 통제도 자연히 철저해진다.

그렇지만, 중국을 350~400여 개로 나눈 주의 범위는 아무래도 너무 협소했다. 자연경제가 압도적으로 우세한 시대라면 몰라도 상품생산이 진행되고 지방 특산물이 개발되어 상업이 번성하게 된 송대에 이르면 더욱이 그러하다. 요컨대 교환경제가 두드러지게 된 송대에는 경제생활을 중심으로 서민 생활권이 급속하게 확대되어, 기존의 주현 단위로는 전혀 수습될 수 없게 되었다. 이러한 실정을 근거로 광역행정의 필요성이 절실해졌다. 송대에 로路 제도가 실시되어, 전운사轉運司(조사漕司)·경략안무사經略安撫司(수사帥司)·제점형옥사提点刑獄司19)(헌사憲司)·제거상평사提擧常平司(창사倉司)로 구성된 로의 관직이 출현함은 바로 이러한 요구에 부응하는 것이다.

북송 초기의 로는 총 15개였지만 말년에 이르러 26개로 늘었다. 증가했다고 해도 350~400주에 비교하면 평균적으로 로마다 20주 정도를 포괄하는 셈이니까 대단한 광역구획이 된다. 단지 이 로분路分은 조사漕司·수사帥司·헌사憲司·창사倉司 모두 감사監司의 총칭이 주어지고 있음에서도 알 수 있듯이 감독 구분이라 할 수 있을지는 모르나 결코 엄밀한 의미의 행정 구분은 아니었다. 왜냐하면 이들 감사는 각각 1로에 걸친 세무·병정·사법·재무를 통합 분담하긴 하지만 이들 위에 장관이 설치되어 있지 않았기 때문이다.

그렇다고 해도 각자의 분담 직무에 따라 20주에 가까운 로를 감독 관리하는 것이기 때문에, 로 제도는 광역행정을 지향하는 지방제도의

---

19) **역주_** 서지영, 「송대 제점형옥사의 기능변화와 그 기능」, 『법사학연구』 40, 2009 ; 「송대 제점형옥사에 대한 연구동향」, 『법사학연구』 38, 2009.

선구적 형태라 간주할 수 있다. 대원에 이르러 '로'라는 광역 행정구획이 본격화되어 마침내 실현 단계에 도달했음은 매우 흥미롭다. 다만 대원에서는 기내 이외의 지역에 연방제라고도 볼 수 있는 거대한 행중서성의 구획이 설치되어 있었다. 때문에 여기서 말하는 광역행정구라고 해도 송의 로분路分에 비교하면 훨씬 면적이 좁아져 일종의 중간구획이라고도 말할 수 있는데, 1,127현 396주 위에 구획된 185로가 바로 그것이다.

이 로에는 총관부總管府(정2품)를 두어 다루가치 이하의 상급관료와 일군의 속관에 의해 소속 주를 지휘하는 것 이외에, 해당 로성路城의 행정을 담당하는 녹사사錄事司(정8품)까지 함께 통할했다. 그때까지의 도시행정은 수도와 같은 대도시라 해도 주현성과 마찬가지로 현의 지배 하에 놓여 있었다. 그러나 로성路城뿐이기는 하지만 185여 개를 헤아리는 대표적 도시가 현에서 이탈해서, 전적으로 녹사사의 관할로 속하게 된 것은 이들 신설제도의 의의를 다시 한번 생각하게 하는 것이리라. 이상을 요약하면 대원의 지방제도는 아래와 같이 번잡한 중층을 보인다.

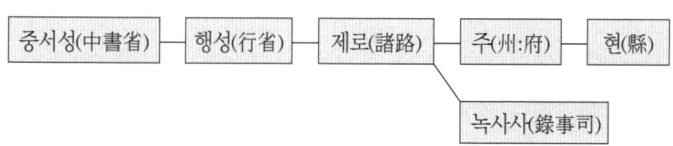

대원의 지방행정제도 속에서 여러 로는 행성과 주의 중간에 위치하기에, 종래의 주현제에서 보자면 일종의 광역행정구획이라 할 수 있다. 하지만, 1로당 보통 2주 7현 정도가 포함되는 실태에서 보면 광역구획 기능이 과연 이것으로 충족되었을까라는 의문이 든다. 로성 안의 행정만을 전담하는 녹사사의 신설을 참조해 생각할 때 공연히 번거로움만을 증가시킨 것 같은 느낌을 금할 수 없다. 여기에서도 앞서 말한 분할통치의 의향을 살피지 않으면 안 된다. 현은 주에, 주는 로에, 그리고 로는 행성에 통솔되어 중앙정부의 지휘 하에 통일된다는 중층적인 감독정치가 지적되는데, 이것은 결코 우연이 아닐 것이다.

3. 관료·속리 제도

정관과 수령관

율령제에서는 크게 관리를 장관長官·통판관通判官·판관判官·주전主典의 4등급으로 분류하지만, 동시에 상위 3개의 관을 관인이라 총칭하여 주전과 구별한다. 관인은 신분적으로도 유내관流內官, 즉 품질品秩(1품에서 9품까지의 위계)을 갖추고 직무상에서도 정무 일반의 결재자임에 비해 주전은 대부분이 위계가 없는 유외관流外官에 속하고 결재에도 참여하지 못한다. 다시 말해 전자는 정책·정무에 관여하는 정통 관료고, 후자는 단순히 사무를 담당하는 속관이다. 이 구분이 대원에서는 정관正官과 수령관首領官이라는 명칭으로 불렸다. 각각이 정식 관료, 관리들의 수령이라는 의미로 신분과 직무의 차별은 율령시대의 그것과 다르지 않다.

수령관은 율령시대의 주전主典에 해당하는 자이기 때문에 실질적으로는 물론 그 당시부터 존재하고 있었다. 그러나 관리체계 내에서 차지하는 비중은 미미했다. 이것이 대원에 이르러 정관에 대한 수령관이라는 2대 계열을 이루기까지 성장했던 것은 어떠한 이유에 의해서일까? 이것은 복잡하게 진행되어 온 정치변화를 빼놓고는 말할 수 없다.

중당中唐 시기의 세제 변화, 특히 차염茶鹽 전매세의 신설을 거친 국가재정에는 현금으로 납입되는 과리課利에 대한 의존도가 높아졌다. 현금 납세를 강요당한 민간에서는 저절로 교환경제가 자극되어 그것이 상세商稅 일반의

색목인 내몽골박물관

급격한 증대를 초래했다. 그 결과가 일상 정무에 반영되어 계량·검수檢數·예산·통계라는 회계사무와 이것을 문서화한 공문서의 취급이 급격히 증가했다. 정치의 내용이 철저한 농본주의에 기초해 '권농순속勸農淳俗'(농촌의 안정)에서 '전곡기회錢穀期會'20)를 완수하는 것으로 변화한 것이다. 종래 이러한 '전곡기회'의 사무는 사대부 출신 관료에게는 서투르고 어울리지 않는 것으로 속리의 임무라고 멸시되어 왔다. 그러나 현실은 언제까지 이러한 평가에 안주하는 것을 허용하지 않았다. 이것이 국가재정의 중추를 차지하기 시작한 중요성에서 보아도 정부는 팽창된 '전곡기회'의 사무를 원활하게 처리해야 했다. 따라서 담당 속리의 수가 증가했고 그에 따라 지위는 자연히 향상되게 되었다.

 대원의 수령관은 공문서의 취급을 직무로 하는 경력經歷, 사건 처리에 필요한 참고자료의 제출을 전적으로 담당하는 영사令史, 계수를 조사 검토하는 조마照磨, 전곡의 출납을 관장하는 사리司吏, 공문서를 주관하는 제공안독提控案牘에 이르기까지 모두 종래의 속리와 다르지 않은 직책을 가지고

---

20) 화폐경제에 기초한 현금징수 관계의 번잡한 사무.

원대의 몽골인 관리(좌)와 색목인(우)

있었다. 그들의 처우는 그 이름이 보여주듯이 관료에 준하는 자로서 광의의 관리 속에 자리매김 되었다. 분명 지위의 향상인데, 이러한 향상의 원인이 위에서 말한 사정에 근거한 것임은 밝힐 필요도 없다. 물론 대원은 독자적으로 이 정책을 추진했다.

전에도 잠시 언급했듯이 대원은 몽골 혹은 색목인으로 각 관청의 다루가치·장관을, 한인세후에 의해 그 밖의 정관正官을 독점하고자 했다. 목적을 거의 달성한 대원에서 전체적인 관료의 자질이 과거 출신 관리보다 현저히 뒤떨어지는 것은 어쩔 수 없다. 그만큼 그들을 보좌하는 수령관, 적어도 상급 수령관에는 우수한 인물을 필요로 했다. 세후가 아닌 한인 지식층, 특히 강남의 많은 사대부를 이 자리에 채용해서 이용할 수 있다면 그보다 더 좋은 일은 없을 것이다. 강남 사대부들이 고급관료로 진출하는 것을 제지하던 대원은, 다른 한편으로 수령관의 문호를 그들에게 널리 열어놓음과 동시에 다소나마 지위의 향상을 허락해 참가를 유도하고자 했다.

과거의 폐지

수隋왕조에서 시작된 과거제도는 당대부터 송조에 이르러 최전성기를 맞이하였다. 가계나 출신에 관계없이 개인의 재능·교양에 의해 통치자 계급으로의 진출을 허락한다는 것이 원칙인 이상, 일단 이 제도가 뿌리를 내리면 모든 방면에서 적극적이고 커다란 변화가 일어남은 당연하다. 왜냐하면 과거관료 사이에는 소질의 향상과 부단한 신진대사가 그 속성으로 따라붙어 있기 때문에, 문벌이 관직을 독점하고 있던 시대에 불가피했던 정체성은 깨어지고 점차로 색채를 약화시켰다. 송대가 획기적인 시대를 이룬 이유는 여기에 있었다.

개인의 실력을 통해 관료가 되는 길이 열리자 이것을 지망하는 인사의 수는 크게 증가했다. 과거시험은 극소수가 합격할 뿐이지만, 이 사실이 관료 지망자들에게서 희망을 빼앗지는 못했다. 가능성은 항상 열려 있기에 일생을 걸고 그들은 지속적으로 뜻을 이루려고 노력한다. 이러한 의미에서 그들은 항상 관료 예비군이었다.

방대한 수에 이르는 관료 예비군은 실제로 아직 관직에 오르지는 못했지만, 사회 지도자로서의 능력을 갖추고 있었다. 따라서 과거제는 이들 지도자층의 협력을 얻기 위한 고도의 정책이었다고 해도 과언이 아닐 것이다. 이 점은 여진족 정복왕조 금국에서도 마찬가지여서 과거제도가 불완전하나마 계속되어 한인 사대부를 회유하는 데 큰 효과를 거두었다. 그런데 대원은 과거제도를 폐지해 버렸다.

다만 과거를 폐지했다고 해도 문자 그대로 전폐한 것은 아니다. 인종仁宗의 연우延祐 2·5년, 영종英宗의 지치至治 원년, 태정제의 태정泰定 원년·4년, 문종文宗의 천력天歷 3년, 순제順帝의 원통元統 원년·후지원後至元 6년 등 전후 8회에 걸쳐서 실시했지만, 진사 급제자의 수는 매우 적어서 한인·남인을 합해서 많아야 50명 적으면 9명이라는 소규모였다. 총계 278명이지만 이 수는 송대의 1회 합격자 수에도 미치지 못한다. 이것은 대원 백년을 통해서 보면 사실상의 폐지에 가까운 것이다.

과거제에 대한 이러한 냉담함은 한마디로 말해 현실적으로나 정책상에서 과거 출신의 한인·남인 관료를 필요로 하지 않았기 때문이다. 원래 정관의 정원은 극히 한정되어 있었다. 참고로 성종成宗 대덕大德 말년(1297~1307)의 「내외제관원수內外諸官員數」를 통해 살펴보면, 이 가운데 무관의 수를 고려하고, 또한 1~7품과 8~9품이 절반이라고 한다면, 통일 후의 대원의 정관 총수는 대략 1만 이하에 불과했을 것이다.

[표 4] 내외의 관원 수[21]

조관(朝官)	2,089	몽골·색목인: 938	한인·남인: 1,151
경관(京官)	506	몽골·색목인: 155	한인·남인: 351
외임(外任)	19,905	몽골·색목인: 5,689	한인·남인: 14,216
합 계	22,500	6,782	15,718

이 내역은 다루가치·장관을 독점하는 몽골·색목인, 일반 정관의 대부분을 차지하는 한인세후 및 강남 멸망에 즈음해서 투항한 결과 임지나 기타 약간의 변경은 있었지만 거의 옛 관직을 인정받은 남송의 지방관으로 구성되어 있었다. 이 경우에, 용관冗官을 각오하고 정원을 증가시킨다 해도 계속해서 배출되는 과거 급제자를 흡수할 여유가 없다.

이 같은 정원의 포화 상태 위에 남인을 정관에서 내쫓으려는 대원의 정책이 더해졌다. 즉 매년 반드시 생기는 관원의 자연감소(사망·정년·퇴직·휴직·면관 등)를 보충하는 데 대원은 완전히 자유임용권을 고집했다. 이 보충에 남인을 채용하지 않으면 귀순한 남송계의 정관은 점차 감소하여 결국에는 없어지게 된다. 이러한 태도는 귀순해 온 남송의 군대를 신부군新

---

21) 朝官·京官은 중앙관청에 奉職하는 정관, 外任으로 지방관청에서 봉직하는 관리다.

附軍이라 칭해서 일단은 정규군으로 편입하면서도, 그들을 새로 보충하지 않고 내버려두었다가 결국 20년이 지나 노후되자 자연 폐지한 것과 마찬가지다. 남인의 관료 자격자를 양성하여 그들로써 항구적인 정관의 결원 보충에 충당시키려는 제도로서의 과거는 이처럼 대원으로부터 완전히 소외되었다.

과거의 저속판-이원세공제

과거제의 폐지는 사인士人, 특히 강남의 사인에게는 말할 수 없는 아픔이었다. 생애를 걸고서라도 추구하기에 충분하다고 여겼던 목표를 하루아침에 박탈당하게 되었으니, 그들의 심경을 충분히 헤아릴 수 있다. 그렇지만 그 사정에 대해서 관점을 조금 달리한다면 새로운 전망을 여는 것이 가능하다.

원래 과거는 극히 엄격한 실력경쟁의 장으로, 넓은 의미에서의 지망자를 생각하면 실로 수천 인에 한 사람의 비율로도 급제하는 것이 어려웠다. 그러나 가령 낙제를 반복했다고 해도 급제의 가능성은 항상 눈앞에 있었고, 거기다가 만에 하나 급제한 그날의 멋진 영예가 무엇보다도 좋은 매력이 되어, 사람들은 일생의 노력을 여기에 기울였다. 역량 있는 자로서 과거를 지향하는 새로운 지망자가 한편에서 끊임없이 출현하기 때문에, 이들 과거시험의 경험자들은 새로운 지망자의 가정교사가 되어 일단의 생활밑천을 마련할 수 있었다. 다시 말해 새롭게 성립한 지적知的인 직업이 있었기 때문에 과거에 지친 노서생老書生의 출현을 가능하게 했다. 그렇다고 해도 그런 경우는 결코 부러움을 사는 것은 아니었다. 그들을 가리켜 산조대酸措大(가난한 서생書生)라고 부른 것은 당시의 사회 상황을 잘 반영한다.

이렇게 보면 과거의 폐지로 치명상을 입은 것은 그저 나이 어린 엘리트

사인으로만 한정되고, 다른 무수한 산조대에게는 실질적으로 아무런 영향도 미치지 않는 사실을 알 수 있다. 대원이 과거를 폐지하고 그 대신에 한인과 남인에게 수령관의 길을 연 것은 오히려 대중 사인에게 환영할 일이었다. 가령 그 직무 내용은 속리와 같은 '전곡기회'의 문서 관리에 종사한다고 해도, 대원의 수령관은 관리(하급관리)로 처우되었기 때문에, 과거시대에서도 어차피 관리가 될 수 없는 그들은 기쁘게 여기에 응했을 것이다.

> 凡歲貢吏員：至元十九年、省議, "中書省掾於樞密院、御史臺令史內取, 臺、院令史於六部令史內取, 六部令史於諸路歲貢人吏補充, 內外職官材堪省掾及院、臺、部令史者, 亦許擢用。省掾考滿, 資品既高, 責任亦重, 皆自歲貢中出, 若不敦貢選儒戶子弟入學讀書習業, 必致人材失實, 今擬定例于後：諸州府隸本管免差儒戶子弟入學讀書習業, 非儒戶而願學者聽。遇按察司、本路總管府歲貢之時, 於學生內選行義修明、文學優贍、通經史、達時務者, 保申解貢。各路司吏有闕, 於所屬衙門人吏內選取。委本路長官參佐、同儒學教授考試, 習行移算術、字畫謹嚴、語言辯利、詩、書、論（孟內通一經者爲上）才識明敏, 更事熟閑者爲上, 月日雖多, 才能無取者不許呈貢。二十二年, 省擬: "呈試吏員, 先有定立貢法, 以次籍記, 各道按察司上路總管府凡三年一貢, 儒、吏各一人, 以次輪用。若隨路司吏及歲貢儒人, 先補按察書吏, 然後貢之於部, 按察書吏依先例選取考試, 唯以經史吏業不失章指者爲中選。隨路貢舉元額, 自至元二十三年爲始, 各道按察司每歲於書吏內, 以次貢二名, 儒人一名必諳吏事, 吏人一名必知經史者, 遇各部令史有闕, 以次勾補。" 元

이원세공제 과거제도의 저속판이다. 『원사(元史)』 권83

다만 같은 수령관이라고 해도 상하 사이에 현저한 격차가 있었다. 관설 창고의 출납을 담당하는 사고司庫, 칭자秤子라는 최하급 부류는 일반 민호 가운데서 겨우 읽고 쓸 수 있는 정도의 사람을 뽑아 일정한 복무기간을 끝낼 때마다 계속해서 상급 관부에 전근시켰다. 단지 그 복무기간은 120개월, 90개월, 60개월이라는 장기간에 걸친 것이었기 때문에, 평생 걸려도 그들은 상급 수령관에 이를 수 없었다.

반면, 사인들이 응모하는 경로는 물론 이것과는 다른데, 이를 이원세공제吏員歲貢制라고 한다. 즉 그들은 우선 지방행정의 중간구획인 로마다 나뉘어 자격시험을 치고, 그 결과 1년에 평균해서 약 150명의 급제자가 중앙정부에 추천되어서 각각 제1급 관청에 배속되었다. 말할 필요도 없이 이 경우의 그들은 상급 수령관으로 출발하기 때문에 머지않아 9품관이 되고 이후 승진하여 품관의 길로 나아가는 것이 통례였다.

그런데 이 자격시험은 공문서의 취급방법이나 산술算術 외에 시경詩經, 서경書經, 논어論語, 맹자孟子 가운데 한 과목에 대한 지식을 시험보기 때문에 바로 과거시험의 저속판이었다. 강남 사대부가 정관=고급관료로 진출하는 것을 바라지 않았던 대원은 과거를 폐지했다. 그러나 그들을 수령관=하급관리로 이용하는 것은 실제적으로나 정책적으로도 필요하다고 인정했기 때문에, 과거의 저속판인 이원세공제를 채용했다.

제5장
대원의 경제정책과 경제사정

1. 세제와 재정

남과 북의 서로 다른 세법

대원이 강남[租庸調]과 강북[兩稅法]에 대해 서로 다른 세법을 제정했다는 지적이 오랫동안 있었다. 물론 한지에 실시된 세량稅糧과 과차科差를 조용조의 아류로 간주하는 견해는 정정되어야 하지만, 한 가지 점을 제외하면 이 지적은 매우 경청할 만하다. 대원은 금국과 남송의 옛 영역을 분명하게 구별해서, 한편에는 세량·과차의 법을, 다른 한편에는 양세법이라고 하는 별개의 세법을 실시했다. 적어도 통일왕조가 국가의 기본법제인 세제를 남북에서 달리한 예는 대원을 제외하고 전무후무할 것이다.

강북에서 실시된 세량·과차의 법은 우구데이 카안 8년(1236)에 제정된 것을 근간으로 다소의 변경을 가했다. 세량이란 호등제戶等制를 근거로 호에 할당된 곡물세인데 할당기준이 특이하다.[1] 1등호의 경우에, 정세丁稅는 1정당 2석石(약 120리터), 지세地稅는 1무畝(약 5.5아르)당 육전陸田 3승升(약 1.8리터), 수전水田 5승의 세율로 총계하여 어느 쪽이든 한쪽의 수량이

---

1) **역주**_ 한영근, 「오고데이한 시기 호구조사의 의의에 대하여」, 『부산사학』 29, 1995.

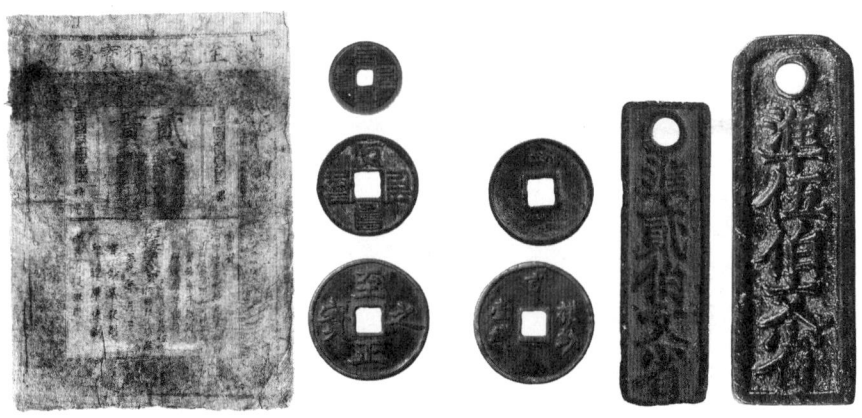

화폐 왼쪽은 원대의 지폐, 가운데 동전들은 위로부터 파스파문 지원통보(至元通寶)와 대원통보(大元通寶), 맨 아래는 지정지보(至正之寶). 길권초일전(吉權鈔壹錢). 맨 오른쪽은 남송의 전패(錢牌)다.

많은 것을 징수한다. 따라서 전토를 소유하지 않은 성곽의 호에도 이 곡물세가 정세丁稅의 형태로 부과되었기 때문에 중국 전통의 전부田賦의 개념에서는 다룰 수 없는 독특한 세법이다. 과차科差 또한 호등제를 근거로 한 호마다 물납세物納稅로 해, 상등호에서 하등호까지를 평균하면 대략 1호당 생사生絲 8량兩, 교초交鈔 3관문貫文 전후를 부과한다. 이 과차도 역시 원칙적으로는 화폐 납입을 규정한 점에서 전례를 찾아볼 수 없는 세목이다.

　강남에서 실시된 양세법은 오로지 소유하고 있는 전토의 크기에 기초해서 일정률의 곡물(추세秋稅)과 비단·삼베 그 외의 토산잡물土産雜物(=하세夏稅)을 징수하는 것으로, 당 중기 이후에 실시한 옛 법으로 송에서도 시행되고 있었다. 따라서 강남에 관한 한, 대원은 전대의 제도를 그대로 답습했다. 그러나 기본적으로는 같으나, 실제로는 대원의 독자성이 많이 발휘되었다. 즉 하세는 물론 추세조차도(추세는 지원 19년부터 10여 년간을 한정하고는 있지만) 지폐의 납입을 명하거나 또는 허락하는 점이 특히 주목된다.

강남의 농업 농업생산력이 높은 강남에는 전대와 마찬가지로 양세법이 적용되었다. 그림은 송대의 농사짓기를 묘사한 경직도(耕織圖)의 각석 탁본이다.

강북에서 실시된 세량·과차의 법과 강남의 양세법은 원칙적으로는 명확하게 별개의 세법이긴 하지만, 결과적으로 말하면 쌍방 모두 곡물과 지폐를 두 항목으로 해서 징수한다는 점에서 큰 차이가 없다. 단지 그 사이에 한 가지 놓칠 수 없는 차이는 같은 곡물세라고 해도 세량과 추세 사이에 세율상으로 차이가 있었다. 강남은 말할 것도 없이 수전水田 일색이다. 따라서 1무에 3승을 규정한 강북 세량 중의 육전陸田의 세율은 비교자료가 되지 않으므로 잠시 놓아두고, 다만 세량 중에서 1무에 5승으로 정해진 수전의 세율만이 여기에서 비교의 대상이 될 수 있다. 왜냐하면 중통 원년(1260)에 공포된 이들 세량의 세율은 어디까지나 강북의 세량에 한해 규정한 것인 데 반해, 강남의 추세는 남송의 유제를 그대로 답습하였기 때문에 양자 사이에 세율의 차이가 있음은 자명하다.

그런데 양세법에서는 육전·수전을 평균화해서 그 전부田賦는 1무에

제5장 대원의 경제정책과 경제사정 175

약 1두斗(약 6리터)로 되어 있다. 이를 수전에만 한정하면, 아무리 낮게 어림잡아도 1두를 밑도는 일은 있을 수 없다. 그렇다고 하면 같은 수전이라 해도, 강북과 강남 사이에는 1:2 이상의 세율 차이가 난다. 다시 말해 세량에 관한 한, 강북의 민은 강남의 농민과 비교해서 두드러지게 우대받고 있다는 말이다. 이러한 사실은 후술하겠지만 강북, 특히 하남행성의 실정을 살피는 데 중요한 단서가 될 수 있다.

당·송에서 시작된 소금전매

8세기 중엽에 발발한 안록산安祿山의 난은 완전히 평정될 때까지 8년의 시간이 걸렸으며 황하 전 유역에 막대한 파괴를 초래했다. 우선 농민이 유망하고 농촌이 황폐해짐으로써 국가의 재정 기반인 세제를 부과할 수 없었다. 그 결과 국가 수입이 격감했을 뿐만 아니라 병농일치의 원칙에 입각한 부병제도가 완전히 붕괴되었다. 부병제를 대신한 용병제로 인한 과중한 군사비 지출은 막대한 적자를 보이는 국가재정에 무거운 짐이었다.

당 중기의 정부는 이러한 곤경에서 벗어나기 위해 각종 세제 개혁을 연속해서 실시했고, 소금을 위주로 하는 전매세의 설치를 통해 목적을 달성할 수 있었다. 당의 뒤를 이은 송에서도 국가세입의 절반에 이르는 거액을 전매를 통해 획득했다. 건국 이후 끊임없는 북변의 긴장—거란의 요제국과 탕구트 서하왕국에 대한 경비—에 대비하기 위한 송의 국방비 지출은 당 중기와 비교해 훨씬 거액이었는데, 이를 뒷받침한 것이 전매세였다.

대원의 전매제도는 송의 것을 전거로 실시되었다. 이것은 소금·차·술·반礬 등의 품목에 대해 관매법官賣法2) 또는 통상법通商法3)의 징세

---

2) 관이 배급망을 통해서 소비자에게 매각하는 제도다.

원대의 제염장 풍경

방법을 실시한 것에서 분명히 확인할 수 있다. 소금의 경우에 우구데이 카안은 장로염長蘆鹽, 산동염山東鹽의 산지인 발해만과 황해 연안을 판도에 넣고 금국의 제도를 채용했다. 그 뒤에 남송을 평정하여 중국 소금을 대표하는 양회염兩淮鹽을 필두로 절강에서 광동에 이르는 양절염兩浙鹽, 복건염福建鹽, 광동염廣東鹽의 산지를 단번에 영유하게 되어 대원의 소금전매가 본격화되므로 송의 제도를 도외시하고서 말할 수는 없다.

  모든 전매세는 소비세인 동시에 상세이기도 하기에 현금 징수가 쉽다. 또한 소금은 생필품으로서 사치적 요소가 전혀 없어 항상 일정량의 수요가 유지되기에 매년 세액을 조작하기에 가장 편리하다. 다시 말해 소금전매는 가장 간단하고 쉬우며 확실한 동시에 자유로운 재원이다. 때문에 당과 송은 모두 이러한 특성을 이용해서 급격하게 팽창한 국방비를 조달했는데

---

3) 관에서 상인에게 불하해서 소비자에게 공급시키는 제도다.

대원 역시 같은 사명을 여기에 부과했던 것이리라.

염세의 역할

대원제국에서도 국가직 필요의 증대에 대비하는 기본적인 목적으로서의 염세의 역할은 변화가 없었지만, 당·송 시대에서는 보이지 않는 독자적인 별개의 용도를 포함하고 있다. 즉 문무 관리의 봉급, 군비는 물론이고 여기에 몽골 제왕이나 장령에 대한 사여賜與와 국가가 발행하는 교초=지폐를 뒷받침하는 데 더욱 중요한 역할을 담당케 했다. 통치·경제 정책에 관계되는 염법의 역할에 대해서는 다음 절에서 상세하게 설명을 하기로 하고, 여기서는 대원의 염과鹽課가 그 사명을 다하기 위해 어떻게 가격이 조작되고, 그 결과로 얼마나 국가수입에서 상위를 차지했는가를 살펴보는 것으로 그치고자 한다.

염법, 즉 소금전매제에 관한 여러 법규가 갖추어진 지원 13년(1276)에 400근(240kg)에 9관문으로 출발한 소금 가격은 26년 만에 50관, 이어서 성종 테무르 원정 2년(1296)에는 65관, 인종 아유르바르와다 연우 3년(1316)에는 150관으로 올라 40년간에 17배에 가까운 가격인상이 이루어졌다. 이 가격인상의 목적은 남발한 교초交鈔를 일괄해서 정부가 회수하고자 하는 데 있었다. 이는 지원 26년의 제1차 가격인상이 지원 24년에 단행된 지폐가치 절하[4]와 비교할 때, 시기적으로도 그렇고 가치 인상폭에서도 부합하고 있음을 충분히 증명할 수 있다. 교초의 발행은 그 이후도 점증되었고, 물가상승이 따라오기 때문에 교초의 하락을 방지하는 수단으로 소금가격의 상승은 여러 차례 발생했다.

---

[4] 중통초는 발행 후 30년이 지난 지원 24년에 이르러 액면의 5분의 1까지 하락했는데, 정부도 이것을 공인해서 화폐가치를 인하했다.

수차례의 가격 인상을 거쳐 문종 톡 테무르 천력 2년(1329)의 염과 총액은 766만 정錠[5]에 이르렀다. 그러나 이 수치는 교초의 하락을 중심으로 본 것이기 때문에 세입통계에 그대로 대비할 수는 없다. 성종 테무르 원정 2년의 통계에 따르면, 지폐 세입이 360만 정이었으므로 이 시점에서의 염과액을 산정해 대비하면－산정의 결과는 대략 300만 정이 된다－거의 8할을 차지하는 셈이 된다. 전부田賦 총액 1천여만 석을 제외한 현금 세입에 한해서이긴 하지만 그 8할을 차지한 염과의 중요성이 새삼스럽게 주목된다.

정복왕조다운 국계수지

대원의 회계를 종합한 기록은 남아 있지 않다. 세입 중에 전부田賦에 대해서 다음 표와 같은 통계가 하나 발견된다. 비록 해당 연차가 명시되어 있지 않다는 결함은 있지만 전부는 시대의 전후에 따라 크게 증감할 가능성이 없기 때문에, 지원·대덕 연간의 실상으로 일단 신빙할 만한 것이라고 간주된다. 물론 이 총수는 강북지구의 세량稅糧과 강남지구의 추세秋稅를 합한 것이다. 그 중에서 강남 3성(강절·강서·호광)의 합계가 전체의 절반을 넘고 있음에 주의해야 할 것이다. 당시는 강남에서 경사로 상공되는 조운량이 100만 석 전후에 머물러 있었기 때문에, 이것 외의 1천여만 석으로 경사 백관의 봉미俸米[6]를 별도로 지급했으므로, 내지에 주재하는 군대의 양식도 충분히 지급할 수 있었다.

전부田賦 이외의 세입으로는 과리課利가 그 근본을 이루고 있었다. 다행히 이 부문은 성종 테무르 원정 2년(1296)과 문종 톡 테무르 천력 2년(1329)의

---

[5] 1錠은 錢 5만 문에 해당한다. 단지 대원은 교초(지폐) 위주의 통화정책을 취했기 때문에 현실적으로는 교초 50관에 상당한다.
[6] 지방관에게는 職田을 주어 봉미를 대체했다.

[표 5] 원의 세입통계(田賦)

금	19,000량
은	19,000량
초	3,600,000정
1정 = 50량	

[표 6] 원의 입통계(課利)

복리	2,271,447석
행성	9,843,255석
요양	72,066석
하남	2,591,269석
섬서	229,023석
사천	116,574석
감숙	60,586석
운남	277,719석
강절	4,494,783석
강서	1,157,448석
호광	843,787석
합계	12,114,702석

통계가 남아 있다. 후자는 원말에 가까운 관계로 잠시 놓아두고, 중기에 속하는 전자를 살펴보면 [표 6]과 같다. 단지 지원 24년(1287)에 중통초中統鈔의 가치가 5분의 1로 절하되었기 때문에, 원정 2년 당시의 환산율로는 은 1량兩이 초鈔 10관 이상이었을 것이다. 여기에 준해서 환산하면 원종 2년차의 세입은 교초로 약 365만 정을 조금 상회하는 정도가 된다. 통상대로라면 이것은 제실帝室의 비용, 내외백관의 봉초俸鈔―관리의 봉급은 봉미와 봉초로 이루어진다―군대의 급여, 중앙관청의 경비 등으로 구분된 지출 4대 강목이 될 것이다. 그런데 대원은 여기에 또 하나의 대강목을 더해, 몽골 제실·공신에 대한 정기사여와 임시사여를 포함시켰다.

강남을 평정한 쿠빌라이 카안은 제왕·공신들에게 합계 1만 2천 정으로 이루어진 강남호초江南戶鈔를 나누어주었다. 새로이 판적에 편입된 강남의 주현호를 각 사람에게 지정하고, 그 하세 중에서 1호당 초 5전을 나누어서 지급했다.

이 강남호초는 성종 테무르 때에 이르러 4배로 증액되었다. 이것이 정기 사여의 첫째 항목이다. 두 번째는 지원 26년에 합계로 금 2천 량, 은 25만여 량, 초 11만여 정, 폐幣 12만여 필을 헤아리는 '세례歲例'가 있다. 원정 2년 당시로 환산하면 교초로 30만 정 가량의 가치일 것이다. 이 두 항목을 합한 항례사여恒例賜與 35만 정은 바로 과리 수입의 1할을 차지하게 되는 셈이다.

항례사여 외에 이것을 상회하는 임시사여가 매년 빠지지 않고 반복되었다. 특히 새로운 대칸의 즉위와 임시사여의 경우는 극단적인데, 예를 들면 지원 31년 4월의 성종 즉위에 즈음해 예전과 비교해서 황금은 5배, 백은은 3배로 증액했다. 때문에 국고의 비축액이 순식간에 바닥을 보여 겨우 초 27만 정만 남는 지경에 이르렀다.

이처럼 몽골 제왕과 공신에 대한 사여가 항례·임시를 합쳐서 과리 수입의 2할 이상이었음은 정복왕조가 아니고서는 있을 수 없는 일이다. 다만 이들의 사여는 가령 일부분이라도 직간접으로 몽골 유목민 군사에 미치기 때문에, 일종의 군비라고 생각해야 할지도 모른다. 그렇다고 해도 거기에는 역시 정복왕조로서의 특수한 군비軍費 상황이었음을 헤아려야 할 것이다. 왜냐하면 한인왕조는 이민족에 대한 장성선의 수비가 아무리 무거운 부담이라고 해도 피할 수 없는 숙명이었지만, 정복왕조에게는 이것이 제로에 가깝게 철폐되었다. 그 대신 원 거주지에 남은 자기 민족에 대한 부양이 광의의 군사비로서 활용되어야 했다.

2. 일원적 통화정책

중통초의 발행

원이 실질적으로 탄생한 해인 중통 원년(1260)에 정부는 '제로통행중통원보교초諸路通行中統元寶交鈔'라고 하는 법정지폐 7만 3천 정을 발행했다. 줄여서 '중통초'라고 불리는 이 법정지폐는 '제로통행諸路通行'이란 말에서 알 수 있듯이 당시의 한지에 있던 잡다한 각종 통화를 통일하는 것을 첫째의 사명으로 했다.

앞에서도 잠시 언급했지만, 몽골은 우구데이 카안 8년(1236)에 우원于

元・야율초재의 주재로 겨우 1만 정의 지폐를 발행하는 데 그쳤기 때문에, 자연히 각지의 지방관들이 비공식으로 지폐를 발행하고 있었다. 그런데 이들 통화는 모두 짧은 유효기간과 좁은 유통범위로 인해 불편했다. 게다가 이들 지폐의 발행에는 준비금을 갖지 않은 군표軍票 모조품이 동반되는 폐해를 피할 수 없었다. 한지에서의 통일정치가 결실을 거두기 위해서는 그러한 현상을 방치해 두어서는 안 되었다. 따라서 중통정부의 경제정책은 통화의 통일로부터 시작되었다.

중통초의 발행과 동시에 정부는 그때까지 국지적인 지방지폐를 발행하고 있던 여러 관청에게 책임을 물어 완전한 회수를 명함과 동시에 이후는 일체 이런 종류의 사업을 금지한다고 선언했다. 이렇듯 정부가 발행권을 장악함으로써 중통초는 유일한 법정통화가 될 수 있었다.

물론 지폐를 유일한 통화로 삼는 풍조는 금조 말기 이후의 대세였지만, 실은 동전 부족으로 실시한 부득이한 조치였다. 동전의 발행은 국가로서도 상당히 큰 사업으로, 특히 동의 확보가 절대 조건이 되기 때문에 중국 북부왕조에게는 그 실행이 무리였다. 남송과의 사이에 일방적인 (적자)무역으로 고민했던 금조가 좋은 예로, 거의 남방으로 유출된 동전의 보충을 오로지 지폐에만 의지하지 않으면 안 되었다.

그러나 명목가치에 지나지 않는 지폐는 필요한 조치를 게을리하면 곧 휴지나 다름없이 폭락한다. 그렇게 되면 민간에서는 실질가치를 수반한 은・비단 등을 이용해서 교환의 매개물로 삼지 않을 수 없다. 그러나 은은 영세한 가치 표시에 적합하지 않고, 비단이나 생사는 변질하기 쉽고 분할하기 어려운 결점이 있었다. 금조 멸망 후에 비단 경제와 은 경제가 한지에 보급되고, 다른 한편으로 국부적인 지방지폐가 사용되었던 것은 이러한 사정 때문이었다. 중통초의 발행으로 통화의 일원화를 도모한 대원은 동전을 어떻게 생각하고 있었을까?

원의 지폐들 오른쪽 맨끝의 중통원보교초에 1관문성(壹貫文省)이라는 글자가 뚜렷하다.

중통정부는 궁극적으로 동전 본위를 의도하고 있었다. 즉, 국가 초창기이 므로, 이러한 대사업의 착수를 보류하고, 과도적 수단으로 중통초를 행하고 자 했다. 중통초의 액면표기가 10·20……100·500문이라는 동전 단위를 사용하고 있을 뿐만 아니라(10문은 동전 10개의 대체라는 의미다) 고액지폐, 예를 들어 1관문의 경우에는 특히 유의해서 단순히 '1관문'이라 하지 않고 '1관문성貫文省'으로 표기하고 있는 점에서 이러한 의지를 충분히 짐작할 수 있다.

왜냐하면 당말 이후의 중국에서는 성맥省陌이라 해서, 동전 100문 미만을 가지고 100문으로 사용하는 관행이 거의 확립되었고, 실제로 금국에서도 송을 모방해서 동전 77개를 100문으로 셈하는 제도가 실시되고 있었다. 때문에, 대원이 동전 본위를 채택하려고 하면 당연히 이것을 적용해야 한다고 생각된다. 중통초의 표기를 일부러 '1관문성'으로 하고 있는 것이 그러한 의도를 잘 드러내고 있다. 다시 말해 '1관문성'이라 표기해 놓으면 정부가 1관문의 지폐를 회수하는 데 드는 비용은 동전 770개지만, 그렇지 않고 단순히 '1관문'으로 표기한다면 눈뜨고 동전 1천 개 이상을 주게 될 터이므로, 거대한 손실을 예방하기 위해 '1관문성'으로 표기한 것이다.

그렇다면 중통초 발행 초기에 원이 품은 동전 본위제라는 이러한 구상은 과연 실현되었을까?

지폐의 성공과 동전 본위제의 포기

통화의 부족·불안·불비不備로 오랫동안 곤혹스러워했던 한지에서는 중통초의 발행을 단비처럼 환영했다. 이는 각종 지방지폐가 회수되어 통화의 진공 상태가 생긴 가운데 한지 전역에 통용되는 편리하고 새로운 지폐라는 이유 때문만은 아니었다. 정부는 '중통초 2관문은 은 1량에 해당한다'는 공정 비율을 정하고, 관고官庫를 통해 금은과 바꿀 수 있는 자유를 보증했다. 또한 염과를 비롯한 과리는 물론이고, 은납을 원칙으로 한 포은세包銀稅까지도 모두 이 새로운 지폐로 납입할 수 있다는, 극히 권장적인 조치를 강구한 중통정부의 대책이 무엇과도 바꿀 수 없는 강한 신용을 부여했기 때문이다.

이렇게 해서 중통초는 물 흐르듯이 통행되며 강한 흡착력을 보였던 것 같다. 처음에 중통초는 일반에서는 귀한 나머지 액면 이상의 가치를 보였다고 하는데, 이러한 사실은 당시 수급관계의 일면을 반영하는 것임에 틀림없다.

중통초의 발행은 성립 초기에 있던 대원의 위신이 걸린 시금석이었던 만큼, 십로선무사十路宣撫司를 통해 발표된 중통 2년(1261) 정월 계유癸酉일의 성유문省諭文 속에서도 주도면밀한 사전배려의 흔적이 여러 가지 나타나 있다. 뿐만 아니라 새로운 통화 발행 후에도 중서성에서는 화폐가 정체되는 것을 염려해서 매일 이로움과 해로움을 강구하며 노력했다고 한다. 따라서

차가다이 칸국의 은화   파스파문 동전

중통초가 금은보다도 귀중하다는 유통계의 평가를 접한 중통정부는 사전의 배려가 기우였음을 기뻐함과 동시에 커다란 자신감을 얻었을 것이다. 이 자신감이 머지않아 동전 본위제로의 기획을 포기하게 만든다.

동전 본위의 매력은 실질가치에 뒷받침된 화폐가치의 안정에 있다. 지폐는 아무래도 남발되는 경향이 있고 그에 따라 경제의 불안정을 내포할 위험이 항상 있기 때문에 대원도 궁극적으로는 동전 본위를 지향했다. 그렇지만 그 실현을 위해서는 막대한 경비를 국고에서 부담해야 한다는 각오를 필요로 했다. 당조의 경우이긴 하지만, 동전 1문을 발행하기 위해서는 실제는 2문의 경비가 필요했다. 그렇다고 하면 중통 초기의 대원에서는 1만 정錠의 동전은커녕 1천 정도 발행하기 어려웠을 것이다.

처음에 발행된 중통초는 7만 3천여 정=360여만 관을 헤아린다고 한다. 액면에서 보면 북송의 연간 최고 주전액에 버금가는 발행고인데, 이것도 바로 지폐였기 때문에 가능했다. 더욱이 이 지폐가 예상과 달리 호조를 유지하고 있는 이상 무엇 때문에 부담이 가중되는 동전 본위로 고집할 필요가 있을까? 이렇게 해서 대원의 통화정책은 전환되었지만 거기에는 또 하나 중요한 외적인 요인이 있었다. 그것은 중통초를 발행한 후 비로소 파악한 것인데, 초식鈔息이라고 해서 교초통화를 운용하는 사이에 생긴 막대한 자연이득이다. 이 초식의 내용은 다음의 세 항목으로 구성된다.

원대의 은원보(銀元寶)와 은정(銀錠)

① 민간에서 훼손된 교초
② 파손된 지폐를 신초新鈔로 바꿀 때, 정부가 취득하는 30%의 수수료
③ 교초를 금은으로 교체할 때 생기는 이익

위의 ①은 화재와 기타의 사고로 민간에서 상실된 교초로서 동전의 경우라면 거의 문제가 없지만, 지폐는 민간의 손실로 돌아가 그만큼 정부에게 이득이 되었다.
②도 지폐에만 생기는 현상으로 유통속도가 빠르면 빠른 만큼 지폐의 손실이 많기 때문에 신초와의 교환이 빈번해져 그만큼 수수료 수입이 증가했다.
③은 민간에서 금·은을 자유롭게 거래하는 것을 금하고, 단지 관고官庫에서만 허락한다는 법령 하에, 금·은과 교초의 태환권한을 정부가 쥐고 태환에 따르는 일정한 이익을 독점할 수 있었다.

이러한 초식은 생각지도 못한 거액이었다. 그리고 교초 발행 다음 해, 즉 중통 2년 2월, 중서성의 관리는 일찍이 다음과 같은 전망을 세울 수 있었다.

> 교초를 인쇄해 100만 정錠에 도달한다면, 예상되는 초식은 전국에서 징수되는 포은초包銀鈔의 전액인 6만 정을 면제하고도 남음이 있을 것이다.
> (왕운王惲, 『중당사기中堂事記』)

이러한 경위를 거쳐 대원은 마침내 교초 본위의 통화정책으로 전환했다. 아마도 지원 초기에 이미 이 방침이 확립되어 있었던 것이라고 생각된다. 보다 명확한 움직임은 지원 12년(1275), 남송 영토 일부분을 획득하면서 이루어졌다. 대원은 송조에서 발행한 지폐[會子]를 중통초로 교환시킴과 동시에—회자 50관을 중통초 1관으로 환산—송조의 동전 유통을 금지하고 동시에 정부에서 회수한다는 조치를 취했다.

교초의 유통과 정체

중통초의 발행액은 중통 원년(1260)에서 지원 10년(1273)에 이르는 14년 동안 연간 수만 정에 머물러 있었다. 총계로 100만 정을 돌파하긴 했으나, 크게 볼 때 증가량이 많지 않았기 때문에 아직 정체 현상은 생기지 않았다. 그런데, 지원 11년(1273)부터 남송 영토의 일부가 접수되기 시작했기 때문에 여기에 대응해서 20만·30만 정으로 증가했고, 남송 병합을 계기로 해서 일약 140만 정으로 급증했다. 남송의 판도·인구·경제력을 고려하면 이 정도의 증액은 오히려 당연할 것이지만, 문제는 그 후에도 여전히 100만 정 정도를 매년 발행했다는 점이다. 남발의 폐해가 생기는 것은 당연한 현상이다. 지원 11년부터 23년까지의 13년 동안에 1,350만

정이 누적되어 마침내 지폐가치 하락의 대책을 강구하게 되었다.

대원의 계획은 새 지폐를 중통초와 바꾸는 방법이었다. 지원 24년에 발행된 지원초至元鈔는 이러한 사명을 띠고 등장한 새로운 지폐다. 즉 5분의 1까지 저하한 중통초의 실질을 인정한 위에 그 5배의 가치를 지원초에 부여하고-발족 당시의 중통초와 같은 가치-다시 한번 원점으로 돌아간 형태에서 재출발하고자 했다.

다만 누적된 1,000만 정을 넘는 중통초를 그대로 통용했기 때문에 원점으로 되돌아간 재출발이라고 해도, 이 지원초의 경우는 중통초의 경우처럼 0에서 출발한 것은 아니었다. 환산해 보면 지원초 200만 정이 이미 발행되어 있는 상태에서의 재출발이다. 이렇게 살펴보면, 이 계획의 앞날도 결코 낙관할 수만은 없었다.

지원 24년의 화폐제도 개혁에서도 가치가 떨어진 중통초를 회수해 재출발하는 것보다 더 나은 방책은 없었지만 그것은 불가능했다. 그렇다고 해서 중통초에 지불유예를 선언하거나 혹은 실상을 무시한 법정가격을 강요하는 강경조치를 취해서는 유통계를 혼란시킬 뿐만 아니라, 교초 그 자체의 신용을 떨어뜨리는 것임에 틀림없다. 정부가 하락한 중통초의 현실을 솔직하게 공인하고 그 온존을 허용하면서 이에 대처한 것은 시기적절했고, 사태는 일단 평온하게 수습되었다. 정부는 염가鹽價(40근 단위)를 그때까지의 중통초 9관에서 50관으로 인상하는 것 이외에, 차과茶課나 상세 같은 현금 수입 항목도 증액을 명하는 한편, 백관의 봉급을 지원초로 지급하도록 바꾸어 지원초 본위의 태세를 갖추어서 재출발했다.

지원초의 발행액이 만약 이후에 적절하게 억제되었다면 아마도 이 화폐개혁은 당연한 효과를 올렸을 것이다. 물론 지원 24년(1287) 이후에는 방만하게 매년 100만 정 정도로 발행한 것을 반성하여, 상당 기간 동안 50만 정 전후로 발행액을 억눌렀다. 그러나 해를 거듭할수록 그것들도 누적되었기 때문에 지원초 역시 서서히 하락의 길을 걸을 수밖에 없었다. 그래서 염가鹽價를 바로미터barometer로 하여 화폐 가치의 변동을 측정할 수 있다면, 화폐개혁으로부터 40여 년이 지난 문종 톡 테무르 천력 2년경의 지원초는 본래의 약 3분의 1로 감가되고 있음을 추정할 수 있다. 이것은 중통초가 30년 만에 5분의 1로 저하한 것에 비하면 다소나마 호전되고 있다고 말할 수 있다.[7]

천력 연간 다음인 대원의 마지막 황제인 순제 통치 30년의 기간은 유감스럽게도 기록이 빠져 있어 상세하게 알 수 없다. 그러나 아마도 같은 곡선으로 하락을 계속한 것이라 상상된다. 그렇다면 순제 중기까지 지원초는 불완전하면서도 통화로서의 기능을 아직 유지하고 있었을 것이다. 그리고 원말의 동란이 하남에서 강남으로 전파된 순제 중기 이후에는 단지 화폐뿐만 아니라 원의 제도 일반이 경직되고 와해된다. 다만 이미 쇠락 상태에 있던 화폐제도가 먼저 파멸하는 것은 피할 수 없었다. 이렇게 해서 재정의 붕괴가 대원 멸망의 치명상이 되었다.

3. 전국 경제권의 부활과 그 실태

소생하는 대운하와 해운의 발달

12세기 초에 시작된 금과 남송의 대립을 통해 근 1세기 반 동안 중단되었던 전국 경제권이 대원의 남송 병합과 함께 부활했다. 전국 각지에서 중앙으로 상공되는 거액의 정세正稅와 과리課利는 정부 비용으로 지출되는 것이 보통인데, 이때 특히 과리로 징수되었던 현금이 새로운 구매력으로서 민간에 널리 유통된 결과, 여기서 전국 경제권의 유기적인 활동이 고무되었

---

7) 역주_ 이개석, 「元朝中期 財政改革과 그 意義」, 『慶北史學』 19, 慶北史學會, 1996.

다. 압도적인 경제력을 가진 강남, 그리고 경사京師를 옹호하는 복리=기내와의 사이에서 일어난 순환경제의 활동을 통해 그 전형을 살펴볼 수 있다.

지방에서 중앙으로 상달되는 공과公課 가운데 중량이 가장 큰 물자는 곡물인데, 이것은 뒤에 해상 수송에 의해서만 300만 석을 돌파하는 최고 기록을 세우고 있다. 이 점에서 추측해 볼 때, 바다로 운송하기 이전에도 거의 여기에 가까운 수량이 육로 및 수로에 의해 강남에서 보내졌을 것이다. 이 곡물은 주로 경사 백관의 봉미, 군대의 급여, 궁중의 소비용으로 전부 사용되었다.

상달되는 공과의 경우도 마찬가지다. 과리로 징수된 현금은 제실이나 정부의 직접적인 물자 매입에 충당되고, 제왕諸王이나 공신에 대한 사여나 관리의 급료로도 지출되었다. 그러나 결국은 각각의 구매력이 되었다. 왜냐하면 그것은 일단 중앙에 납입되었다가 구매를 위해 다시 지방으로 환원되고, 다시 지방 물자가 경사에 흡수되기 때문이다. 더욱이 이 구매력은 사용자의 성격으로 보아 사치스러울 수밖에 없었다. 고급품은 반드시 강남산이라고 한정할 수 없지만 강남이 주산지인 것 또한 부인할 수 없는 사실이다.

이러한 배경 아래서 경사와 강남 사이에 순환하는 경제관계가 맺어지게 되었다. 전술한 일방적인 곡물의 이동과 함께 강남의 물자는 끊임없이 복리를 향해 반출되었다. 대운하가 기능을 발휘하기에 충분한 조건은 이를 통해 갖추어졌다고 말할 수 있다.

장강長江 수로와 대운하는 모두 중국을 종횡으로 연락하는 교통 운수의 대동맥이다. 수나라가 만든 대운하는 장강의 천연 수로를 충분히 살려서 그 효과를 거두었다. 당과 송의 수도가 된 장안·낙양·변량은 멀리 강남으로부터 이동해 온 곡물과 물자로 번영했는데, 그 원인 중의 하나가 운하의

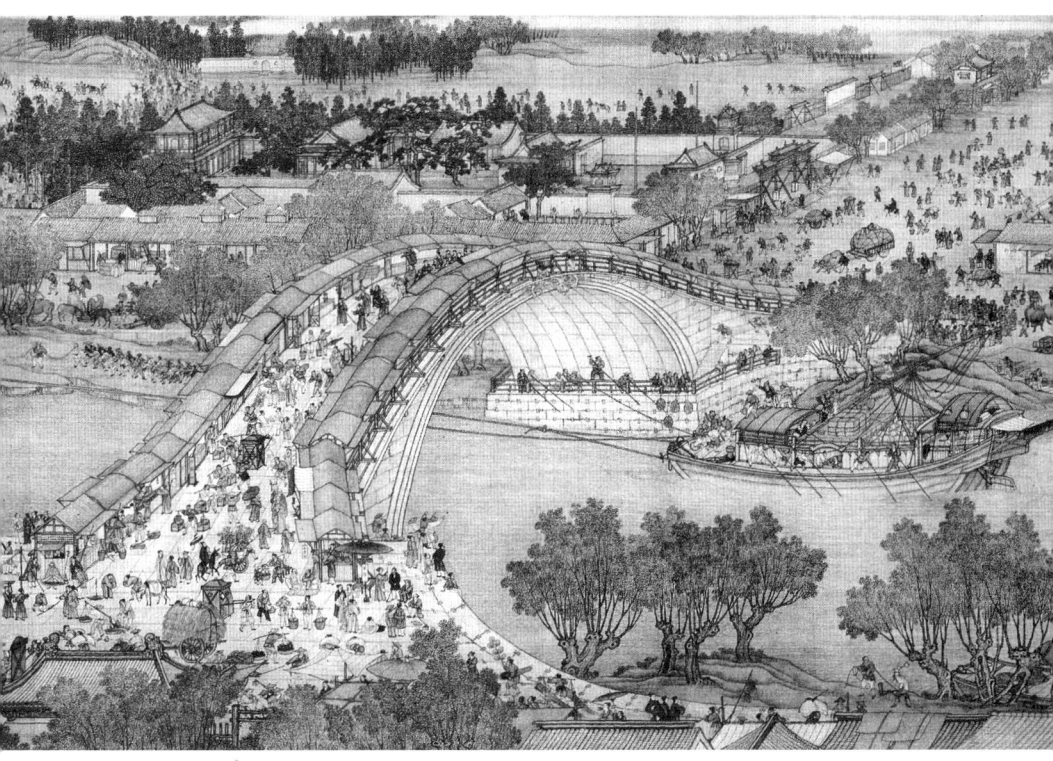

운하로 번영하는 도시   장택단(張擇端)의 『청명상하도(淸明上河圖)』 중

덕택이었다. 다만 이 수로의 효용성은 중국이 통일되어야 비로소 발휘되는 것이기 때문에, 금·송 대립시대에는 전대의 눈부신 의의는 완전히 자취를 감추었다. 그리고 대원의 남송 병합은 이러한 이유에서 대운하를 다시 부상시켰다.

당·송의 수도는 모두 황하 중류 유역에 위치했기에 양주揚州에서 북상한 운하는 회안淮安에서 회수淮水와 교차해 서북으로 바뀐다. 이에 비해 대원의 대도大都는 멀리 북방에 있었기 때문에 종래의 운하로는 도움이 되지 않았다. 즉, 이제는 회안에서 곧장 북상하도록 수로를 뚫는 일이 급선무가

제5장 대원의 경제정책과 경제사정   191

되었다. 대원은 남송을 평정한 지원 13년(1276)에 우선 사하泗河를 이용한 제주운하濟州運河(회안淮安-동아東阿)를 열고, 대청하大淸河의 하류와 일부 바닷길을 병용해서 대운하를 수도로 연결시키는 데 성공했다. 이어서 26년에는 산동성의 동아東阿에서 임청臨淸을 통하는 회통하會通河를 개통하고 이를 위하衛河에서 백하白河로 연결해 대도大都의 동쪽 20킬로미터 지점의 통주通州까지 수로로 연결했다. 다시 29년에는 통주와 대도를 연결하는 통혜하通惠河를 굴착해 오늘날 대운하의 모습을 갖춘 수로를 완성했다. 강남 평정과 동시에 착공되었던 대공사를 통해 볼 때, 대원이 얼마나 강한 의욕을 가지고 강남의 풍부한 물자를 강구했는지 알 수 있다.

대운하를 북방으로 연결하는 데 성공했음에도 대원은 곡물의 경사 조운을 지원 20년부터 해운으로 바꾼다. 해로는 장강 입구, 상해에서 가까운 강소성 대창현大倉縣의 유가항劉家港에서 바다를 이용해 산동반도의 튀어나온 끝을 돌아 발해만 백하白河 하구의 직고直沽(천진시)에 도달하게 된다. 이것은 운하의 북부가 겨울이 되면 얼기 때문에 동절기 운행이 불가능했기 때문이다. 해상 수송의 진보에 의해 곡물의 해운량은 100만 석을 넘었고, 중·말기에는 300만 석을 돌파함으로써 조운의 사명은 충분히 달성했다. 이것과 관련해 중요한 것은 운하의 모든 수송력이 곡물 이외의 물자에도 개방되었던 점이다. 대원의 수도 및 수도권과 강남의 경제적 결합은 당연히 그만큼 긴밀화되었음에 틀림없다.

강남 물자의 활발한 움직임

경사에 집중한 과리가 황실과 정부의 손을 거쳐 각종 지출로 전용되자, 그에 따르는 물자의 이동은 상인의 매입이라는 형태를 취했다. 과리의 액이 거대한 만큼 그것은 당시의 상업 추세를 좌우할 정도였다. 그러므로

[표 7] 한지와 강남 3성의 상세액

강남	한지
절강행성 269,027정	복리 271,829정 (대도 103,006정)
강서행성 62,512정	하남행성 147,428정
호광행성 68,844정	섬서행성 45,579정
계 400,383정	계 464,836정

상업의 추세를 재는 잣대의 하나는 상세다. 대원에서는 문종 천력 연간의 상세 총액이 지원 7년(1270)과 비교해 100배 이상 증가했다고 한다. 교초의 하락, 즉 물가의 상승이 양자 간에 약 십수 배인 점을 고려하면, 이 상세 총액의 실질적인 신장은 6배 정도 되는 셈이다. 단지 지원 7년은 아직 남송과 대립하고 있는 시점이기 때문에, 지원·천력 사이에 인정되는 이러한 상세의 6배 증가는 강남 병합에 의한 변화를 의미할 것이다. 한지 통치시대와 강남 병합 후의 상세액이 1대 6이라는 것은 강남 그 자체 내부 상거래의 왕성함을 나타냄은 물론이거니와, 동시에 경사와 상당한 거래가 이루어졌음을 묵인할 수 없다.

표의 숫자는 복리·두 개의 행성으로 이루어진 한지와 강남 3성의 상세액(천력 연간의 통계)을 대비한 것인데, 언뜻 보아 기이한 것은 전자의 총액이 후자를 능가하고 있는 사실이다. 강남 합병 이후 상세는 6배로 급증했으므로 일단 그 비율을 이 표에 적용하면 한지 자체의 상세는 겨우 15만 정 전후다. 따라서 남는 30만 정 가량은 대부분이 강남 물자의 반입에 의해 생긴 것이라고 하지 않을 수 없다.

대운하를 통해 북상하는 강남의 물자가 운하에 인접한 하남행성과 복리 등에 있는 도시에 약간 판매되기는 했으나, 궁극적으로는 그 대부분이 대도로 들어갔기 때문에, 그것이 대도선과제거사大都宣課提擧司가 징수한 상세 10만여 정의 실체를 이루었음에 틀림없다. 상세는 상품가격의 30분의 1을 징수했기 때문에, 대도의 상세 10만 정을 만약 반입 물자만으로 징수한 것이라고 가정하면, 300만 정 가격의 상품이 연간 반입 매각되었다는 것이다. 어느 쪽이든 간에 강남 물자의 활발한 움직임은 부정할 수 없다.

경사에 집중된 방대한 공사公私의 구매력은 전적으로 사치품·고급용품을 지향하고 있었다. 그렇다면 경사는 강남 특산물의 소비지로서 항구적인 시장을 이루었을 것이다. 강남 특산의 고급제품이라면, 강절행성에서는 복건의 면포綿布·사紗(건주建州)·사탕砂糖(복주福州)·납차臘茶(건주), 절강의 면포(송강松江)·능릉綾(소주蘇州·호주湖州)·사탕(명주明州)·차(호주)·술(소흥紹興)·종이(휘주徽州)·동기銅器(호주)·칠기(온주溫州·호주)·자기(처주處州), 강서행성에서는 차·자기(요주饒州) 등이 주류를 이룬다.8)

이들 특수산업은 송대 이후 점차 농촌의 부업에서 벗어나 기술의 향상과 진전된 분업을 수반하며 일부는 이미 가내공업의 영역으로 들어가고 있었다. 다만, 제2차 남북조로 분열한 남송 때는 통일 중국시대와 비교해 규모가 반감되었기 때문에 산업계도 그 영향을 벗어나지 못했을 것이다. 그러나 1세기 반 만에 대원에 의한 남북통일이 재현되자 전국 경제권 속에서 북송시대의 활기를 되찾기 시작했음은 당연하다.

대도 남문의 번화로움

대도의 남문, 여정문麗正門 밖, 사통팔달의 큰 길은 이곳에 모이고, 운하의 선박들도 이곳을 기점으로 삼는다. 수륙 양로의 요충, 천하의 여행객들이 모여드는 곳, 자연히 이 성 남쪽의 땅은 최상의 상업지. 사방의 물자가 끊임없이 집산되는 동안 지금 막 강남에서 온 상선이 도착한다. 과연 강남 소주蘇州에서 온 상선인 만큼 가져온 물건은 모두 천하에 이름난 오릉吳綾 한 세트.

오릉이 아무리 비싸다 하더라도 경사의 사치스러운 취미 앞에는 눈 깜짝할 사이에 팔려 버린다. 수중에 오릉을 한 필도 남기지 않고 처분한

---

8) 복건의 泉州를 대표로 하는 남해의 무역항으로 수입되는 동남아시아 및 서아시아산 향료·주옥·약품·목화 등은 경사를 최상의 시장으로 하는 사치품의 극치인데, 이것들은 강남의 공예·산업과 관계없기 때문에 여기서는 논외로 한다.

선주는 즉시 이번에는 가져다 팔 상품을 사들이기 시작한다. 북부의 특산인 펠트 제품을 많이 사서, 남으로 돌아간다면 또 한번 돈벌이가 되는 신나는 계산.

흥정이 모두 이렇게 해서 결말이 나는데, 그런데 남은 일은 또 한 가지 있다. 이번에는 멀리서 데려온 소주의 가희家姬를 가마에 태워 성내를 향해 데려간다. 처음부터 끝까지 잘 치러진 흥정을 기꺼이 축하하는 향연에 데리고 가는 것일까? 아니 그렇지는 않은 것 같다. 연석에 데려가고자 했다면 도성 내에는 이미 천하의 이름난 기생들이 구름처럼 모여 있을 것. 그렇다면 왜 일부러 가희 따위를 데려가는 것일까?

밀청화개권(密靑花蓋罐)　원대 경덕진요

사실을 말하자면 다른 이유가 아니라, 이번에 도성에서 인기 있던 가무음악을 배우게 하여, 적어도 유행하는 곡조 하나 정도라도 몸에 익혀서 고향에 보내는 선물로 삼고자 하는 속셈이리라.

이것은 대도 남문 밖의 상업지역에서 볼 수 있는 강남상인의 모습을 대원 중기의 왕기王沂가 노래한 것인데, 당시 강남상인의 부와 거래의 번성함을 각양각색으로 전하는 한 예다. 이 소주산의 능견綾絹과 마찬가지로 건주의 납차, 소흥의 술, 그 위에 호주의 동거울이나 온주의 칠기

등도 수도의 시장을 향해 속속 대운하로 북상했다.

1966년부터 1970년까지 4년에 걸쳐 북경 서남쪽의 양향진良鄕鎭과 북경 성내에서 발굴된 원대의 주거 흔적이나 움막에서는 경덕진요의 청화자기9) 등이 발견되었다. 청화자기는 당시 강남의 귀중한 상품이었기 때문에 높은 훼손율에도 불구하고 멀리 강서성에서 천 몇백 킬로미터를 거쳐 운반되어 왔다. 현물로서는 사소한 건수에 지나지 않지만 이들 유물 속에서 이러한 사정들이 응결되고 있음을 살펴야 한다.

장강 델타의 부유함

송의 해선문동경(海船紋銅鏡)

강남 3행성 중에서 강절행성은 토지가 가장 협소함에도 경제력은 다른 곳과 비교해 두드러진 곳이다. 이것은 앞의 표에서 충분히 엿볼 수 있다. 긴 해안선, 장강 델타의 비옥한 평야, 해양성 기후 등의 천혜의 자연조건에 기인한 것으로, 강남의 귀중한 산물이 이곳에 집중되고 있는 것도 이러한 이유에서다. 따라서 기내=복리라는 하나의 큰 소비지와 강남이라는 최대 생산지를 연결하는 경제관계는 경사와 강절행성의 관계로 요약될 수 있다.

---

9) 코발트로 봉황문과 연화·벚꽃·해당화의 연속문양을 그려 붙여 염색한 봉황 머리를 가진 넓은 병, 주발을 말한다.

정부의 과리 수입을 재원으로 해서 일어난 경사의 구매력에 의해, 강남의 특산물·고급제품이 북상하면, 그 대가로 교초가 강남에 유입된다. 이 교초는 강남상인의 매입자금으로 전용되어서 생산자에게 배분되고 다시 과리로 중앙에 집중된다. 이러한 경제순환이 중단되지 않는 한 강남의 산업은 계속 가동되고 교초는 더욱 보급되어 확대될 것이다. 지원 25년 (1288) 5월에 강남 행어사대行御史臺에서 중서성으로 보낸 아래의 보고는 이 시기의 사정을 살피는 단서가 될 것이다.

> 강남 각지에 산재하는 신부新付의 사원 승려들은 종전부터 불당과 탑 건립 자금 명목으로 복권을 발행해 왔다. 그 방법은 먼저 경품 수십 건을 갖고 수천 매에 달하는 복권표[富札]를 만들어, 지방 유력자들에게 발매를 의뢰해 판매 협력을 요구한다. 드디어 정해진 날이 되면, 멀리 또는 인근에서 수천 명의 사람이 운집하게 된다. …… 이러한 종류의 사업은 지금까지도 도시 성내의 사원에 한해서 행해졌는데, 요즘은 이 폐풍弊風이 도시 밖에도 파급되어 산촌벽지의 승려들도 빈번히 이를 모방하게 되었다. (『통제조격通制條格』)

건강(남경)에 설치된 강남 행어사대는 절동·절서·강동·강서·호북·호남 등의 8도, 다시 말해 현재의 절강·강서·호남 3성과 강소성 남부를 포괄하는 광범위한 관구를 감찰하는 기관이다. 때문에, 이 보고가 어느 지역의 사정인지 분명하지 않지만, 아마도 가장 부유한 강절행성에 관한 것이라고 해도 틀리지 않을 것이다. 그렇다면 장강 델타의 선진지역에서는 지원 25년 당시, 교초가 실로 이 정도까지 농촌의 구석구석에 보급되고 있었음을 알 수 있다.

강남의 물자를 기내로 운반하기 위한 간선 수송로가 대운하인데, 이 대운하는 하남행성의 동쪽 변두리를 종단해서 북상한다. 다시 말해 하남행

[표 8] 강남 3행성의 세액

	강절행성	강서행성	호광행성
호 구	600만 호	225만 호	240만 호
추 세	450만 석	115만 석	85만 석
염 과	9,500만 관	759만 관	750만 관
주 과	1,000만 관	300만 관	300만 관
상 세	1,350만 관	300만 관	530만 관

성은 기내와 강남 사이에 있는 지역이다. 강남은 그 자체의 독특한 산업성과를 기내에 공급함으로써 번영하고, 경사는 이 공급에 의지해서 거대한 수요를 충족시킴으로써 번영했다. 때문에, 인접해 있던 하남행성도 그에 준해 번영을 누려도 조금도 이상할 리가 없는데 사실은 결코 그렇지 않았다. 오히려 대조적으로 빈약함을 보이고 있었다.

쓸쓸한 하남

하남행성의 쇠락이 하루아침에 일어난 일은 아니다. 금국을 멸망시킨 몽골은 금국의 유민을 모두 하북으로 이주시켰다. 몽골이 한지에 시행한 제2차 호구조사에 따라 등록시킨 을미년(1235)의 호적 100여만 호는 실은 이들 이주민을 말한다. 몽골의 금국 병합을 "인호人戶를 거두고 토지를 돌보지 않는다"고 평가하는 것이 까닭 없는 말이 아니다. 따라서 그로부터 30년이 지난 지원 초에도 금국의 옛 땅의 인구는 불과 20만 호에 지나지 않아 "대하大河 남쪽은 스산하고 인가人家가 끊겼다"라는 상태가 계속되고 있었다.

대원의 하남행성은 금국의 옛 땅에다가 남송령인 강북·회남의 주현을 더해서 편성되었는데, 남송령 또한 송·금 대립과 교전으로 황폐해졌기에 전반적으로 두드러진 호수 증가는 바랄 수 없었다. 겨우 운하를 따라 다소나마 인구가 약간 있었지만, 총수는 겨우 90만 호에 지나지 않았다. 현재의 하남·호북 전역과 안휘·강소의 절반을 포괄하고 있는 하남행성의

[표 9] 군·민둔전의 토지경영 분포

군 둔 전	민 둔 전
淮安府洪澤 壽州芍陂 德 安 府 孟　　州 徐　　州	南陽府鄧·唐·申·裕州 德安府 養陽路 汝寧府汝陽·遂平·上蔡縣 許州臨潁·郾城·養城縣 陳州須城·商水縣 揚州路

면적은 강절행성의 2배를 넘으면서, 호수는 1할 5분에 지나지 않는다. 하남행성이 이처럼 빈약한 것은 그 내부에 엄청난 황전荒田을 가지고 있었기 때문이라 생각된다. 황전은 미개간된 땅을 의미하지는 않는다. 예전에는 소유자에 의해서 경작되고 있었지만 전란 등에 의해 소유자가 사망 혹은 도망해서 주인 없는 땅이 된 채로 정부에 몰수된 땅이다. 관 소유의 황지가 남아돌고 있었기 때문에, 하남행성에는 군둔전과 민둔전이라는 관영의 토지경영이 유례없이 큰 규모로 행해졌고([표 9] 참조), 1호당 4경(약 22헥타르)까지는 조세 면제의 특전을 받았던 한군漢軍 병사의 가족집락[奧魯]이 배치될 여유가 있었다.

이러한 특수 사정을 고려하면, 하남행성의 세량 총액이 260만 석이라는 것은 너무 많다. 왜냐하면 이것은 강북에 비해 두 배의 세율이며, 호수 225만을 거느린 강서행성의 추세 총액이 하남행성의 반액 이하에 해당하는 115만 석에 지나지 않기 때문이다([표 9] 참조). 불합리하게 보이는 이 사태는 하남행성 농민의 대부분이 관전을 경작하는 전호(소작인)였다고 추측하지 않는 한 설명하기 어렵다. 관전호가 정부에 납입하는 조세는 자작농의 수배에 달하는 많은 액수였다. 앞서 본 민둔전의 종사자와 합쳐서 이 높은 조세 부담호에 의해 비로소 하남행성의 이상스러운 전부田賦 총액이 조달되고 있었다면 하남행성이란 확실히 빈약한 지역이었던 것이다.

정치권력에 의해 지탱되며 왕성한 구매력을 가진 하나의 큰 소비지로서 번영한 기내(복리)와, 산업개발과 풍요한 물자를 배경으로 번성한 강남 사이에 빈약한 하남행성이 끼여 있었다. 이 같은 불균형은 통일국가인 대원이 중대한 결함을 가지고 있음을 보여준다. 하남행성에 한정해서 보아도, 경제적 독립성이 미약한 다수의 관전호를 거느린다는 것은 사회적 불안정이 항상 내포되고 있었음을 의미한다. 이 사정은 원말의 동란에서 하남행성이 가장 먼저 무대가 되었던 점에서 유감없이 드러난다.10)

---

10) **역주_** 최윤정, 「元代 救荒制度의 運營方式과 그 實態－災傷申覆制度와 救濟行政을 중심으로－」, 『중국사연구』 33, 중국사학회, 2004.

제6장
대원의 사회와 문화

1. 종족별 신분 규정

몽골인·색목인·한인·남인

대원 치하의 주민은 크게 몽골인·색목인色目人·한인漢人·남인南人의 네 종류로 구분되어 있었다. 원래 정복왕조는 다민족 국가를 원칙으로 하기 때문에 이러한 병존이 이상하다고 할 수는 없다. 특히 대원은 몽골 세계제국의 분신이기 때문에 그러한 색채가 짙은 것이 당연하다. 다수의 서역인[1]이 그

철제 화로와 철판   원대

---

[1] 물론 서역인이란 본국과 대원 사이를 내왕하는 사람들이 아니라 대원 지배 하의 거주자를 가리킨다.

유리홍옥호춘병(釉里紅玉壺春瓶)　원대

속에 포함되어 있는 점이 독특한 특징이 될 수 있다. 대원에서는 이들 서역인을 일괄해서 색목인이라 부른다. 이것은 여러 색목인의 약칭으로, 서방 계통에 해당하는 다양한 사람들이라는 의미다. 옹구트·티베트·탕구트·나이만·위구르·칼룩크·이란·인도·아랍·러시아·유대인 등과, 때로는 유럽인을 프랑크[弗林]라 총칭해서 여기에 더한다. 반면 한인은 거란인·여진인·고려인과 화북의 중국인을 일괄하는 칭호로서, 금조 치하에 있던 주민을 가리킨다. 남인이란 지원 10년 전후부터 원에 편입되기 시작한 남송의 유민을 말한다.

이들 네 종류로 총괄된 종족들은 각각 고유의 언어·풍속·관습·역사·문화 등의 차이로 다른 종족과 식별되는 존재였다. 특히 원은 지배하에 있던 종족들의 풍속을 원칙적으로 인정했기 때문에 그들이 개별적으로 특수사회를 유지했던 것은 상상하기 어렵지 않다.

그렇지만 대원에서 몽골인·색목인·한인·남인들이 단순히 동등하게 그들만의 풍속의 자유를 허용받았다고 해서 서로 균등한 지위를 인정받았던 것은 아니었다. 보통 서방인이라고 해도 그들 사이에는 여러 가지 차이가 있었다. 그럼에도 불구하고 왜 그들이 색목인으로서 일괄되었는가를 살핀다면 그 이유에 대한 약간의 해명이 가능하다. 나아가서 이는 한인과 남인이 같은 중국인이면서 왜 별개로 구분되었는가 하는 이유를 찾는 것과도 연관된다.

한문화인에 대한 대항—색목인의 중용

색목인 인형

금나라 지배 하에서 중국화한 거란인·여진인 등은 한지의 토착민과 함께 일률적으로 광의의 한인漢人으로 불렸다. 반면 다양한 색목인들은 중국문화에 융화되지 않았다는 공통성 때문에 일괄해 색목인이라 했다. 그들은 몽골에 준하는 존재로서 한인과 남인의 상위에 있었는데, 이것은 그들이 중국문화권 밖의 사람이라는 성격에 의한 것이었다. 대원은 이러한 조치를 통해 한문화인에 대한 강렬한 대항의식을 공공연히 표명하고 있다.

말할 것도 없이 이 대항의식은 몽골인보다 100배나 많은 중국인을 통치하기 위한 입장에서 나온 극히 정략적인 것이었다. 쿠빌라이 카안을 섬겨 융숭한 대접을 받은 마르코 폴로(1254~1324)도 색목인의 일원이었는데, 그의 눈에도 이러한 사정이 관찰되고 있다.

원래 카안은 카타이국(키타이국)의 지배에 대해서 그 어떤 정당한 권리를 가진 자는 아니다. 따라서 그가 지배자가 된 것도 전적으로 무력에 의한

쿠빌라이가 마르코 폴로 일행을 맞아들이는 장면

것이다. 그 결과 카안은 카타이 인에게 전폭적인 신뢰를 주지 않았고, 이 땅의 통치는 줄곧 타타르 인·이슬람 교도·크리스트 교도 등등, 측근에서 일하는 충성스러운 사람들에게만 위임했다. 환언하면, 카타이와 연고가 없는 사람들에게 카타이 국의 통치를 맡긴 것이다. (마르코 폴로, 『동방견문록』)

서방 계통의 여러 종족을 일괄해서 색목인이라 한 것은 그들을 중국문화에 융화되지 않는 자신의 협력자로 양성해서 그들과 함께 중국을 통치하고자 하는 암시다.

같은 한문화인이면서 금국의 유민과 남송의 유민을 한인·남인의 두 종류로 구별하여 후자에 비해 전자를 우대했다.[2] 반면에 1,000만 호가 넘는 인구와 경제적 실력을 갖춘 강남에 대해서는 일종의 차별을 가했는데, 이는 대원이 채용한 분할통치 방식의 일면을 보여준다.[3]

---

2) **역주_** 최윤정, 「몽골제국시대의 색목인과 회회」, 『복현사림』 28, 경북사학회, 2010.

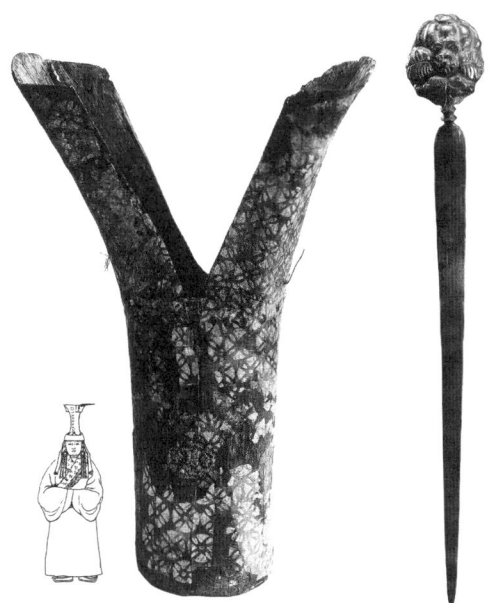

1 | 2 | 3

원대의 장신구들
1 | 고고관(姑姑冠) 몽원(蒙元)시대에 몽골인 귀족 부인 사이에 유행한 관장식
2 | 금제 모란무늬 머리꽂이(牧丹紋金簪)
3 | 골제(骨制) 허리띠 장식

본속법 - 이국인의 자치 허용

색목인이 몽골에 준하는 자, 다시 말해 지배종족의 보조자로서 우대를 받은 점은 후에 개별적인 사례로 살펴보기로 한다. 여기서는 앞서 말한 "백관의 우두머리는 몽골인으로 임용한다"는 원칙과 더불어 "만약 몽골인 가운데 사람이 없으면 색목인으로 임용한다"는 부칙을 하나의 사례로 드는 편이 보다 효과적일 것이다. 그리고 사실 색목인들은 몽골의 이 기대에 충분히 부응했다. 칭기스칸 당시부터 원대까지 여전히 유목생활을 유지했던 나이만·캉글리·아란·킵착 등의 종족 중에는 군인으로 두드러진 훈공을 세운 자가 적지 않았고, 위구르·이란 출신자들은 민정·외교·통상·외지 통치 등에서 또한 커다란 업적을 남겼다.[4]

---

3) **역주_** 김호동, 「원제국기 한 색목인 관리의 초상 : 이사 켈레메치의 생애와 활동」, 『중앙아시아연구』 11, 중앙아시아학회, 2006.

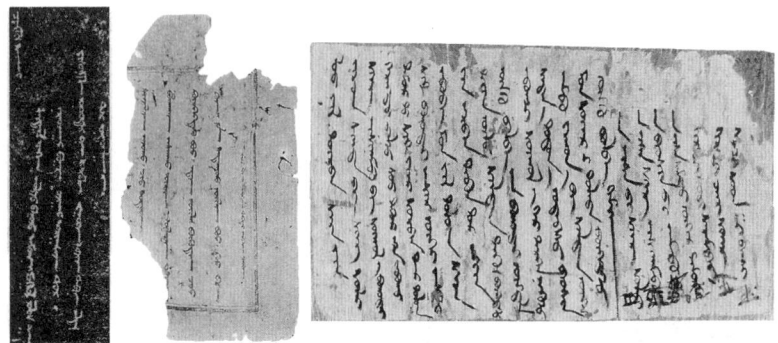

위구르 문자를 이용한 몽골어 몽골문자를 사용한 가장 오래된 자료인 칭기스칸 비석(좌)과 행정규범서로 보이는 조각(중), 소맥대차계약문서(우)

위구르 문자를 도입해 몽골을 비로소 문자 종족으로 만든 것이나, 나아가 다루가치로 임명되어 새로운 정복지를 속령으로 삼은 것도 그들이었다. 세법을 정하고, 제도를 창설할 때에도 그들의 힘을 빌린 부분이 컸다. 요컨대 제국의 경영 부분에서 그들의 공헌은 절대적이었다고 하지 않을 수 없다. 이 점은 몽골의 한지 경영에 기여한 한인세후와 적절한 대조를 보인다.

대원이 중국 지배를 위한 특별한 필요에서 일부러 중국문화권 밖의 종족을 선택해서 그들에게 준몽골의 지위를 부여하고, 나아가 그들의 관습법을 유지하도록 허락한 것은 당연하다. 한편 색목인 입장에서 본다면, 타향에서도 그들의 관습을 공공연히 유지할 수 있게 되면 동족의 연대를 강화하고 이익을 유지할 수 있는 이점이 있기 때문에 대단한 은혜로 여기고 이것을 환영했다.

중국의 역대왕조들은 중국을 방문하는 이국인을 모두 중국 황제의 덕화德化를 흠모해서 온 자라고 독단하고, 오로지 그들의 귀화만을 허용했

---

4) **역주**_ 김호동, 「몽골제국과 『大元一統志』의 편찬」, 『中央아시아硏究』 15, 중앙아시아 학회, 2010.

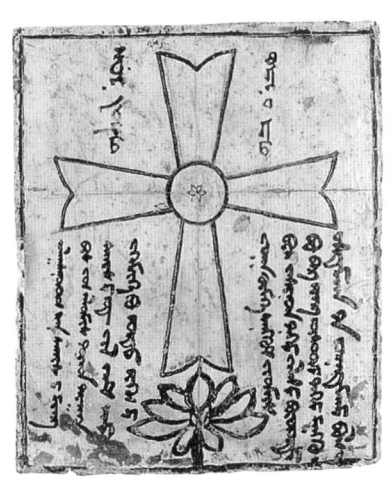 

경교신자 묘지(墓誌) 내몽골 출토   십자모양 동패(銅牌)와 청동십자가

다. 하지만 현실과 상반되는 이 독단을 그대로 관철할 수는 없기 때문에, 그들의 자유로운 내지 거주를 제한했다. 항구에 한정해서 번방蕃坊이라는 일정한 구획을 만들고, 거기에 그들을 집단 거주시켜 자치를 허락하는 것이 보통이었다. 이것과 비교하면 내지 거주의 자유와 관습법의 유지를 허락한 대원의 처우는 정말이지 대단한 은혜라고 해도 과언이 아닐 것이다.

국가는 색목인을 위해 이슬람 교도에게 카디哈的所, 크리스트교도 숭복사崇福司, 라마교도 선정원宣政院, 그 밖의 일반에게는 각각 천호소千戶所, 백호소百戶所라는 관할기관을 만들어 그들을 주현관의 관할 밖에 두었다. 그 결과로 다른 종족 간의 분쟁을 재판하기 위한 약회제도約會制度가 집행되었다. 예를 들면 어떤 현에 거주하는 한민호漢民戶 갑과 이슬람인 을이 분쟁을 일으켰다고 하자. 이 경우 양 당사자가 한민호라면 두말할 것 없이 해당 현의 장관이 판결을 내려서 해결하지만, 다른 종족 간의 분쟁이기 때문에 그렇게 할 수 없다. 즉 현윤縣尹과 카디의 담당관이 약회約會해서 각각의 관습법을 참작해 그 해결방안을 강구했다.

색목인의 한화에는 징벌

원대의 미인도 소하도(消夏圖) 부분

관습법을 허락받은 색목인은 색목인 사회라는 특수성을 전체 속에서 존속시켰다. 이 점은 마르코 폴로에게서도 유감없이 살필 수 있다. 왜냐하면 중국에서 17년이나 체재하는 동안 국내외에 카안의 사자로 파견되었고, 혹은 관리가 되어 양주揚州에서 생활했던 그의 발자취는 하북, 산동, 산서, 섬서, 사천, 운남, 귀주, 강소, 절강과 복건 등의 10성에 이르고 있다. 그런데 그는 중국어나 한자를 이해하지 못했고 또 중국 고유의 풍습 문물에도 도무지 능통하지 않았다.

즉, 외국인이라면 누구라도 당연히 호기심을 가지는 여러 사항, 예를 들면 한자의 구성, 차 마시는 습관, 전족의 풍습, 연중행사, 원대에 발흥한 잡극雜劇으로 불리는 연극 등에 대해 『동방견문록』은 전혀 언급하고 있지 않다. 반면, 그는 자신의 친구인 위구르인 '줄휘카'라는 인물5)을

---

5) 이 인물은 위구르 세족의 한 사람인 트리피카(脫烈普華)로 원대 문헌에 기록되어 있을 정도로 저명하다.

노구교 베이징 서남쪽 4km, 영정하(永定河)에 놓여 있다. 마르코 폴로의 기술로 유명해져 서양에서는 '마르코 폴로 다리'라는 이름이 붙었다.

이야기하고, 중국의 지명을 이야기하는 경우에도 종종 이란어와 투르크어를 사용한다. 예를 들면 수도를 캄발룩(터키어로 카안의 성城), 진정眞定을 악크발룩(유서 깊은 성시城市), 운남의 금치만金齒蛮을 자르단단(이란어로 황금의 이빨), 노구교蘆溝橋를 풀리상긴(이란어로 돌다리) 등으로 표기하고 있는 것이 그러한 예다. 마르코 폴로야말로 17년을 일관해서 원대 색목인 사회에서 생활하면서 아무런 불편을 느끼지 않았던 산 증인이라고 할 수 있다.6)

관습법이란 이처럼 색목인이 중국에서 그들 본래의 생활문화를 유지하기 위한 조건이었다. 그렇다면 이 관습법이 이완된다면, 대원에게 중대한 사태가 될 것이다. 무엇보다도 중국문화는 동화력이 강하기로 유명하기 때문에 시간의 경과와 함께 그 영향력이 색목인에게도 작용하지 않을 수 없다. 이 같은 동화 경향은 중국과 인접하고 역사적으로 관계가 깊은

---

6) **역주_** 마르코폴로 저, 김호동 역주, 『마르코폴로의 동방견문록』, 사계절, 2000.

탕구트나 티베트, 옹구트인에게서 시작되어 원대 중기가 되자 점점 위구르나 이란인에게도 작용하기 시작했다.

이러한 상황에 대한 대원의 자세는 강경하다. 즉 종래와 같은 관습법을 허용한다는 관대함이 사라지고, 그 유지를 명하는 조치가 취해지게 되었다. 심지어 말기가 되면, 관습법의 폐지를 엄금하고 그것을 위반하는 자에게 "색목인으로서의 대우를 정지한다"는 징벌로까지 이어지고 있다. 이것은 중국의 역대왕조에서는 볼 수 없는 정반대의 현상으로, 여기에는 중국지배를 위한 정책으로서의 관습법이 드러나 있다고 할 수 있다.

2. 문벌주의

엄격한 근각 관계

벼슬아치가 제출하는 이력서의 서식 『원전장(元典章)』 권11

몽골인·색목인·한인·남인의 네 분류는 대등한 입장에서 병렬된 단순하고도 평면적인 구분이 아니라, 각각 공적인 국가 생활과 사적인 사회 생활을 영위하는 데 불평등한 자격이 수반된다. 이 점에서 보면 일종의 신분제도로 파악할 수 있다. 그렇다고 해서 몽골·색목인이 모두 고위의 고관이었고, 한인·남인이 항상 소리小吏나 군졸이었던 것도 아니기 때문에, 이 같은 신분규정을 실제의 신분제도로 만드는 별개의 요인을 찾아내는 것이 새삼 필요하다. 이 요인에 해당하는 것이 근각根脚

관계다. 근각은 유서由緒(전해오는 까닭과 내력)라는 의미로, 구체적으로는 몽골 조정과의 세습관계를 가리킨다.

군신관계의 가깝고 먼 것에 따라 해당 왕조에서의 처우가 달라짐은 흔히 있는 일이었지만, 몽골은 정복을 통해 국가를 형성했기에 특히 군신관계를 중시했다. 자발적으로 투항한 자[好投拜戶]와 어쩔 수 없이 투항한 자[不投拜戶] 사이에 완고할 정도로 심한 차별이 존재함은 이미 언급한 바인데, 그 이유는 전자가 협력자고 후자가 예속자라는 견해가 철저히 존재하였기 때문이다. 몽골인 사이에 존재한 이 강렬한 근각 존중의 기풍은 우구데이 카안 즉위 원년(1229) 11월, 한지의 관인·민중에게 내려진 조칙 속에서도 명확히 표명되어 있다.

"하늘의 사랑을 받아서 황제라는 이름을 부여받은 대몽골국에 대해 숫자의 많고 적음을 가리지 않고 조회朝會해야 한다. …… 무릇 그대들 한지漢地의 관리 및 항복한 백성들 약간은 앞서 항복해 왔으나, 그 가운데는 충성스러운 자도 있고, 망령되게 아첨하는 자도 있다. 이제부터는 옛 연고緣故를 생각해 맡겨 신임하고, 일체 과거의 잘못을 묻지 않겠으니 그렇게 알도록 하라."

비록 불성실한 무리라도 옛 연고를 생각해 은혜를 베풀겠다는 위의 내용은 한인세후의 존재를 허용하고 그 세습권을 인정하는 바탕이 되었다.

종족적 신분규정의 초월

본질적으로 근각의 유무는 어떤 종족적 제약도 가지지 않는다. 한인이 지배계급으로 진출할 수 있는 길은 열려 있었다. "백관의 우두머리는 몽골인으로 임용한다"는 원칙이 세워져 있음에도, 중서 우승상이라는

야율주 묘지와 탁본

최고 관직이 한인 야율주耶律鑄·사천택史天澤 등에게 허락되었던 것은 좋은 예다. 야율주는 칭기스칸과 우구데이 카안 시기의 재상으로서 한지 통치의 기초를 쌓은 훈신 야율초재의 자식이고, 사천택은 발 빠른 판단으로 몽골에 투항해서 군사적으로 공을 많이 쌓은 대표적 한인세후다. 특히 사천택은 자신의 근거지인 진정眞定이 톨루이 가문의 분봉지가 된 인연으로, '한지대총독' 시대 이후의 쿠빌라이를 섬기고 그 심복으로 대우받았던 중신이었다. 사천택의 종손 사요史燿는 지원 연간에 복건행성의 장관인 평장정사로 임명되자, 스스로 한인이라는 이유로 직을 받기를 사양했다. 이때 쿠빌라이 카안의 근신近臣 중 한 명이 "행성 장관 직위는 몽골인으로 충당해야 합니다"라고 간언하자 쿠빌라이 카안은 이렇게 대답했다.

> 대위大尉(사천택)를 한인으로 보는 것은 당치도 않다. 그렇다면 그의 손자도 국인國人(몽골인)이 되는 것이 마땅하지 않은가?

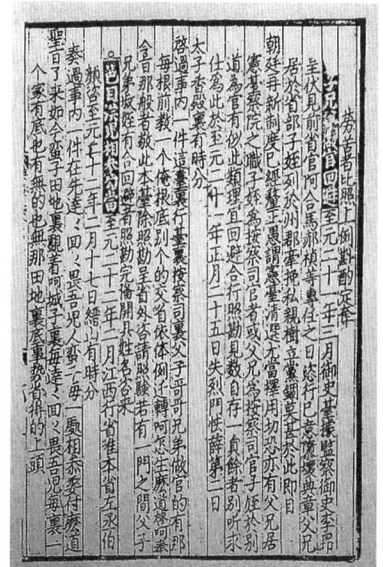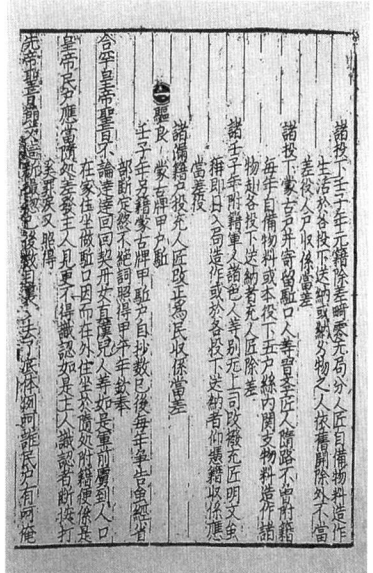

색목인 및 한인 관리에 관한 규정(좌)과 네 종류의 신분별 법률 규정(우)   『원전장』

이처럼 몽골인·색목인·한인·남인의 네 등급으로 이루어진 대원의 신분규정도 현실에서는 일정 정도 한계가 있었음을 알 수 있다. 반면에 '야율씨'와 '사씨'의 사례가 모두 극히 특수한 경우였던 것도 역시 움직일 수 없는 사실이다. 몽골 조정과의 관계로 한정할 경우, 일반적으로는 먼저 몽골인, 다음으로는 다른 종족보다 빨리 복속한 색목인에게 우선적인 혜택이 주어졌던 것은 부정할 수 없다. 한인=금국의 유민이라면 그래도 색목인에 가까운 복속의 역사가 있었기 때문에, 위에서 제시한 '야율씨'나 '사씨'와 같은 특수한 사례도 있을 수 있었다. 그렇지만 원이 성립한 후 17년 동안의 경략으로 편입된 남인의 경우는 이러한 기회가 전혀 없다고 할 정도로 폐쇄적이었다.

이 일반적 대세가 대원의 신분규정에 여전히 종족적 색채를 부여하고 있다면 몽골인·색목인·한인·남인의 네 구분은 계속해서 거의 그대로 유지되었다. 근각은 국가 초창기에 발생하기 쉽고, 또 일단 제도가 갖춰지고 평화가 회복되면, 불가능하다고까지는 말할 수 없더라도, 매우 성립되기 어려운 성질을 가진다. 그것은 과거에만 획득될 수 있었기에, 기대한다고 해도 얻을 수 있는 것은 아니었다.

이러한 세습관계에 기초한 신분규정은 자연히 세족·세가의 출현을 재촉하게 된다. 그 결과 정체의 양상이 사회를 뒤덮고 그것이 정치문화로 반영되는 것은 불가피했다.

독특한 요역법=제색호계

엄밀한 의미의 문벌주의는 아니지만, 대원은 호戶의 종류를 공식적으로 지정하고 그에 따라 가업을 한정한다는 제색호계를 설정했다. 이것은 호격戶格—사회적인 영예와는 무관한 의미에서의 가문이다—을 고정시킨다는 점에서 보면 문벌주의와 일맥상통하는 요소를 갖고 있다. 즉 광의의 민호 일반을 군호軍戶·장호匠戶·민호民戶·참호站戶·타포호打捕戶·응방호鷹坊戶 등으로 분류하고, 각각 국가에 대한 봉사를 명령했다. 이 제색호계 제도를 대원의 독특한 요역법으로 규정할 수 있는데, 각 호의 성원이 국가에 대한 관계를 세습적으로 규정받는 것이기 때문에, 일종의 신분제도로 이해해도 된다.

군호는 병역을 담당하고, 참호는 관이 설립한 역참의 유지를 맡는다. 타포호와 응방호는 수렵지의 관리와 매 사육을 통해서 카안의 수렵에 봉사한다. 이하 각각의 직분을 나누어서 국가에 봉사의무를 수행하게 했다. 좁은 의미의 민호는 서민의 절대다수를 차지하는 일반 농민이다. 이외의 특수 호계는 각자의 직분 자체가 특수 요역이었기 때문에 일반의 요역에서 벗어나 있었다.

따라서 일반 요역에 해당하는 농촌에서의 역役은 협의의 민호에게만 부과된다. 이러한 사정은 주현관의 관할 범위가 협의의 민호에만 한정되고, 특수 호계에는 미치지 않는다는 사실과 호응한다. 즉, 특수 호계를 위한 개별 관할기관이 있었는데, 예를 들면 군호에게는 오로총관부奧魯總管府・장호에게는 민장제거사民匠提擧司, 타포・음방호에게도 각각의 총관부가 있어서 민호와는 소속을 달리했다. 이 점에서 본다면 색목인이 각각의 부류마다 소속기관을 달리하고 있던 것과 유사하다.

요컨대 이러한 사실은 색목인의 각 부류도 각 제색호계에 지나지 않음을 나타낸다. 색목인의 경우도 아마 그러했다고 생각되지만, 특히 특수호계의 경우는 관할하기 위한 공적인 목적에서나 직분 상 집단으로 거주할 필요성이 높기 때문에, 그들은 실제 생활에서도 특수한 집단을 형성하고 있었을 것이다. 요컨대 색목인을 포함한 이들 특수호계는 전체 사회 속에서 여러 특수사회가 병존하고 있는 것으로 생각할 수 있다.

군호의 취급

제색호계 가운데서도 특히 중요한 것은 군호다. 왜냐하면 병역 분담자라는 직분과 함께 호수가 많았기 때문이다. 그들은 예전에 '한인세후'의 부곡部曲이었던 자로서 세후가 무관武官으로 나아가게 됨에 따라, 그들도 정부의 관할 하에 편입된 한인부대다. 여기에 국가의 정벌전쟁 때마다 새롭게 민호 중에서 선발되었던 증강부대와 그 가족들도 포함되어 있었.

대원이 용병제도를 채용하지 않고 군호제를 취한 것은 몽골의 병목일치兵牧一致 원칙을 준수했기 때문이다. 이 점은 강남평정 후에, 대원에 투항한 남송의 군대 처리가 문제로 제기되었을 때, 치안의 혼란을 염려해 이들을 신부군新附軍으로 명명해 정규군에 편입시킨 것에서도 알 수 있다. 왜냐하면

몽골 기병

남송의 군대는 모두 직업군인이었기에, 이들을 해산시키는 것은 곧 그들의 실업을 의미하고 나아가 도적으로 변할 가능성이 있었기 때문이다.

그렇지만 용병제는 군호제의 원칙에 맞지 않는다. 게다가 남인에 대한 경계심이 있었기에 대원은 애초부터 신부군을 영속시킬 생각이 없었다. 그래서 보충을 전혀 하지 않는다는 방침을 취했다. 20년만 지나면 자연히 신부군은 노후화되어 소멸한다는 계산을 세운 것이다. 이렇게 해서 대원은 강북 한인으로 구성된 한군의 모태로서의 군호만을 존재시켰다.

군호의 부담은 장비를 갖춘 병정 1명을 계속 공출하는 것인데, 이 부담은 다른 것과 비교해서 특히 과중했다. 이 같은 과중한 부담을 보상하는 조치가 다름 아닌 토지 4경(400무畝=약 22헥타르)까지 세금을 면제하는 우대방침이었다. 다시 말해 1무에 3승(약 1.8리터)을 과율로 하는 육전陸田이라면 12석(약 720리터), 1무에 5승을 과율로 하는 수전水田이라면 20석을 최고 한도로 면세되는 것이다. 이 특전은 군호와 더불어 무거운 부담을 부과받은 참호, 즉 역참의 노역 이외 말과 물자를 제공하는 참호에게도 주어졌다.

그런데 4경의 전지를 가진 대토지 소유자는 강북 육전지대에서 그 수가 극히 적었기 때문에, 이 특전도 현실적으로 무익한 것은 아닐까 하는 의심이 생긴다. 물론 참호제의 경우에는 타당한 조치로 보인다. 그러나 실제로 군호는 우구데이 카안 시기에 행해진 두 번의 호구조사 이전의 제도인 합호제合戶制를 유지하고 있었다. 다시 말해 한 개의 대표호 아래에 여러 호가 소속되어 1호로 관에 등록하는 것을 합호제라고 한다. 이 제도에 따르면 하북의 호수는 20만 호에 지나지 않았지만, 계사년적(1233)에서 단호제單戶制로 바꾼 결과 73만 호를 검출했다는 사정은 앞서 살핀 적이 있다.

단지 이 경우 군호는 호구조사가 미치지 않았다. 군호의 조사는 군의 기밀에 저촉되는 것은 물론이거니와, 민호와 같이 단호제를 적용하면 군호제도가 붕괴할 것을 염려한 때문이다. 그 후에도 군적은 일관되게 민적과는 별도로 작성되어, 합호제의 전통은 유지되었다. 단지 군적은 당시에도 공개되지 않았기 때문에 그 내용에 대해서 확실히 알 수 없다. 합호제 아래에 있으면 4경에 달하는 면세의 토지 보유가 가능하기 때문에 이 특전은 최대한으로 활용되었을 것이다.

이론상은 그러해도 민호 중에서 새롭게 선발되어 군호에 편입된 자는 어디까지나 단호제를 원칙으로 하는 민호이기에 그들에게 합호제는 다른 세계였다. 따라서 면세의 특권이 주어졌다고 해도 4경이나 되는 토지를 보유하는 것 자체는 비현실적이다. 이 경우에 호구밀도가 낮고 황지가 많은 하남행성이 새로운 군호를 수용하기에 가장 적합한 지역으로 각광받게 되었다. 복리腹裏에서 바로 남으로 접하는 하남행성은 기내 방위에서나 강남 통제의 견지에서 볼 때 요충지에 해당한다. 이렇게 해서 하남행성에는 군둔·민둔과 더불어 군호의 집단거주지가 되었다.

조자앙(趙子昻)의 그림 조자앙은 송나라 황족 출신이지만 송 멸망 후에는 원에서 벼슬하였다. 시문, 서화 등에 능한 원대 회화의 제일인자로 꼽힌다.

3. 문화담당 계급의 변질

사대부의 비명

왕조가 교체되면, 전대의 지배계급이 큰 손상을 입는 것은 일반적인 현상이다. 정국의 중요한 정무에 참여했던 중신들이 문책당하는 것은 물론이고, 나라를 위해 목숨을 버리고 지조를 지키려 정국을 떠나가는 자도 적지 않다. 그러나 이전 왕조의 관리가 모두 지위를 버리는 것은 아니었다. 역시 대부분은 신왕조의 정당성을 인정해 귀순하고 옛 지위를 유지한다. 물론 이러한 사태가 전개되기 위해서는 그에 상응하는 조건이 전제되어야 한다. 신왕조가 되었다고 해서 정치이념이 바뀌지 말아야 하고, 정치체제도 갱신되는 부분이 없어야 한다. 따라서 전 왕조에서 관직을 받았던 현임 관료조차 이러하였다면, 그들의 후계자가 되는 방대한 무리의 사람들, 즉 사대부 계층에게도 왕조교체는 아무런 질적 변화를 초래하는 계기가 되지 않았을 터다.

그렇지만 정복왕조가 되면 사정은 다르다. 적어도 정복왕조의 경우 완전히 중국화되지 않는 한, 정치이념이나 체제에 본질적인 차이까지는 아니더라도 중국왕조와 비교해서 독자적인 입장

남송의 청자

이 나타나기 때문이다. 몽골왕조의 경우 특히 정복왕조로의 성숙이 불충분했던 대원 성립 이전에는 이러한 경향이 특히 두드러진다. 구체적으로는 금국의 사대부를 들 수 있는데, 그들은 일시적이긴 하나 전멸의 비운을 당한다. 정우의 남천(1214) 후에 하남으로 피난한 금국의 사대부들은 그로부터 10여 년 후 금국이 멸망한 결과, 포로가 되어 하북으로 연행되었다.

그대로 두면 모두 천민으로 전락해 버릴 지경이었는데, 재상 야율초재의 강경한 건의에 따라 을미년(1235)의 호구 재조사가 시행되었을 때 그들은 제민齊民으로서 국가의 호적에 등록되어 천민의 신분만은 간신히 면할 수 있었다. 이에 더하여 2년 후에는 유학의 교양시험을 통하여 합격자 4천여 명이 유호儒戶[7]로 승인되었다. 금조의 사대부 일부가 이를 통해 간신히 서민과 구분되는 존재가 되었다고는 하지만, 이에 따르는 처우는 요역 면제 정도에 머물렀기에 정식으로 벼슬길로 나아갈 수 있는 것도 아니었다.

당시의 연경燕京에는 고향을 떠나 대학에 재적하는 학생에게도 요역을

---

[7] **역주_** 이개석, 「元代의 儒人戶計에 관한 시론적 고찰」, 서울대학교 대학원 박사학위논문, 1982 참조.

문회도(文繪圖) 남송 휘종의 작품으로 글씨와 그림에 능했던 그의 실력을 잘 보여준다.

은으로 납부하는 포은包銀이 부과되었다. 일반적으로 학생은 미래의 관료라고 해서 사대부 대우를 받는 것이 보통이었다. 사대부라면 당연히 모든 요역에서 해방될 터다. 그 요역이 은납세의 형태로 그들에게 부과되었기 때문에 학생들은 불복을 외치고 대학에 즉시 이것을 비난하는 다음과 같은 낙수落首를 걸었다고 한다.

학생에 대한 납세 통지서가 학교에까지 날라온 것은 정신나간 짓이다. 도대체 이게 어찌된 세태인가?

학생의 신분은 요역 면제가 본래 마땅한 것. 하물며 전후 얼마 되지 않은 요즈음 학생도 현저히 감소되어 텅 비었고, 누구나 할 것 없이 모두 고학생뿐이다.

같은 학관學官 역시 아무말도 없다. 말[馬]에는 황금의 장식물, 옥과 같은 집에 거주하며 호사스러움이 극에 달한 노경선盧景善인데,

화조풍월花鳥風月에 마음을 의지하고 풍류風流로 지새는 데 아무런 어려움이 없는 범자인范子仁도 있지만, 그것들은 모두 옛날 일.

지금 우리 학사學舍의 상태를 보라. 갑학사에서는 단지 한 사람. 윤리의 교수가 있을 뿐이네.

을학사도 마찬가지로 고작 예악지남禮樂指南의 교수 한 사람에 의지하고 있는 실정이라.

무엇보다도 쿠투쿠 승상이 몽골의 일에만 관심을 가져, 실상을 모르는 것은 어쩔 수 없지만, 마음에 두지 않는 주위의 모습들이여. 왜 시끄럽게 진언해서 요역 면제 조치를 받아내어 주지 않는 것일까?

만일 포은세를 지금이라도 면제해 준다면, 누구나 할 것 없이 모두 좋아할 일인데, 이것이야말로 '네이사인'(몽골어로 '모두 좋다'는 뜻)이라 할 수 있을 것이리라.[8]

본래대로라면 학생들의 집단항의로까지 이어져야 하지만, 무엇보다도 상대가 몽골 정복자이기 때문에 그렇게는 하지 못하고, 단지 이와 같이 풍자와 탄원의 낙수를 걸 뿐이었다. 이것이 당시 사대부 일반의 비명이라고도 받아들여질 여운을 남기는 것은 아닐까?

옛 사대부 계층의 몰락

남송의 청자

곤경에 처한 금조 사대부에게 그나마 다행이었던 것은 '한인세후'들이 스스로를 보호하기 위해 재건을 위해 애쓰고 있었던 점이다. 사대부들은 이들 한인세후에 의지해서 그 재능을 부흥사업에 발휘할 수 있었고, 불완전하게나마 거기서 치자의 지위를 회복했다. 순천順天의 만호萬戶 장유張柔 아래에는 원호문元好問9)과 왕악王鶚,10) 동평東平 만호 엄실嚴實의 아래에서는 상정商挺,11) 유숙劉肅,12) 서세륭徐世隆,13) 관씨현冠氏縣의 세후世侯 조수지趙壽之에게는 양환楊奐14) 등이 몸을 의탁했다. 그리고 대원의 성립으로

---

8) "教學行中要納銀, 生徒寥落太淸貧, 金馬玉堂盧景善, 明月淸風范子仁, 李舍才容講德子, 張齋恰受舞雩人, 相將共告胡丞相, 免了之時揀殺囚."
9) 금국의 進士, 『遺山集』의 저자.
10) 금국의 進士, 쿠빌라이 카안 시기의 한림학사.
11) 쿠빌라이 카안의 執政.
12) 금국의 진사, 쿠빌라이 카안의 參議中書省事.
13) 금국의 진사, 쿠빌라이 카안의 集賢院 學士.
14) 우구데이 카안의 河南廉訪使.

세후제世侯制가 폐지되자, 그들은 대원의 정식관리로 변신했는데, 이것은 그들이 몽골 정부에게 일정 정도 간접적으로나 협력했음을 인정받았기 때문이다. 이런 과정을 통해 그들은 대원의 조정에서 공인받을 수 있었다.

세족世族은 그 수가 한정되어 있다. 따라서 금조의 사대부 계층이 모두 세족이 될 수는 없었다. 게다가 또 세족은 고정되어 있었으므로, 신진대사를 쉽게 허용하지 않는다. 세족이 되지 못한 사대부들은 영구히 관직의 상층부에서 내쫓기게 되었다. 대부분 사대부의 현실이 이러했기 때문에 장래의 사대부를 꿈꾸는 후배들에게 그것은 바로 이상의 상실을 의미했을 것이다. 그들의 인생목표는 필연적으로 전환될 수밖에 없었다. 후속자가 끊긴 옛날의 사대부 계층의 앞길에는 그저 몰락만이 있을 뿐이었다.

이러한 대세는 남송의 사대부에게도 전혀 다를 바가 없었다. 단지 쿠빌라이 카안 시기의 몽골은, 한지를 수많은 남방 속령의 하나로 간주했던 우구데이 카안 시기의 관점을 벗어나 정복왕조로 성숙되고 있었다. 때문에 금국의 사대부가 받은 것처럼 가혹한 대우는 경험하지 않고 끝낼 수 있었다. 무저항으로 수도 임안부를 원군에게 넘겨준 남송 정부가 지방의 주현도 여기에 따르도록 하라는 지령을 발표했고, 주현관의 대부분이 그 지령에 따랐기 때문에 극히 평온하게 원조로의 귀순이 이루어졌다. 즉 대원은, 송의 위관位官을 보증한 위에서 배치 전환을 통해, 전부를 자체의 관리체계 속에 포섭했다.

남송에서 귀순한 관리는 쉽게 대원의 관리로 변신에 성공했지만, 그것만으로 새로운 조정과 세습관계를 맺게 되지는 않았다. 쫓겨서 어쩔 수 없이 투항한 자는 협력자로서의 훈공을 인정하지 않는 것이 몽골의 원칙이다. 다만 일체의 위관을 빼앗게 되면, 광대한 강남 주현의 행정이 그날부터 공백이 되는 것을 염려해서 그것을 피하는 편의적 수단으로서 그들의 옛 관직을 보증했을 따름이다.

그 증거로 후에 몽골과 색목인의 다루가치를 그들 위에 설치함으로써, 수령관의 수를 늘릴지언정 새롭게 남송 사대부를 임명 보충하는 일은 전혀 하지 않았다. 그것은 산하에 수용한 신부군에 대해 전혀 보충하지 않고 자연 소멸을 기대한 것과 궤를 같이하는 것이리라. 강남에서도 옛날의 사대부 계층은 이렇게 해서 그저 소멸되기를 기다릴 뿐이었다.15)

새로운 관인층의 낮은 교양

장관長官・통판관通判官・판관判官・주전主典으로 이루어진 4등관 가운데, 관련 업무에 대한 재결에 참여하는 앞의 셋이야말로 관료라는 이름에 어울리고, 사무적 직무를 담당하는 후자는 속관屬官・이원吏員으로 간주해야 한다. 과거시험을 통해 유학의 깊은 교양과 문필의 능력, 경세의 재능을 구비한 인재를 선발하는 것은 전적으로 관료로 임용하고자 하는 목적 때문이다.

그런데 대원은 상급관료를 정관正官, 하급속리를 수령관이라 이름 붙여서 관계를 이분했다. 임용에서도 몽골인과 색목인은 장관에, 한인은 통판관・판관에 충당시키는 원칙을 세웠기 때문에 종래와 같은 과거시험을 행할 필요가 없었다. 과거제를 실시해 인재를 선발해 봐도 그들에게 위임할 자리가 없었기 때문이다. 대원이 과거제도를 버리고 돌아보지 않았던 것은 아주 지당한 조치였다고 말할 수 있다.

정관은 고정된 인재의 공급원이 있었기 때문에 다른 곳으로부터의 채용을 필요로 하지 않았지만, 수령관에 대해서는 사정이 완전히 다르다. 수령관은 인원수가 많은데다가 특수한 사무적 재능을 필요로 하기 때문에,

---

15) **역주**_ 주채혁, 『元朝官人層硏究-征服王朝期 中國社會身分構成의 한 分析-』, 정음사, 1986.

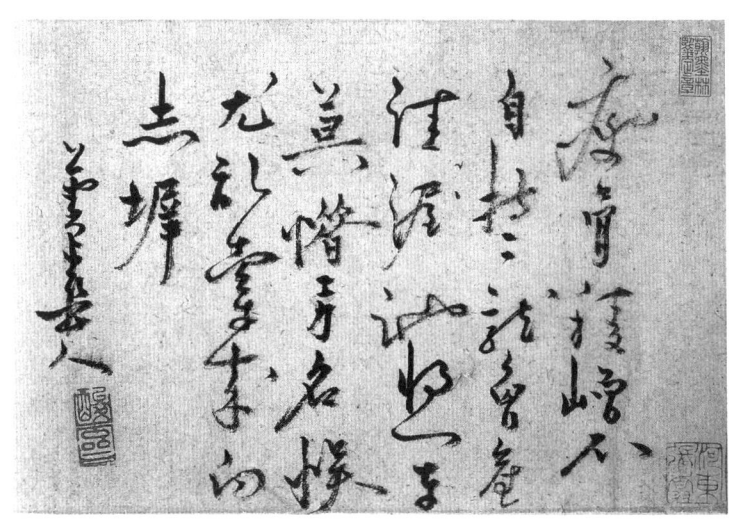

관운석 발조맹부쌍준도(貫雲石跋趙孟頫雙駿圖) 원대 위구르인 산곡(散曲) 작가인 관운석이 쓴 조맹부의 쌍준도

아무래도 문호를 넓혀서 적당한 인재를 모집하지 않으면 공무가 원활하게 진척되기 어렵다. 수령관은 과거 시험 합격자에게 요구되는 고급지식은 필요하지 않을 뿐 아니라 오히려 그 지식이 방해가 될 정도다. 따라서

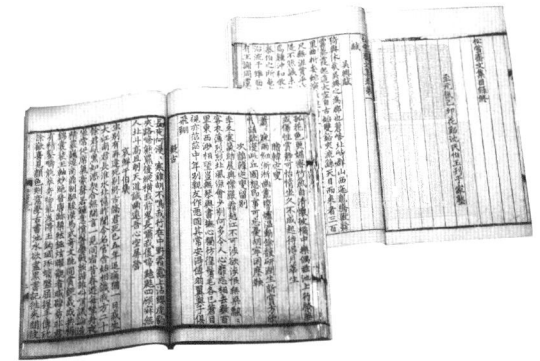

송설재문집(松雪齋文集) 뛰어난 서화가 조맹부의 저서

수령관의 길은 과거에 합격하는 것과 비교하면 문제가 안 될 만큼 쉬웠다.
예를 들면 수도의 관고官庫에 근무하는 고자庫子(창고 담당자)는 읽고 쓰기가 조금 가능하면 임용되었다. 조금 더 고급인 이원세공제吏員歲貢制의 경우에도 사무에 능하고, 동시에 다소라도 경서와 사서를 이해한 자라면 합격했다고 한다. 다시 말해 우선 보통 사람이기만 하면 누구라도 가능한

길이었다. 따라서 사람들은 다투어서 그 길로 나아가, 관리가 되는 희망을 품었다.

세 살 어린아이, 아직 젖비린내 나는 연령부터 일찍이 관청에 무리지어 들어간다. (호지휼胡祗遹, 『자산집紫山集』)

과장된 표현이긴 하지만 지원 초기에 한림원의 관원이었던 호지휼이 지적한 이 말은 옛 사대부의 일원에 속하는 그의 눈에 비친 이 시대 풍조가 견딜 수 없는 폐단으로 여겨지고 있었기 때문이다. 그렇지만 쉬지 않고 흐르는 시대의 풍조를 어떻게 하겠는가.

지금 관계官界에 몸담고 있는 자 중에서 이吏에서 발돋움하지 않은 자는 한 사람도 없다. (『원사』, 「불홀목전不忽木傳」)

라는 실상이 모두 이러한 사실을 이야기하고 있다.

정관의 지위가 세족에게 독점된다면 자연히 안일한 기풍이 퍼진다. 문벌만 있으면 앉은 채로 정관의 자리를 얻을 수 있기 때문에 뜻을 바로세운 사람이 아닌 한 공부에 힘쓰는 자는 적게 마련이다. 이렇게 해서 대원의 정관은 과거시대의 관료와 비교해서 교양이 두드러지게 떨어지게 되었다. 수령관은 처음부터 높은 교양을 조건으로 하지 않았기 때문에 물론 똑같다.

그렇다면 정관·수령관을 합쳐서 관직에 있는 모두가 낮은 교양을 가졌다고 지적할 수 있다. 똑같은 관리이긴 하지만 소질에서 차이가 있다면 종전의 치자 계급을 가리켜 사대부라고 한 칭호는 대원의 경우에는 적용하지 않는 편이 좋을 것이다. 다시 말해 그들을 대원의 새로운 관인층이라 부르는 것이 적절한 배려로 생각된다.

다만 모든 일에는 항상 예외가 있기에, 대원의 관인층 속에도 일류학자와 지식인이 전혀 없는 것은 아니다. 요추姚樞・허형許衡・두묵竇默・송자정宋子貞・왕반王磐 등의 북방 인사, 남방의 정거부程鉅夫・오징吳澄・조맹부趙孟頫(조자앙趙子昂)・엽리葉李・원각袁桷 등이 그들이다. 전자는 금국 사대부에 속하는 이들이고, 후자는 남송 사대부들이다. 그렇지만 이들은 모두 임시 추천에 의해 임용된 자로, 다시 말해 우연히 발탁된 이들이다. 그래서 특별히 군계일학群鷄一鶴의 모습이 강했던 것이기도 하다.

관인층의 고정화 현상

대원 관인층의 낮은 교양과 함께 또 하나의 특징은 정관뿐만 아니라 수령관에서도 고정화의 경향이 발견된다는 점이다. 고정화 현상이 근각을 가진 세족 출신자에 한정된 정관에서는 당연하겠지만 이원세공제에 의해 개방되었던 수령관층에서도 나타난다는 것은 확실히 일종의 모순으로 받아들일 수 있다. 실제로 과거 출신 관료사회에서는 가문이 고정되지 않았다.

그러나 이것은 이원세공제와 과거제를 같은 반열에서 생각했기 때문이다. 같은 선발제도라고 해도 양자는 개인의 재능에 의존하는 정도가 크게 다르다. 과거에서는 천재적인 재능이 필수조건이지만, 이원세공제에서는 보통 사람의 재능이면 충분하다. 보통사람의 재능이라면 무조건에 가까울 것이다. 이 차이가 수령관에게 고정화 경향을 생기게 했다. 구체적으로 말하면 수령관의 자제는 확실하게 수령관이 될 수 있고, 또 되었음에 틀림없기 때문이다.

대원의 관인층에 나타나는 낮은 교양과 고정화의 경향은 그들의 소질 향상을 촉진하는 요인은 되지 않았다. 그렇다면 이들 관인층을 문화 담당자로 삼는 원 문화의 동향이 어떤 것인지 자연히 추측할 수 있을 것이다.

조옹(趙雍)의 준마도(駿馬圖) 조옹은 조맹부의 아들로 서화로 이름을 떨쳤다.

4. 시대문화의 동향

도적의 수령을 칭송하는 심정

　같은 몰락의 비운에 처했다 해도, 금국과 남송의 사대부들이 절감했던 비통함은 크게 달랐다. 전자가 여진 금왕조라는 정복왕조의 지배를 이미 150년간 받은 경험이 있었던 것에 반해, 후자는 순수한 중국의 전통만을 계승해 왔기 때문이다. 전통문화를 수호하고 발전시키기 위한 유일의 법제라고 믿었던 과거제도를 전면적으로 부정당한 남송 사대부에게 대원의 정치는 얼마나 정통하지 못한 것으로 느껴졌을까? 이 점은 지조를 굽히고 대원의 녹을 먹은 자도 동감하는 부분이었음에 틀림없다. 적어도 옛 사대부 계층에 속한 자라면 인생관을 바꾸지 않는 한, 이러한 시대에 희망을 가질 수 없었다.

　고뇌가 심각했던 만큼 남송 멸망은 돌이킬 수 없는 한스러운 일로 애석하게 여겨졌다. 정말로 쓸데없는 시도임을 충분히 이해하면서도, '그때 만약 이러했다면 남송은 멸망하지 않았을 것이다'라고 하는 덧없는 상상을 그만둘 수 없음은 인지상정인 것이다. 이 절실한 심정은 남송의 유신遺臣 홍귀숙洪貴叔이 쓴 『이철창본말李鐵槍本末』 속에 잘 나타나 있다. 비록 『이철창본말』은 현재 이미 분실되어 전해지지 않으나, 대원 중기의 사대부 오래吳萊가 쓴 일종의 『이철창본말』에 대한 독후감을 통해서도 잘 알 수 있다.

> 산동山東 유주濰州(내주유현萊州濰縣)의 농민에서 몸을 일으킨 이전李全은 천성이 사납고 철창 하나를 무기로 동란 속에서 모든 산동의 패권을 외치고, 금국의 치하를 거쳐서 남송에 귀순한 호걸이다. 우연히 몽골군에게 포위당해 굴복한 것은 일시의 계략이었고, 이윽고 기회를 틈타서 초주楚州(강소성 회안현淮安縣)로 이동해 남송으로의 복속을 회복했다.

그 후 남송의 첨병이 되어 누차 금군을 격파하고, 그 공으로 절도사에 임명받을 정도까지 입신했다. 계속 그대로 갔다면 왕작王爵에 봉해질 날도 가까웠을 것인데, 어떻게 된 것인지 갑자기 반기를 들어 송의 양주揚州(강소성 강도현江都縣)를 공격해 자립을 꾀하여 허무하게 패배해 죽고 말았다. 이전이 사라진 산동과 회동淮東의 땅에는 다시 변방 장수들이 서로 싸우는 국면이 전개되니, 마치 해가 진 뒤의 산과 바다의 어둠과 같은 양상을 드러내었다. 이전이 자멸의 길을 걷게 된 것은 누구의 탓도 아니다. 전적으로 교만의 소치였지만 이 아름다운 병사가 쉽사리 패망하여 소진한 것은 애석하기 그지없다. 이 『이철창본말』을 읽고 '이전이 대의大義를 그르치지 않았다면' 하는 유감스러움을 금할 수 없다. 곰곰이 살펴보면 저 강대한 한漢왕조의 황통도 끊긴 날이 있고, 유덕한 주周왕조의 성세盛世도 침체하는 때가 있었다. 영고성쇠榮枯盛衰는 피할 수 없는 천고千古의 이치라 함은 알고 있다 하더라도, 우리 남송의 최후를 생각한다면 비통한 나머지 눈물이 흐르는 것을 감출 수 없다."

『이철창본말(李鐵槍本末)』 오래(吳萊)
『연영집(淵穎集)』 권4

이전은 현실에서 결코 좋은 평가를 받을 수 있는 인물이 아니다. 금·송·몽골 3국의 각축을 이용해서, 단지 그 세력의 확대만을 도모하여 삼국 사이에서 무절제하게 이반과 귀순을 반복한 무뢰한이다. 그럼에도 불구하고 『이철창본말』의 저자 홍귀숙은 이 도적집단을 충의군忠義軍으로 다루고, 오래吳萊 역시 그들을 '아름다운 병사'라고 하는 점에 주목해 볼 필요가 있다. 홍귀숙과 오래 등은 모두 수령관에서 출발해야 하는 대원의 벼슬길을 거부하고 재야의 사대부로 남았다. 한 사람은 문학文學으로, 다른 한 사람은 경학經學으로 중국 전통문화의 옹호에 생애를 건 인물이었음을 생각하면, 현실에 대한 절망과 고국 남송에 대한 향수를 절절하게 표현한 위 글의 심정을 충분히 이해할 수 있다.

고고한 정신의 발생

남송의 사대부가 대원 지배 하에서 살아가기 위한 길은 두 가지밖에 없었을 것이다. 종래의 가치관을 변경해서라도 관직에 진출하여 불충분하더라도 사회의 지도에 임하든지, 스스로를 견지하며 관직의 길에서 등을 돌리든지 하는 것이다. 전자의 타협적 입장은 왕왕 현실에 매몰되어 버릴 위험이 많지만, 그 속에서 애초의 뜻을 관철시킨다면 그것은 서민문화의 지도자라는 새로운 임무를 개척할 수 있다. 후자의 순수한 태도는 현실을 가볍게 보고 현실로부터 괴리된 결과, 스스로 초연한 색채를 띠게 된다. 이 초연한 태도는 소극적과 적극적의 두 가지 타입으로 나누어진다.

남송 유민의 한사람으로 정사초鄭思肖(정소남鄭所南)라는 인물이 있었다. 대학생으로 송조에서 마지막으로 과거시험에 응했지만 나라가 멸망하여 관직에 오를 수 없었다. 국가가 존망의 위기에 있을 때 과거에 응했기 때문에 관직에 대한 그의 열의가 얼마나 강했는지 알 수 있다. 그처럼 열망한 관직이긴 했지만 대원의 관리가 되자 전혀 돌아보지 않았다. 이민족 왕조를 섬기는 굴욕과 사대부를 무시한 이원세공제에 대한 분노가 그의 인생 계획을 전환시킨 것이다. 아내도 없이 일생의 대부분을 방탕하게 지낸 그는 대원을 '오랑캐'라 욕하고, 그들에게 굴복한 사대부의 불의를 비난하는 격한 말을 일생 동안 그치지 않았다. 그림 솜씨가 좋아서 난화를 잘 그렸지만 땅은 그리지 않았는데, 그것은 국토를 오랑캐에게 빼앗겼기

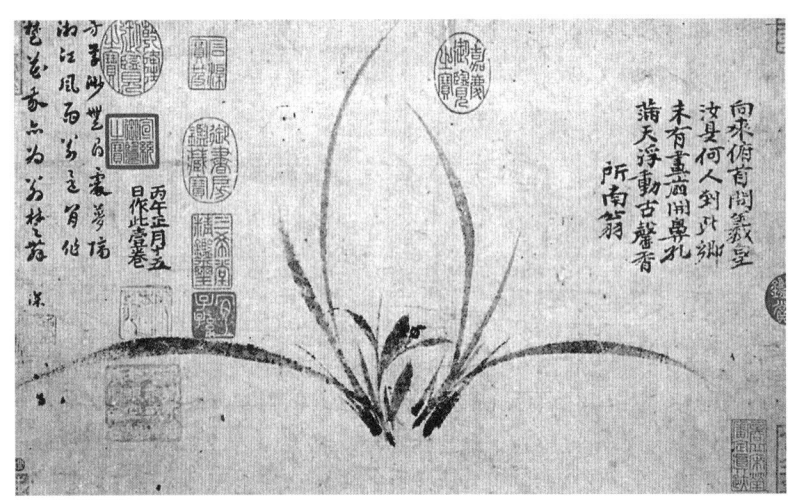

정사초의 난초 그림

정사초 송나라가 망하자 오하(吳下)에 은거하면서 스스로를 삼외야인(三外野人)으로 불렀다.

때문이라고 설명했다고 한다. 세속을 등한시하고 비속시하는 것으로 스스로 초연한 삶을 살았다.

얼핏 보면 직선적이고 솔직한 실천이 저항의 적극적 타입인 것 같아도 실은 결코 그렇지 않다. 너무나도 개인적인 삶의 방식으로 자기를 한정하고 있었기 때문이다. 이것은 전통문화를 유지해야 하는 사대부의 본의에서 볼 때 오히려 소극적 태도라고 평가할 만하다.

마찬가지의 평가는 월천음사月泉吟社·석사汐社 등으로 대표되는 시문결사[詩社](시문을 짓고 읊는 모임)에게도 적용된다. 특히 유명한 월천음사는, 남송 말의 의오현義烏縣의 장관을 지낸 오위吳渭가 대원의 관료생활을 단념하고, 고향 포강현浦江縣(절강성 무주 포강현) 오계吳溪에 돌아와 조직한 시문 결사다. 참가한 자는 모두 남송의 사대부—앞서 예로 든 『이철창본말』의 저자 홍귀숙도 그 중 한 사람—와 고향 선배 방소부方韶夫·사고謝皐·오사제吳思齊 등이다. 이들 3인을 불러 비평가로 하고, 정기적으로 작품과 시부詩賦를 품평했으며, 과거의 형식을 본따 개방開榜, 즉 성적을 발표했다. 이 개방의 서열이 당시 강남 사인士人 사이에서 명성을 좌우했다고 한다. 문학을 통한 전통의 유지를 표방하고는 있지만, 상실된 과거제도에 대한 향수라고 할까, 아니면 한정된 동인 간의 교제와 같은 취미적 요소가 얽혀 있어서 결국은 도피적인 경향을 피할 수 없다.

이들과 비교하면 사대부 문화의 적극적인 유지는 저술·교육 분야에 있었다. 지난 시대를 조명하는 중국의 제도와 문물을 저술하고, 고금을 통한 교훈을 문생에게 교수하는 일은 개인과 시대를 넘어서 장래의 후학 모두를 대상으로 하는 활동이다. 설사 화려하지도 않고 힘들지라도 이것을 포기하고서는 소기의 목적이 달성되지 않는다. 이러한 신념에서 명예와 이익을 잊고 저작에 몰두한 이들로는 마단림馬端臨과 호삼성胡三省이 으뜸이고, 서원을 짓고 사숙을 열어 교육에 전념한 금리상金履祥·허겸許謙·대량戴良 등도 있다.

『문헌통고전서』 마단림(일명 馬貴與)이 20년에 걸친 각고의 노력 끝에 편찬한 책으로 역대 전정제도를 집대성하였다.

호삼성

이민족 왕조에 대한 이러한 저항은 표면적

매 그림 원대　　　　　　**청화백자** 원대

으로는 냉정한 것 같지만, 불굴의 인내력과 타오르는 열의가 없으면 도저히 지속할 수 없는 일이다. 이러한 역경 속에서『문헌통고文獻通考』348권, 『자치통감호주資治通鑑胡注』라는 중국 역사학의 최고봉을 이루는 역사서가 출현했다. 또 추락하고 있던 경학의 세계에 송학의 정통이 가늘게라도 그 명맥이 끊이지 않고 유지되었다.

그러나 저속한 문화의 대세 속에서 사대부 문화의 전통을 유지하려는 인재는 극히 적었고, 당연히 현실 사회와의 괴리가 발생하고 확대되었다. 이를 통해 자연스럽게 고고한 정신만 남게 되었다.

관인문화와 서민문화의 접합

서민문화의 비약적 발전은 송대부터 시작되었다. 이것은 평화로 산업이 발달하고 교환경제가 활성화됨으로써 각지에 도시가 부흥하고 부가 도시로 집중된 것이 중대한 원인이 되었다. 동시에 과거제도가 사회에 뿌리내리고 지식이 대폭적으로 보급·확대된 점도 한 요인이 되었다.

과거 합격자는 3년에 한 번, 많아도 겨우 300~400명에 지나지 않았는데 이것을 목표로 지방에서는 제1차 시험에 응하는 자,

향로 원대 내몽골 후흐호트 출토

또는 시험을 준비하기 위해 공부에 종사하는 자를 총계하면 아마도 급제자의 수천 배에 달했을 것이다. 다시 말해 궁극적으로는 만분의 1정도밖에 성공하지 못했다고 해도, 관료사회로의 등용문으로서의 매력 때문에 마지막까지 그 길에 전념하지 않을 수 없었다.

항상 넘쳐나는 지망자들이 있었지만, 그들 모두가 여유 있고 부유한 자라고 단정할 수는 없다. 오히려 그들의 과반수는 얼마간의 수입을 구해서 생계를 유지하지 않으면 안 되는 사람들이었다. 다행히 계속해서 뒤를 잇는 다수의 후배를 위해 사설학교의 교사라는 그들에게 어울리는 지적 직업이 발생해서 대부분은 여기에 종사할 수 있었다. 이 사실은 이미 앞서 말한 대로인데, 지식층의 저변이 아래를 향해서 확대되는 제1단계가

잡극을 시연중인 배우 인형

되었다.

또한 과거시험의 실패자도 막대한 수에 달했기 때문에, 그 중에는 앞길을 단념하고 목표를 전환하는 자도 적지 않았다. 과거에 낙제해서 상인으로 전향한 예는 문헌상에도 자주 보인다. 임시 직업으로 택한 점술업이 몸에 붙어 결국 이것을 전업으로 삼는 자, 당시 도시에 파생해 있던 '서회書會'라 불리는 작가조합에 가입해서 야담·연극·유행가의 대본·가사 작사로 생계를 유지하는 자, 극히 드물기는 하지만 궁정고용 배우로 전락하여 그 우두머리가 되는 자조차 생겨난다. 이러한 상황에서 아래를 향해 보급된 문화는 시민에게까지 이르게 되었다.

즉, 시민문화는 사대부 계층의 낙오자를 직접적인 지도자로 해서 향상 발전해 왔다. 이들 낙오자는 대원에 들어와서 수령관이 되는 기회를 받게 되었기 때문에, 여기에 관인문화와 시민문화와의 접합이 실현되게 되었다. 물론 이 접합은 관인문화의 저하에서 유래하는 점이 많고, 나아가서는 그것이 시민문화의 향상을 재촉한 것이라고 말할 수 있다. 다시 말해 교양이 저하된 대원의 관인층이 있었기 때문에−정관·수령관을 합쳐서 그러했다−이러한 현상이 생겼다고 설명해야 한다. 이러한 실상의 한 사례로서 '참군희'를 살펴보고자 한다.

참군희에 나타난 저속성

참군희參軍戲는 당 중기 이래 관직사회에서 성행하기 시작했고, 송대에는 극도로 세련된 단편의 대사극이 되었다. 가무를 동반하지 않는 간결함 속에 목적으로 삼는 날카로운 풍자를 담아, 가벼운 야유로 포장한 해학극이기도 했다. 원래 관료·사대부의 문예였기 때문에 당대의 정치를 비판한 풍자가 주제로 되었으므로, 그 상태로는 서민에게 이해되지 않았다. 그 이유는 단순히 이러한 특수한 주제 탓만이 아니라 거기에 인용된 고사古事, 고전의 깊은 의미, 날카로운 풍자, 치밀한 각색 등, 요컨대 극 전체의 성격이 고상해서 세련된 지성과 심원한 교양이 없으면 음미할 수 없었기 때문이다.

참군희

예를 들어 남송 초기에 해당하는 1145년(고종 소흥 15) 봄에 항주 임안부의 궁중연회에서 연기된 참군희를 보자. 이것은 3년 전에 과거시험 당시의 전권재상 진회秦檜의 아들과 조카가 3명이나 급제한 점을 찔러 진회의 전횡을 비판한 것이다. 마침 이해에는 다음의 과거가 실시될 터였기 때문에 2명의 배우가 시험을 치르는 사대부로 분장해서 등장한다.

갑 ｜ 금년의 과거 총재관은 누가 임명된다고 생각하나? 내가 보기에는 아마도 모씨든지 아니면 다른 모씨가 확실할 것이야!

을 ｜ 아니! 아니! 그럴 리가 있나? 이번 총재관은 팽월彭越로 정해졌을 거야!

갑 ｜ 팽월이라고? 그런 관직은 처음 듣는데, 도대체 언제부터 생긴 것인가?

을 ┃ 관직이 아니야! 한漢의 건국공신인 양왕梁王 팽월을 말하는 것이네.

갑 ┃ 무슨 소리를 하고 있는 건가? 천여 년이나 지난 옛 인물이 총재관이 되다니?

을 ┃ 있을 수 없는 일이 아니야! 지난번의 총재관은 지금과 마찬가지로 한나라 초기의 공신 초왕楚王 한신韓信이 아니었는가? 그러니 당연히 이번에는 팽월임이 틀림없네.

갑 ┃ 이해할 수 없군! 설명해 줄 수 있어?

을 ┃ 간단해! 잘 생각해 봐. 한신이었기에 삼진三秦이 뽑히지[拔] 않았겠나?

진秦왕조를 멸망시킨 후 초나라 항우와 한나라 유방의 쟁패전에서 항우가 임명한 관중의 3왕16)을 격파함으로써 한왕조 건설에 공헌한 한신은 옛부터 "삼진(진의 항복한 장수 3명)보다 뛰어나다[拔]"고 칭해지고 있었다. 지난번의 과거 총재관이 3인의 진씨秦氏(진회의 일족 3명)를 합격시킨 행위를 한신의 이 공적에 빗댄 것이 위의 참군희의 내용이다. 게다가 재상 진회를 직접적인 대상으로는 하지 않고 진회에게 아부하는 총재관에게 조소를 퍼부으면서, 실은 진회를 통렬히 비난하고 있다. 이 구상 전체를 뒤덮고 있는 섬세함과 치밀함이 있어야 완곡하긴 하지만 사람을 자극하는 예리한 비판을 자아낼 수 있다.

이것과 비교되는 대원 초의 참군희는 지원 15년(1279) 장소도 같은 항주에서 연기되었다. 다만 항주는 이미 수도는 아니었기 때문에 궁중연회일 수는 없지만, 그에 준하는 강절행성의 연회이기에 참가자는 대원의 고급 관인층뿐이었다. 이 참군희는 남송 장군이면서 대원에 투항해 시대를 주름잡던 강절행성 좌승 범문호范文虎를 비난한 것으로, 배우 3명이 절의 장로長老, 소승小僧과 종신鐘神 등으로 등장한다.

---

16) 모두 진의 降將으로 雍王 章邯·塞王 司馬欣·翟王 董翳를 가리킨다.

장로 | 이 절에 당당한 종루가 갖추어져 있음에도 근래에 종을 치지 않는 모양이다. 아마도 소승이 게으른 탓임에 틀림없다. 이것을 한번 조사해 봐야 하겠다. 자! 소승은 어디 있느냐?

소승 | 부르셨습니까? 시키실 일이 있습니까?

장로 | 야! 소승아, 요즘은 게을러서 범종을 치는 것을 잊었느냐?

소승 | 황송합니다. 장로님! 결코 게을러서 그런 것이 아닙니다. 실은 종루에 무서운 종신鐘神이 살고 있어서, 무서워서 치지 않았습니다.

장로 | 뭐라고! 종신이 살고 있다는 말인가? 그것 참 괴상한 일이다. 내가 직접 조사해 봐야겠다. …… (장로는 종루에 등장) 야! 종신은 어디 있느냐? 나오너라.

종신 | (장로의 발 아래에 넙죽 엎드려 굽실굽실 머리를 조아린다)

장로 | 네가 진실로 종신이냐? 만약 종신이라면 왜 이처럼 쉽사리 넙죽넙죽 절 따위를 하는 것이냐?

종신鐘神, chung shen을 충신忠臣, chung shen에 붙이고 신을 꾸짖는 장로의 말을 빌려, 범문호 이하의 투항한 사대부를 비난하고 있다. 이 경우 극 구상의 단순함은 금방 알 수 있다. 이 정도라면 특별히 관인이 아니라도 일반 시민도 충분히 이해할 수 있을 정도다. 종신과 충신과의 동음을 이용한 단순히 말의 가락을 맞추는 소박함, 정면에서 주제를 다루는 태도의 노골성이 더욱 이 작품의 문예적 가치를 떨어뜨리고 있다.

문예·학술·사상의 타락

이 '종신의 극'으로 상징되는 대원 관인층의 저하된 문화수준이야말로 서민문화와의 접합을 가능케 하는 이유임을 안다면, 대원 문화의 동향은 그 대강이 분명하다. 문화 보급에 따라 질의 저하는 불가피할지 모르지만, 적어도 대원 문화는 송대의 높은 교양, 날카로운 지성, 섬세한 감수성을

원대 벽화에 묘사된 잡극의 연출 장면

희생시킴으로써 일반 서민으로의 보급성을 획득했다는 점만은 확언할 수 있다.

이러한 대원 지배시대가 전체적으로 볼 때 문운文運이 정체한 시기라고 여겨지는 것은 지당하다. 그러나 관점을 조금 바꿔 보면 이 보급문화 속에도 미래를 위한 새로운 싹을 발견하는 것도 가능하다. 중국 문학의 역사에서 한대漢代의 문장, 당대唐代의 시詩와 나란히 원곡元曲을 들고 있음은 그러한 의미다.

　원곡은 잡극의 대본인데 이 잡극은 초기의 참군희 등과는 달리 서민을 포함한 관중을 대상으로 한다. 원곡 자체가 이미 세속적인 요소를 내포하고 있기 때문에 여기에 가무, 음곡, 연기를 더한 종합예술로서의 잡극은 일반 대중의 인기를 얻어 원대에 발전했고, 이후 명·청 시대로 가면서 날로 번성했다. 잡극이 원대에 흥하고 원대를 대표하는 유일한 문예가 되었던 점에 당시 문화의 조류를 파악할 필요가 있다.

　문예 면에 나타난 보급문화의 경향은 경학과 사상에도 반영되는 것이 당연하다. 단지 경학사상은 성격상 세속화를 통해 새로운 가치를 만들기 어렵기 때문에 자연히 저급화 단계에 머물러 있었다. 송학의 이기설理氣說을 경박하게 이해하고, 이것으로 현상세계를 설명하기 위해, 안이한 수단으로 타락한 주자학의 아류가 활개를 치고 있었다. 송학자가 형이상학의 원리로 수립한 이기설을 깊은 사색이나 연구도 없이 빌려서, 자의적으로 만물의 설명에 적용하고, 사물을 해명하는 주자학의 아류는 진위를 검토하여 그 본질을 추구하고자 하는 의욕이 없었다.

　더욱이 문제가 되는 것은 제대로 된 설명도 없으면서도 모든 것이 해명되었다는 잘못된 과신을 품는 점이다. 예를 들면 어느 지방에 어떤 이변이 있었다고 해도 그들은 조금도 놀라지 않았다. 이변은 음기陰氣가 집적된 표출이기 때문에, 그 지방의 지리나 인정人情 등을 조사해서, 음의 속성을 가진 사물을 뽑아서 그 왕성함을 강조하면 그것으로 만사를 해결할 수 있다는 것이다. 지성을 높이고 이성을 연마하는 방향과는 전혀 관계가 없는 이러한 태도는 머지않아 학문으로서의 자격조차 상실되게 될 것이다. 그것은 분명히 서민의 정신생활을 풍미하는 술수術數의 세계와 밀착하고 있다.

　술수란, 가정된 음양오행의 운세에 기초해서 인간의 일을 설명하고 예지할 수 있다고 일컫는 지식과 기술로서 점복占卜이 그것을 대표한다. 점술가가 없는 도시, 무당이 없는 향촌은 없다고 할 만큼 서민생활에 불가결한 존재였는데, 그 술수의 세계가 이제는 관인층의 사상이나 학문과 연대하고 접합하고 있다. 정교하고 치밀한 지식과 향기 높은 이성의 번뜩임에 의해 빚어졌던 높은 격조의 송대 문화는 원대에 와서 그 전승을 잃었다고 말할 수 있다. 그것은 곧 송·원 양대 사이의 일종의 단절임에 분명하다.

제7장

대원의 마지막 길

1. 이상이 없는 정치

쿠빌라이 카안의 기리독무

청 건륭조의 역사가 조익趙翼은 쿠빌라이 카안이 대원을 개국한 뛰어난 군주임에도 그에 적합하지 않는 기리독무嗜利黷武의 단점이 있음을 지적했다. 기리독무란 이익을 탐한 나머지 정치를 돌보지도 않고, 무력만을 믿고 명분 없이 용병을 함부로 사용했다는 의미다.

분명히 조익의 평가는 옳다. 쿠빌라이 카안은 즉위와 동시에 아릭부케와 제위 쟁탈전을 벌였고, 이어서 카이두의 반란을 평정하는 데 일생의 노력을 기울였다. 또 한편으로는 남송 병합이라는 대사업과 고려·일본·안남·점성·미얀마·자바 등에 거의 무제한적으로 원정군을 보냈기 때문에 독무黷武라고 불려도 변명의 여지는 없다. 다른 한편으론 가렴주구하는 무리들인 아흐마드·노세영盧世榮·셍게 등을 재고하지도 않고 계속해서 신임했고, 중통·지원에 걸치는 30여 년의 통치기간 동안 수탈을 일삼는 가혹한 정치를 반복한 행적은 기리嗜利라는 비난을 받기에 충분하다.

분명, 쿠빌라이는 몽골에서는 보기 드문 중국의 이해자였고, 중국을

일본 침입에 나선 몽골의 군선 큰 북과 징을 울리며 활시위를 단단히 당기고 있다.

무기를 앞세우고 떠들썩하게 진군하고 있는 몽골군

중심으로 동아시아를 통솔해서 대원이라는 대형 정복 왕조를 실현할 수 있었다.[1] 그런 그가 왜 이 같은 결함을 지적당해야 할까? 조익은 이것을 그의 천성으로 돌리고 있다. 절대권력을 장악한 황제는 보통 사람과 달리 영향력이 크기 때문에 개인적 자질이 중요하게 작용할 수 있

다는 점에서 조익의 견해도 무턱대고 무시할 수는 없을 것이다. 그렇다고 해도 기리독무의 폐해를 쿠빌라이 개인의 천성으로만 보기에는 석연치 않은 점이 많다. 왜냐하면 특히 기리의 경향은 쿠빌라이 카안의 치세에만

---

1) **역주**_ 모리스 로사비 지음, 『쿠빌라이칸—그의 삶과 시대—』, 강창훈 옮김, 천지인, 2008.

그치지 않고, 거의 원대를 통해서 나타나기 때문이다.

제2대 성종 테무르, 제3대 무종 카이샨, 제5대 영종 시데발라 및 마지막 순제(토곤 테무르)의 치세에도 방만한 재정은 일찍부터 정평이 나 있었고, 그 중에서도 무종 카이샨 시기가 가장 방만하게 재정이 운영되었다. 세입 400만 정錠 중에 경사로 280만 정이 상달되었는데, 오로지 제왕·권신에 대한 사여로 사용한 지출이 520만 정에 달하였으니, 국고는 금방 텅 비게 될 형편이었다.

국계國計의 부족은 당연히 모든 재원의 무차별적 징수로 향하게 했다. 우선 교초의 무제한적 발행에서 시작해 염세의 증액 징수, 새로운 세목의 설치 등이 잇달아 실시된다. 성종 테무르는 그때까지 강동로·절동로 이외에서는 면제되고 있던 하세夏稅를 강남지역 전체에 일률적으로 부과했다. 또한 무종 카이샨은 강남의 차발량差發糧을, 이어서 영종 시데발라는 강남 조역법助役法을 신설했는데, 그것들은 모두 위에서 지적한 새로운 세목의 설치 사례다. 대원의 역대 황제 중에서 가장 어질다고 칭송받는 제4대 인종 아유르바르와다의 치세조차도 강남 전토에 대한 토지측량 명령[2]이 내려졌는데, 그것이 세금을 늘리기 위한 준비였다는 사실을 통해 대원 일대의 그 같은 풍조를 미루어 짐작할 수 있다.

정복왕조의 기본적 체질

쿠빌라이 카안의 기리독무가 개인의 폐습에 그치지 않고 대원의 대체적인 경향이라면, 그 이유를 개인의 천성으로 돌려버릴 수 없음은 말할 것도 없다. 그것은 대원의 체질에 관계되는 것, 다시 말해 정복왕조가 가진 하나의 특질이라고 간주할 수 있다. 실제로 수렴정치를 행한 목적이기

---

[2] 이는 소유자의 신고를 기대한 것으로, 물론 허위신고나 은닉에는 중벌이 가해졌다.

도 하고 원인도 되었던 방만한 재정의 원인을 밝히면, 언제나 제왕·권신에 대한 무제한적인 사여에서 유래한다는 한 가지 사실을 발견할 수 있다.

정복왕조가 아무리 피정복자인 한인과의 합체정치를 표방하고, 또 이에 따른 노력을 했다 해도, 결국은 북방민족이 지배하는 국가임에 틀림없다. 당연히 거기서는 지배부족의 이익이 우선되어야 한다. 정치상의 많은 특권과 함께 각종의 막대한 사여가 위로는 왕후현신王侯顯臣에서, 아래로는 일개 종족에 이르기까지, 즉 몽골족 일반에 허락되는 까닭이다.

중국을 통일하고 지배했던 대원도 정복왕조인 한, 중국 역사상의 지당한 발전을 지향하는 정치는 성립 최초부터 바랄 수도 없다. 몽골은 정권을 유지하기 위한 가장 효과적인 정략은 추구했어도, 다민족 통일국가로서의 조화를 탐구하는 노력은 그들에게는 전혀 다른 의외의 일이었다.

물론 중국 지식인들이 당위적인 개혁안이나 정책을 논의하고, 때로는 그것을 제출하는 일이 전혀 없었던 것은 아니었다. 예를 들면 호지휼胡祗遹이나 하영조何榮祖에 의한 율령 편찬 요청 등이 그것인데, 어쨌든 그들은 정국의 중추에서 소외된 한인과 남인이었기 때문에 그 노력도 헛되이 맴돌 뿐이었다. 대원에서는 이상이 없는 정치가 연속되고 있었다. 즉 대원 통치기간 동안 조정 논의에서는 정치의 근본과 관계된 문제를 한 번도 언급한 적이 없었다. 따라서 정치의 개혁이나 제도의 갱신 등은 있을 수도 없는 상태로, 일시적이며 임시 변통적인 전례 고수로 일관했다.

끊임없는 권력투쟁

원래 몽골과 한인-남인에 대한 좁은 의미의 한인, 즉 금국의 유민을 의미한다-의 합체를 표방해서 중국통치에 임하는 것이 대원 정복왕조의 기본 자세였다.3) 그렇지만, 몽골의 요인要人은 무엇보다 동족 몽골 황제가 가장 신임하는 관료여야 했다. 그들은 대원의 법제에 따라 최고급 대우를 보장받아 문관의 요직, 또는 군대장교의 지위를 차지하고 있었고, 부민部民으로서의 일반 몽골인을 통할하고 있기 때문에, 그들이 몽·원 정권의 유지에 열의를 불태우는 것은 당연했다.

몽골 요인 외에도 색목인이나 한인세족이 그 보조자로 지정되어 있었고, 그들 자신도 같은 이해관계에서 스스로 그 자리에 임했음은 두말할 나위도 없었다. 요컨대, 이러한 현상은 지배층―대원에서는 독자의 복잡한 구성을 이루고 있었지만―이 대칸의 주변에 결집했을 뿐으로, 거기에는 어떤 특별한 새로움이 발견되지는 않는다.

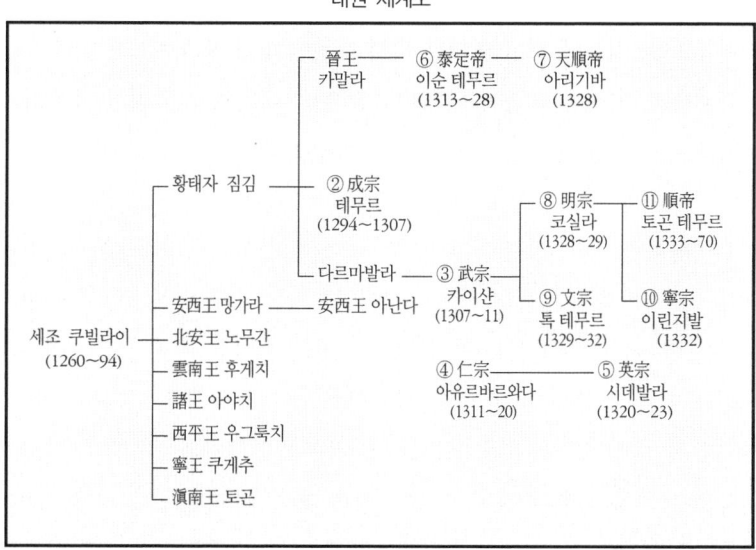

대원 세계도

괄호 안은 재위 연수

대원의 통치정책이 극히 의도적이었던 것인 만큼 지배층은 시대의

---

3) **역주_** 김호동, 「몽골제국과 '大元'」, 『歷史學報』 192, 2006.

변화에 관계없이 국초에 이루어진 원형만을 한결같이 옹호하는 입장이었다. 그것은 수성守成의 한도를 훨씬 넘은 완전한 수구守舊의 자세임에 틀림없다. 그러나 기성의 체제를 금과옥조金科玉條처럼 준수하는 곳에서는 정치적 이상을 사색하며 추구한다는 기대는 생길 수도 없다.

담을 더욱 높이 쌓아가며 하나의 체제에 틀어박힌 경우 지배층의 정치적 힘은 외부로 향하지 않고 안으로 발산한다. 다른 자보다 뛰어난 영예와 이익을 획득하고자 하는 의욕이 제일 우선되기 때문이다. 이 목적을 달성하려면 무엇보다도 중앙정부에 진출하여 황제의 신임을 획득하는 것보다 좋은 일은 없다. 그래서 그들은 우선 도당徒黨을 조직하고, 이익을 꾀하는 말로 황제의 허영심에 영합하던가, 그렇지 않으면 새로운 황제의 측근이라는 친근함과 옹립의 공적에 의지해서 정권에 다가가는 것이 예사였다.

제왕諸王과 동족에 대한 막대한 사여 때문에 항상 생기는 방만한 재정과, 제위계승의 제도적 확립이 없었던[4] 사정이 대원의 본질에서 유래하는 것이므로, 정권을 책임진 야심가들은 언제나 반드시 이 점을 이용하고자 했다.

쿠빌라이 카안의 권신 아흐마드는 출신이 색목인이면서 세무 관청의 말직으로 출발해 부재상副宰相에 이르기까지 입신해서 쿠빌라이 카안 중기 정권을 마음대로 독단했는데, 이것은 전자의 경우를 전적으로 드러내는 사례. 그는 소금과 철에 대한 전매세의 징수에서 작은 성과를 달성한 것으로 이재理財의 재능이 있다고 인정받아 재무장관에까지 발탁되어 재상을 능가하는 권세를 장악했다. 정부 부서 내의 그의 도당은 700여 인, 지방에도 행성으로부터 로·부·주에 이르기까지 각 장관에 자신의 여러 아들들과 절친한 무리들을 배치하여 자기 배를 채우는 부정한 행위를 하고 가렴주구를 강행했다. 이것은 200여 개에 이르는 징세 관청을 신설하

---

4) **역주**_ 그 결과 대집회, 즉 쿠릴타이에서의 제왕·장령의 결정권이 대폭 남아 있었다.

고 오로지 국고의 수입증가에 힘쓴 결과, 쿠빌라이 카안의 허영심을 만족시켜 지지를 얻어낼 수 있었기 때문이다.5)

황제 옹립의 공

황제 옹립의 공을 내세운 전권專權은 성종 테무르 카안을 제외한 대부분의 제위 계승 과정을 통해 두드러지게 나타난다. 단적으로 제3대 무종 카이샨 때 지추밀원사 타라하이와 승상 톡타, 제4대 인종 아유르바르와다와 제5대 영종 시데발라 시기의 태사太師 테무데르와 테쿠시 부자, 제6대 태정제 이순 테무르와 제7대 천순제 아리기바의 치세에 승상 다우라트샤와 부재상 우바투라 등이 있다. 또 제8대 명종 코실라, 제9대 문종 톡 테무르 그리고 제10대 영종 이린지발 시기의 우승상 엘 테무르, 제

무종(武宗) 카이샨 다르마발라의 아들로 군공을 많이 세워 몽골인들로부터 인기를 얻었으나 방만한 제국 운영으로 재정 궁핍을 초래하기도 했다.

11대 순제 토곤 테무르 때에는 승상 바얀과 톡토 등의 권신이 바로 그러한 경우다. 그들은 무엇보다도 자신들을 신임하는 칭기스칸 가문의 왕자를 대칸으로 옹립해서, 그 공으로 전권을 휘둘렀다. 물론 이 옹립은 순탄하게 이루어진 것이 아니라 경쟁자들 사이의 격렬한 투쟁에서 승리해야 비로소 실현되는 것이 보통이다.6)

---

5) **역주_** 周良霄, 『忽必烈』, 吉林 : 吉林敎育出版社, 1986.
6) **역주_** 권용철, 「카안 울루스 말기 權臣 엘테무르와 바얀의 집권」, 고려대학교 석사학위논문, 2010.

문종(文宗) 톡 테무르 엘 테무르에 의해 옹립된 인물로 사망하면서 대칸의 자리를 자신의 형인 코실라의 아들에게 계승하게 하라는 유언을 남겼다.

영종(寧宗) 이린지발 엘 테무르에 의해 옹립되었으나 즉위 2개월 만에 7세의 나이로 사망했다.

예를 들면 대덕 11년(1307)에 성종 테무르가 후계자 없이 사망했을 때 뒤이어 무종이 된 회령왕懷寧王 카이샨의 즉위가 대표적인 경우다. 테무르 카안 사후에 황후 블루간은 안서왕安西王 아난다를 후계자로 삼고 제왕 멜릭 테무르, 재상 아쿠타이와 부재상 바투마신 등의 옹립을 받아 아난다를 즉위시키려 했으나 회령왕 일파에 의해 무력으로 제압당했다. 원래 카이샨은 쿠빌라이 카안의 증손이고, 안서왕 아난다는 쿠빌라이 카안의 손자에 해당하기 때문에 존비尊卑 관계에서 보면 후자 쪽에 즉위 자격이 더 클 것이다. 다만 전자는 오랫동안 카이두와의 전투에서 빛나는 무훈을 거두고 있었기 때문에 군부에 절대적인 지지를 받고 있었다. 회령왕 옹립파는 카이샨에 대한 군대의 충성을 이용해 회령왕이 없는 동안 경사에서 일으킨 쿠데타에 성공했다. 이것은 실력으로 권력을 쟁탈하기 시작했음을 의미한다.

이와 유사한 사태가 그로부터 20년 후인 제6대 태정제 이순 테무르가 사망한 1328년에 재발했다. 그 해 7월 10일에 태정제가 여름수도인 상도 개평부에서 사망하자, 8월에 새로운 황제 옹립의 기회를 노리는 모의가 대도大都에 소용돌이치게 된다. 왜냐하면 이순 테무르 카안이 쿠빌라이 카안의 황태자 진김의 손자였던 점이, 서장자庶長子 진왕晋王 카말라 계통의 무종·인종·영종과는 계보를 달리하는데다가, 그 즉위가 영종 시데발라를 시해하는 반란을 일으킨 장본인인 군무대신 테쿠시 일당이 추진한 것이었기 때문이다. 따라서 대도에 있던 무종의 옛 신하 엘 테무르가 무종의 황통을 재흥한다는 기치를 내걸고 대결을 시도했다. 8월 4일에 엘 테무르 등은 무력으로 대도의 조정을 점거하여 백관을 위압했다.7)

그러나 무종의 적자 주왕周王 코실라는 몽골리아에서 근무하고 있어 대도에서는 그를 맞이할 틈이 없었기에, 9월에 동생 회왕懷王 톡 테무르(=문종)를 옹립하여 천력天曆으로 연호를 고쳤다. 이에 우선권을 빼앗긴 상도에서는 태정제의 재상 다우라트샤가 진왕晋王 가문과 안서왕 가문의 지지 하에 태정제의 아들 아리기바를 옹립하고 연호를 천순天順이라 하여 대도에 대항했다.

천순제와 천력제와의 이 대립은 무력 이외에는 해결할 수 없는 내전을 야기했다. 그래서 10월에 결국 상도가 함락되자, 문종의 권유를 받은 주왕=명종明宗 코실라가 카라코롬에서 즉위했다.

수구체제

이상에서 본 무종과 명종의 즉위는 대원의 제위 계승분쟁 가운데 가장 현저한 사례인데, 이 밖에도 비슷한 황제 옹립세력 간의 권력투쟁은 대원의 통치기간을 통해서 끊임없이 계속되었다. 따라서 경쟁상대를 밀어내고

---

7) **역주_** 김광철, 「14세기초 元의 政局동향과 忠宣王의 吐蕃유배」, 『韓國中世史硏究』 3, 한국중세사학회, 1996.

권력을 잡은 권신도 끊이지 않았다.

권력투쟁의 패배자는 승리자로부터 반역의 죄를 추궁당한다. 황후든 종실이든 죽음을 피할 수 없다. 패자가 된 성종의 황후 블루간과 안서왕 아난다도 그 예에서 빠질 수 없었고, 천순제도 역시 "끝난 바를 알지 못한다"고 전해지고 있기 때문에 거의 같은 운명을 걸었음이 틀림없다.

한편 권력투쟁의 승리자들은 점차 그 권세를 확장하여 마침내 황제조차 허수아비로 만들어 버렸다. 즉 영종을 옹립한 권신 테쿠시는 영종을 죽이고 대칸을 태정제로 바꾸었고, 명종을 옹립한 엘 테무르는 명종을 죽이고 문종을 세웠으며, 또 문종의 유언에도 불구하고 명종의 적자 토곤 테무르의 즉위를 허락하지 않았다.

지배층의 권력투쟁으로 특정 도당이 계속해서 정국을 전단하고 사당私黨정치가 끊임없이 계속된 대원에서는 대칸조차도 이들의 장식물이 되어 버렸다. 이러한 정치에서는 무엇보다도 대원이라는 정복왕조의 체제를 유지하는 것이 최대의 전제였다. 그 체제가 보증하는 곳에서 지배층으로서의 특권에 안주함으로써, 비로소 당리당략의 추구가 가능했기 때문이다. 정복왕조의 지배체제는 원래가 부자연스럽게 만들어졌음에도 불구하고, 이에 대한 아무 반성이나 진보가 없는 수구적 정치가 계속되고, 그렇게 백년 가까운 시간이 지나게 되면, 끊임없이 변화하는 사회 실상과의 사이에 괴리로 더 이상 버틸 수 없는 한계에 이르게 된다.[8]

---

8) **역주_** 윤은숙, 『몽골제국의 만주 지배사-옷치긴 왕가의 만주 경영과 이성계의 조선 건국-』, 소나무, 2010.

2. 원말의 반란

하남행성의 백련교도

하남행성은 대원의 내지內地 중에서도 가장 민생이 불안정한 지역이었다. 오랫동안 송·금·몽골 3국 간의 각축장이 되어 온 결과, 토지는 황폐화되었고 인구가 유망을 거듭함으로써 극도로 황폐화되어 있었다. 그것이 대원에 의해 서서히 부흥되기는 했지만 실상은 매우 어려웠다. 넓은 관전官田의 경영에 여력이 없는 관전호官佃戶가 대다수를 차지하고 있었기 때문이다. 민생을 돌아보지 않는 사당정치가 가혹한 수렴을 계속하였고, 통화 가치의 하락과 물가의 상승이 매년 심각한 상황에서 하남행성이 최초로 비명을 질렀다고 해도 이상할 것은 없다. 원말의 반란은 하남에서 백련교도라는 작은 반란을 도화선으로 시작되는 까닭이 여기에 있다.

"미륵불이 하생下生했다"는 소문을 퍼뜨리고 세상을 바로잡을 것을 주창한 백련교의 반란은 대원에서 시작된 것도 아니고, 원 말이라고 해도 순제 치세의 특징도 아니다. 하남행성에서는, 이미 태정 연간에 식주息州(하남성 광주光州 식현息縣)에서 조축사趙丑斯와 곽보살郭菩薩을 중심으로 진행된 전례가 있다.

그런데 일반적으로 종교의 난은 단지 백련교에 한정하지 않고, 예를 들면 황건적이나 오두미도, 명교明敎(마니교) 방랍方臘의 난 등과 같이 강한 정치적 성격을 수반하는 것이 보통이다. 왜냐하면 그들에게는 극히 관념적이긴 하지만 모두 종교적 이상세계를 현실세계에 실현하고자, 또는 실현할 수 있다는 기대를 가지고 있었기 때문이다. 단순한 경제적 욕구의 충족만을 추구하는 도적집단이 약탈을 계속하면서 떠돌아다니는 것과는 조금 취지를 달리한다.

백련교는 미래불=구세주인 미륵불[9]이 지금이야말로 출현할 시대라고 부추김으로써, 고뇌하는 민중을 미혹시켜서, 현실 사회의 타파를 확신케 하여 행동하게 했다. 따라서 그들에게는 그것이 타파되는 그때에 실현될 수 있는 이상사회를 운영할 준비가 초보적이지만 준비되어 있어야 한다. 순제 지원 3년 2월(1337)에, 신양주信陽州(하남성 나산현羅山縣)에서 봉기한 호윤아胡閏兒를 수령으로 하는 백련교도는 1개월 만에 진정되었던 미약한 소집단이었지만, 이미 선칙宣勅을 칭하고 자금인柴金印10)과 양천척量天尺11)을 사용하여, 소국가 체제를 갖추고 있었다. 그렇지만 이러한 준비는 너무나도 도식적이고 단순해서 현실에 맞지 않았기 때문에 실패했다. 조직이 미약하고 통제가 되지 않았기 때문에 소기의 목적을 달성하는 것은 어차피 불가능한 것이 보통이었다.

그러나 공상적인 구제설은 빈곤으로 고통을 당하는 무지한 대중의 귀에 들어가기 쉬워 대원 말의 하남에서는 계속해서 그 파문이 전해져 때로는 급속하게 집단의 확대를 이루었지만, 결국은 위와 같은 이유에서 모두 허무하게 평정되어 버렸다.

동란의 단서 - 한산동과 한림아의 반란

대원 말기에 들어와 하남행성에서는 백련교도의 반란이 끊이지 않았다. 다만 광대한 중국이기 때문에 언제라도 어디선가 소규모 반란이 일어나고 있는 것이 일반적인 상태였지만, 하남의 경우는 억제에도 불구하고 백련교도의 난이 끊임없이 발발하고 있었다.

식주息州의 조축사와 곽보살 집단이 진압된 지 약 10년 후, 이번에는

---

9) 석가 입멸 후 46억 년을 지나 遺經이 滅했을 때 미륵불이 세상에 나타나서 부처의 교법을 재흥한다고 한다.
10) 천자가 사용하는 가장 양질의 금으로 만든 印璽.
11) 천자가 특권으로 반포하는 曆을 작성하기 위해 사용하는 천체 관측기.

신양주에서 호윤아 집단이 난을 일으켰다. 그리고 이것이 평정되자 비슷한 간격으로 지정 11년(1351)에 영주潁州(안휘성 부양현阜陽縣)의 유복통劉福通이 두준도杜遵道, 나문소羅文素와 성문욱盛文郁 등과 결탁해 백련교의 종사宗師 한산동韓山童을 송 휘종의 8세손이라고 사칭하여 그를 옹립해서 체제 전복을 계획했다. 이 음모는 미연에 노출되어 한산동은 곧 체포되어 죽임을 당했다. 그렇지만 도망한 잔당이 한산동의 아들 한림아韓林兒를 받들어 거병했기 때문에, 눈 깜짝할 사이에 전 하남이 분란의 장소가 되었다.

한산동은 '한학구韓學究'라고 불렸던 것에서 보면, 무지한 민간 미신의 지도자가 아니라, 저급하긴 해도 당시의 지식인에 속해 있었던 것 같다. 그래서 "원조의 천하는 바로 대란의 조짐을 보이고 있다. 지금 구세주 미륵불이 출현함은 의심할 나위가 없다"라고 하는 그의 신탁은 폭넓은 계층의 신자를 확보할 수 있었다. 그때 마침 황하의 제방수리 대공사에 하남의 민이 대량으로 징발된 것을 기회로 해서, 미리 하도河道에 "기껏해야 애꾸눈의 석인石人이라고 업신여길 뿐이나, 이 석인이 세상에 나타나면 천하는 반드시 크게 혼란하게 될 것이다"라고 새긴 석인石人을 묻고, 이것을 파내 민중을 한꺼번에 폭발시키려 했던 유복통의 계략은 감쪽같이 계획대로 들어맞았다.

게다가 도당에는 두준도처럼 불만을 품은 서생도 가담하고 있어, 북송의 재건이라는 민족부흥의 슬로건을 가지고 대중을 규합하고자 했다. 그래서 한림아를 옹립해서 국호를 송宋, 연호를 용봉龍鳳이라 칭하는 한편, 재빨리 백관을 임명하는 조직력을 발휘했는데 다른 집단에는 볼 수 없는 양상을 보였기 때문에 장차 큰 세력이 될 가능성은 충분히 갖추고 있었다고 말할 수 있다.

그렇지만 한산동과 한림아의 반란이 큰 동란으로 발전할 수 있었던 것은 그것을 둘러싼 자연 현상에 있었다. 지정 4년(1344) 황하는 근래에 없던 대범람을 일으켰다. 정월부터 산동과 하남에서 두 번에 걸쳐 제방이 파손되어 응급처치가 행해졌지만 5월의 연속적인 호우가 결정적인 피해를 입혔다. 하남의 백모제白茅堤와 금제金堤를 무너뜨린 황하의 물은 최대 6미터의 수심으로 하남과 산동 유역에 흘러넘쳐서, 이후 7년간 정부의 치수사업도 진척되지 않은 채 잠긴 상태가 계속되었다. 지정 11년에 이르러, 공부낭중工部郞中 가로Garo가 치수의 최고 책임자에 임명되어 8개월 만에 성공을 거두기는 했으나, 그 때 동원된 역부役夫 15만과 군부軍夫 2만은 전적으로 하남행성에서 징발되었다.

원래 관전호가 많았던 하남의 민은 수년 동안의 수해 피폐가 극에 달해 있었다. 게다가 황하 치수에는 무상 노동으로 동원되었다. 자연히 난을 생각하는 사람들은 미륵불의 하생에 희망을 걸고 계속해서 한산동 일파의 무리에 투신하게 되었다. 하남의 백련교도가 한편에서는 진정되어도 다른 한편에서는 봉기하였고, 하남에서 쫓겨나서도 유적流賊이 되어 사천·섬서·하북은 물론이고 몽골리아와 고려에까지 파급되는 형세로 발전해 실로 천하를 떠들썩하게 만들기에 이르렀다.

반란집단 '홍건군'의 성쇠

백련교주 한산동을 받든 유복통 등의 집단은 홍색 두건을 써서 일당의 표식으로 했기 때문에 이들을 '홍건紅巾의 적'이라 칭했다. 마치 후한 말에 장각張角이 이끄는 반란 무리가 토덕土德을 나타내는 황색 두건을 쓰고, 스스로를 한왕조의 화덕火德을 대신한 자라고 한 것과 완전히 유사하다. 그래서 한산동을 송 휘종 8세손이라 해서 옹립한 홍건의 도당은 송宋의 화덕을 부흥하려는 의도를 이렇게 해서 내외에 선언했다.

영주潁州에서 일어난 홍건의 무리는 관헌의 탄압으로 일찍 한산동을 잃는 큰 타격을 받았지만, 한산동은 원래 명목적 수령이었기 때문에 각지로 흩어진 잔당은 재차 세력을 회복했다. 앞서 살펴보았듯이, 하남행성은 수년 동안의 수해와 세역稅役-고율의 관전량官田糧과 황하 제방수리의 징발-에 짓밟혀 완전히 피폐해진 사람들이 절망한 나머지 도처에서 난을 생각하는 무리로 바뀌고 있었기 때문이다.

홍건에 의한 소란이 하남 각지에 파급되자 기회를 노리고 있던 불평을 품은 무리는 이것을 호기로 삼아 홍건에 호응했다. 또는 자기 보전의 필요에서 어쩔 수 없이 홍건의 명령을 받는 자도 속출했다. 지정 11년(1351)에 팽영옥彭瑩玉과 추보승鄒普勝의 부추김을 받아 나전

곽자흥 원말 군사를 일으켜 호주를 장악하고 원수(元帥)를 자칭한 토호로 자신의 딸을 주원장에게 출가시켰다.

현羅田縣(호북성 황주黃州 나전현羅田縣)에서 반란을 일으켰다. 홍건의 당을 칭한 서수휘徐壽輝·조군용趙君用·팽이랑彭二郎 등과 함께 향을 피우면서 소현蕭縣(강소성 서주徐州 소현蕭縣)에 군중을 모으고 군사를 일으켜 홍건의 무리에 호응한 지마리芝麻李 등은 전자의 예다. 지정 12년에 이르러 유복통과 내통한 정원定遠(안휘성 봉양부鳳陽府 정원현定遠縣)의 토호 곽자흥郭子興(?~1355)과 그 부하 주원장朱元璋(1328~1398) 등은 후자의 경우에 속한다.

물론 대원이 지정 11년 이후에 하남행성에서 급속히 만연한 홍건 반란을 좌시할 리는 없었다. 하남행성은 대원의 중국지배의 근거지를 이루는 기내=복리의 안전에 가장 긴요한 방어막이었기 때문에 국초 이래 상당한

방비체제가 시행되고 있었다. 널리 군둔전軍屯田을 개발하고 많은 한군호漢軍戶를 배치한 특수 조치가 그것이다. 그것은 강을 사이에 두고 있는 강남을 제어함과 동시에 복리를 방어하기 위해 계획된 일석이조의 방책이기도 했다. 유복통 등이 중심이 된 홍건 반란을 단순한 좀도둑으로 과소평가한 결과 초기 진압은 실패로 끝났다. 그러나 이들이 하남행성 일대에서 대세력으로 성장한 것을 본, 대원은 사태의 중대함을 통감하여 본격적인 토벌에 착수했다.

한지는 강남과 달리 대원의 지배력이 침투해 있었다. 그리고 차간 테무르와 톡토 등 재상급 장군이 진압에 참여하게 되자 점차 그 효과가 나타났다. 유복통의 집단은 박주亳州(안휘성 봉양부鳳陽府 박현亳縣)에서 한산동의 아들 한림아를 옹립해 국호를 송, 연호를 용봉이라 하고, 궁전을 짓고 백관을 임명해 한때는 마치 소왕조의 모습을 보이기도 했다. 그러나 그들은 차간 테무르의 공격을 받자 패배해 안풍安豊(안휘성 임회현臨淮縣)과 변량汴梁(하남성 개봉부)을 전전하다가, 결국 지정 23년(1363)에 궤멸 당했는데 이 과정에서 그들 권력의 실상을 잘 살필 수 있다.

하남에 만연한 홍건의 무리라고 해도 그들은 본래 일원적으로 유복통에 합체되어 있던 이들은 아니었다. 그들 각각이 유복통 집단의 위세를 빙자하기 위해, 큰소리 치고 있었음에 지나지 않았기 때문에, 그것이 대원의 토벌을 성공시키는 데 도움이 컸던 점도 빠뜨릴 수 없다. 예를 들면 서수휘 등은 일찍이 국호를 천완天完, 연호를 치평治平이라 했는데, 한림아가 '송'을 선언한 후에도 그것을 바꾸지 않았다. 요컨대 한때는 무서운 형세로 타들어 가는 벌판의 불처럼 하남행성 전역을 덮칠 것 같았던 홍건의 도당도 내적 결합에 의한 통일집단이 아니었기 때문에, 일단 열세에 몰리게 되자 지리멸렬하게 토벌군 앞에 평정 또는 축출 되었다.

지정 16년 이후 한림아를 받든 유복통의 본군이 여러 번 패배하여

각지의 홍건군이 주조한 동전들 왼쪽에서부터 한림아의 용봉통보, 진수휘의 천계통보, 진우량의 대의통보, 장사성의 천우통보

형세를 떨칠 수 없게 된 홍건군은 관선생關先生·파두반破頭潘·이희희李喜喜 등의 주도 하에 산서·섬서 등으로 도망쳤다. 나아가 감숙에서 내몽골·요양遼陽·고려까지 약탈의 발자취를 남기게 된다.[12] 이것은 하남에서 쫓겨난 그들이 관헌에게 토벌당하면서 떠돌이 도둑이 되어 그대로 소멸해 갔음을 분명히 드러낸다.[13]

이렇게 해서 하남행성에서 반란을 일으킨 여러 집단이 토벌되면서 하남을 기반으로 한 반란집단은 관군을 피해 밖으로 이동하기 시작했다. 이 경우에 하남행성의 바깥 땅이라고 해도, 장강을 건너서 강남으로 들어가는 것이 자신들의 세력을 육성하기에 가장 적합했다. 그 전형적인 예로서 진우량·주원장·장사성 등의 3명을 들 수 있다.

진·주·장 등 3웅의 정립

면양沔陽(호북성 안륙부安陸府 면양현沔陽縣)의 어부 출신인 진우량陳友諒은 한때 현리縣吏가 되었지만, 서수휘의 홍건군이 인접한 황주黃州에서

---

[12] **역주**_ 김경록, 「공민왕대 국제정세와 대외관계의 전개양상」, 『역사와 현실』 64, 한국역사연구회, 2008.
[13] **역주**_ 윤은숙, 「고려의 北元칭호 사용과 동아시아 인식」, 『中央아시아研究』 15, 중앙아시아학회, 2010.

명 태조 주원장

세력을 넓히고 기수현蘄水縣에서 천완국天完國을 칭하자 여기에 투신했다. 그 후 천완국의 내분을 틈타 재상 예문준倪文俊을 죽이고 그 자리를 차지하여 기반을 다졌다. 그는 강서와 호남 등의 경략으로 실력을 쌓아 지정 19년 말에는 강주江州(강서성 구강九江)를 수도로 삼아 스스로 한왕漢王을 칭했다. 다음 해에는 허수아비에 불과한 서수휘를 죽인 뒤 천완국을 빼앗아 국호를 대한大漢, 연호를 대의大義로 했다. 이윽고 강서·호남 이외에 호북까지 세력 하에 넣은 진우량의 한국은 강남의 강주를 수도로 하는 독립국이 되었다.

명왕조의 창립자 주원장은 종리鐘離(안휘성 봉양부鳳陽府 임회현臨淮縣)에서 빈농의 막내아들로 태어났다. 지정 4년(1344)에, 17세가 되던 해에 발생한 황하의 대범람에 따른 기근으로 부모와 여러 형은 아사했다. 그는 먹을 것을 찾아 황각사皇覺寺에서 수년을 보내다가 지정 12년에 이르러 정원定遠의 토호 곽자흥 밑에 투신했다. 곽자흥은 앞서 말했듯이 유복통과 친분을 맺었지만, 그것으로 그 역시 백련교도의 한 사람이었다고 보는 것은 경솔한 판단인 것 같다. 아마도 주변에 세력을 떨치는 홍건군에 쫓겨서 자기 보전을 위해 기치를 선명하게 했을 따름이었다. 그렇기 때문에 그는 멋대로 저양왕滁陽王을 자칭하였고, 유복통에게 적극적으로 협력하지 않았다.

장사성의 멸망을 묘사한 그림

지정 15년(1355)에 곽자흥이 죽자 무리를 이끈 주원장도 역시 한림아에게 받은 관직을 사퇴하고 그들의 영향에서 벗어나기 위해 근거지를 버리고 남방으로 이동하기 시작했다. 같은 해 주원장은 장강을 건너 대원의 태평로太平路(안휘성 당도현當塗縣)를 빼앗고, 다음 해에는 강남의 요충지 집경로集慶路(남경시)를 함락한 뒤에, 여기에 수도를 정하고 오국공吳國公이라 자칭했다. 이후 그의 세력은 강소성과 안휘성의 강남부에서 절강성의 서부로 퍼져, 주오국朱吳國의 기반을 순조롭게 굳혀 갔다.14)

장사성 원말 염장 노동자들을 모아 반란을 일으키고 오왕이라 칭했다. 명군의 공격으로 대패하자 자살했다.

장사성張士誠은 태주泰州(강소성 양주揚州 태현泰縣)에서 관염을 배로 운반하던 업자였다. 지정 13년에 여주汝州와 영주潁州의 홍건군에 의해 하남행성이 혼란스러워진 것을 기회로 그도 염정鹽丁을 선동해서 봉기했는데 그가 홍건군과의 직접적인 연계가 없었음은 특이한

---

14) **역주_** 오함 저, 『주원장』, 박원호 역, 지식산업사, 2003.

제7장 대원의 마지막 길 261

현상이다. 지정 13년에, 겨우 18명의 부하를 거느리고 거사한 그가, 눈 깜짝할 사이에 태주와 고우高郵를 점거하고 국호를 대주大周, 연호를 천우天祐라고 칭할 만큼 강성해진 것은 생계 파탄에 직면해 있던 제염 노동자 및 운반 노동자가 대거 그 밑에 모였기 때문이다.

강소성의 해안지대에 분포되었던 염장에서는 관염 총액의 절반을 차지하는 회염淮鹽을 생산했다. 그 북쪽 집산지는 회안淮安, 남쪽은 태주였기 때문에, 태주는 염정을 비롯한 염업 노동자들을 규합하는 데 가장 적합한 지리적 이점을 가지고 있었다. 이들 노동자들은 농민과 달리 자급자족하지 못하는 매우 빈곤한 사람들이다. 게다가 원말 지정 중기 당시에 지원초至元鈔의 하락이 절정에 도달해 있었다. 자급 능력이 부족한 임금노동자를 대표하는 염정과 운반 노동자들은 그칠 줄 모르는 물가 급등의 영향을 정면으로 받을 수밖에 없었다. 그래서 그들의 행동은 필사적이었고 그들에게 장사성은 구세주였을 것이다.

대원의 자멸

장사성의 반란은 대원에게는 중대한 사태였다. 여하튼 대원은 염과 수입의 대부분을 차지하는 강회염과, 강남 물자를 경기로 수송하는 대동맥인 대운하를 한시도 방치할 수 없었다. 지정 14년에, 대원은 승상 톡토를 긴급 출동시켜서 첫 전투에서 반란군에게 엄청난 타격을 주며 크게 승리했다.[15]

그렇지만 국가 위급사태에서도 권력다툼은 끊이지 않았다. 반대파는 승상 톡토가 조정에 없는 것을 틈타 토벌중이던 톡토의 모든 관직을

---

15) **역주_** 미야 노리코(宮紀子) 저, 『조선이 그린 세계지도―몽골제국의 유산과 동아시아―』, 김유영 역, 소와당, 2010.

빼앗고 운남雲南으로 유배 보냈다. 이것은 장사성에게는 예상 밖의 행운을 제공했다.16) 그러나 강북·하남 행성을 근거지로 한 그는 불안함을 느껴, 16년 정월에, 강남지역을 공격하기 시작해서 2월에 소주蘇州를 수도로 작은 조정을 열었다.

나라가 망하기 불과 십 수년 전, 더욱이 하남행성에서 강남 일대에 걸쳐서 반란이 만연하고 있는 위급한 때에 이르러서도 여전히 그치지 않는 조정의 권력다툼은 톡토 승상의 실각 후에도 계속되었다. 하남행성의 평장정사平章政事로 임명되어 홍건군 토멸에 공적을 올린 위구르 장군 차간 테무르와 몽골 장군 볼로르 테무르가 서로 대립하며 한치도 양보하지 않는 팽팽한 신경전을 벌이고 있었다. 전자는 하남에 의거하고, 후자는 산서 북부를 중심으로 활동하고 있었다. 지원 21년에 이르러 차간 테무르는 홍건군의 부장部將으로 투항하였으나, 산동에 있던 전풍田豊과 왕사성王士誠 등에 의해 모살되었다. 그러나 후계자인 쿠케 테무르는 거물이었기 때문에 그 세력이 더욱 확대되어 산동·하남·섬서를 제패했다. 그로부터 볼로르 테무르와의 대립은 깊어질지언정 감소할 기미를 보이지 않았다.17)

원 조정에서도 국가가 위기에 빠졌던 까닭에 두 사람의 내분을 우려해 각각의 세력권을 지정하여 서로 침범하지 않도록 회유하고 있었다.18) 하지만 그것도 잠시, 곧 조정 내부의 분쟁이 격화되자 각각의 진영이 이들에게 지원을 요청하자 결국 수습할 수 없는 분열 상태에 빠지고 만다. 즉 순제의 황태자 아유시리다라를 옹립하는 일파가 쿠케 테무르를

---

16) **역주_** 李龍範, 「奇皇后의 冊立과 元代의 資政院」, 『歷史學報』 17·18, 역사학회, 1962.
17) **역주_** 金鮮浩, 「14世紀末 蒙·麗關係와 東北亞 政勢變化」, 『江原史學』 第12輯, 春川 : 江原大學校 史學會, 1996.
18) **역주_** 첵메드 체렝도르지, 「14세기 후반 동아시아의 국제정세와 북원과 고려의 관계」, 한국학중앙연구원 한국학대학원 박사학위논문, 2010.

자기편에 끌어들였고, 여기에 적대적인 군정대신 투간 테무르 일당은 볼로르 테무르에게 도움을 부탁하는 사태가 출현했기 때문이다.[19]

이 권력투쟁은 지정 25년에 이르러 간신히 쿠케 테무르를 중심으로 하는 황태자파가 승리를 거두지만, 이미 강남에서는 주원장을 중심으로 통일세력이 성립해 북벌군이 하남지방으로 육박하는 상황이었다. 차간 테무르 부자와 볼로르 테무르에 의해 하남의 반란 무리는 격멸되었지만, 계속되는 조정의 내분 때문에 강남으로 후퇴해서 세력을 회복시킨 진씨의 한국漢國, 주씨의 오국吳國 그리고 장씨의 주국周國을 토벌할 만한 형편은 아니었다.

그 당시 중원은 간신히 무사했지만 강회江淮와 천촉川蜀 지방은 나의 지배권에서 이탈했다.

『원사』에서는 당시의 상황을 요약해서 위와 같이 말하고 있는데, 정확히 바로 그대로다.

대원 말의 군웅 가운데 가장 유력한 진우량・주원장・장사성 등이 모두 홍건군의 혼란을 틈타 하남에서 일어서고, 또한 모두 강남으로 이동해서 세력을 확대했다는 사실은 매우 주목할 가치가 있다. 이로부터 확인할 수 있는 점은 첫째, 대원의 특별한 중국통치의 형태-강북지방에 대한 실질적 지배와 강남에서의 명목적 지배-가 대원 말까지 유지되고 있어, 군웅들에게는 강남이 평온한 땅이었다는 것이다. 둘째는 강북과 비교해서 압도적으로 부유한 강남의 경제력이 그들의 부국강병에 도움이 되었던 점, 그리고 셋째는, 대원의 정치에서 소외되어 있던 강남인사가 신정권에 참여하여 제반 조직을 정비했다는 점이다. 이것은 반대로 대원의 입장에서

---

[19] **역주**_ 윤은숙,「北元과 明의 대립-遼東 문제를 중심으로-」,『東洋史學研究』105, 東洋史學會, 2008.

보면 하남을 청소했다고 해도 군웅들을 손이 미치기 어려운 강남으로 쫓아내어, 재정의 보고인 강남을 그들에게 맡겼으며, 게다가 강남의 인재를 버림으로써 적군 쪽에 유리하게 만든 셈이다.

강남의 삼국, 진씨의 한국·주씨의 오국·장씨의 주국은 대원의 간섭을 거의 받지 않고 삼파 쟁패전을 벌인 끝에, 최후의 승리는 주원장에게 돌아갔다. 이렇게 해서 통일된 강남의 세력이 북벌을 개시하자 대원은 썩은 나무처럼 무너지고 말았다.[20]

---

[20] **역주**_ 윤은숙, 「나가추의 활동과 14세기말 동아시아 政勢」, 『明淸史硏究』 28, 明淸史硏究會, 2007. 원의 마지막 황제 토곤 테무르가 밀려오는 명군을 피해 1368년 7월에 상도로 북상한 것은 사실이지만, 이로써 대원이 소멸된 것은 아니다. 북상한 대원은 전 몽골세력과의 연대를 통해 세력을 확보해 중원에 대한 재탈환을 기획하고 있었고, 이후 20여 년간 북원과 명이 중원을 놓고 대립하는 정세가 계속되었다.

참고문헌

[요·금]

1) 村實造·小林行雄, 『慶陵』, 京都大學文學部出版, 1952·1953.
   정복왕조 제1호에 해당하는 키타이 요왕조에 대한 문헌사료가 많지 않기 때문에 합성문화의 실태를 명료하게 확인하기는 어렵다. 이런 사료의 부족은 다행히 고고학적 발굴조사로 보완할 수 있다. 내몽골의 바린旗에 있는 成宗·興宗·道宗 등의 무덤에서 당시의 문물뿐만 아니라 거란 문자, 벽화 도자기 등이 출토되었다. 프랑스 선교사 뮤이와 필자가 도리이(鳥居龍藏) 박사의 뒤를 이어서 조사보고서의 『慶陵』 上·下 2권을 세상에 내놓았다. 전후 중국에서는 요대 키타이인 귀족 묘 여러 개를 발굴했지만 왕릉을 발굴하지는 못했다.

2) 三上次男, 『金史硏究』(1권 金代女眞社會の硏究, 2권 金代政治制度史の硏究, 3권 金代政治社會の硏究), 中央公論美術出版, 1970~1973).
   주르친 금왕조에 관한 개설서가 없기 때문에, 이 책이 금대를 다룬 전문적이고 유일한 총서라 할 수 있다.

[몽골제국·대원제국]

3) C. ドーソソ 著, 田中萃一郞 譯, 『ドーソソ蒙古史』, 三田史學會出版, 1933.
4) C. ドーソソ 著, 佐口透 譯註, 『モンゴル帝國史』(東洋文庫), 平凡社, 1968~1973.
5) 岩村忍, 『モンゴル社會經濟史』, 京都大學人文科學硏究所出版, 1986.
   3)과 4)는 몽골 통일로부터 분열된 칸국(대원도 그 일부를 이루는)까지를 다룬 장대한 통사로 구성되어 있다. 다나카(田中萃一郞)의 번역본은 원서 7권을 3권으로 압축한 것이고, 사구치(佐口透) 번역본은 역주를 담고 있다. 그러나 1997년 현재까지 7권은 여전히 미완으로 남아 있다. 도오송(D, Osson) 저서에 필적할 만한 것으로는 H. Howorth의 *History of the Mongol* 이 있기는 하지만 일본어로 번역이 되어 있지

않다. 5)는 몽골제국에서 대원까지를 사회경제사의 시각에서 다룬 총설적인 책이다.

6) 那珂通世 譯注, 『成吉思汗實錄』, 大日本圖書株式會社, 1907/再版 筑摩書房, 1943.
7) 小林高四郎 譯註, 『蒙古の秘史』, 生活社, 1940.
8) 村上正二 譯注, 『モンゴル秘史－チンギスカン物語』,(東洋文庫), 平凡社.

문자를 사용하지 않았던 고대 몽골은 조상의 역사를 구비 전승했다. 몽골이 위구르 문자를 채용하면서 기록이 이루어졌다. 正篇 10권은 칭기스칸 집권 말기에, 續篇 2권은 1240년 몽골어 위구르 문자체제로 각각 기술되어, 『몽골비사』라고 불렸다. 몽골의 이 연대기는 그 후 명 홍무15년(1382)에 중국어본을 더해서 고대 몽골 부족으로부터 칭기스칸의 흥기, 우구데이 카안의 치세를 다룬 근본 사료가 되었다. 6)은 메이지(明治) 말년에 나온 일본어번역본 제1호라는 가치를 가지고 있다. 현대어 번역본은 두 종류가 있는데 8)은 1997년 현재 3권까지 간행되었다.

9) V. VladImIrtsov 著, 靑木富太郞 譯, 『蒙古法の基本原理』, 生活社, 1941.
10) 小林高四郎·岡本敬二 譯註, 『通制條格の硏究譯註』, 中國刑法史硏究會出版, 1964.
11) 岩村忍·田中謙二 校定, 『校定本 元典章刑部』, 京都大學人文科學硏究所, 1964·1972

위 세 권의 책은 법제 관련 서적으로 9)는 고대 몽골의 관습법부터 근대 성문법에 이르기까지 총괄하고 있다. 10)과 11)은 대원 중기에 관찬된 법령 판결례의 집록으로 『大元通制』의 殘簡「通制條格」및『大元聖政國朝典章』을 다루고 있다. 10)은 全篇을 해석했고, 11)은 1부 내용을 元刻本을 저본으로 교정해 원문에 대한 정확한 구독을 실시했다.

12) Chavannes, E., *Inscriptions et pièces de Chancellerie chinoise de l,èpoque mongole*, T,oung Pao, 1904.
13) 馮承鈞, 『元代白話碑』(史地小叢書), 商務印書館, 1933.
14) 蔡美彪, 『元代白話碑集錄』, 科學出版社, 1955.

위의 3종은 대원제국의 독특한 특징인 '白話聖旨'들을 집록했다. 그동안 몽골어 어휘 및 문맥을 채용한 13·14세기 속어체 한문 서지류의 金石錄을 무시하는 경향이 있었다. 물론 파격적인 문체 때문에 다소 형식론에서 보자면 번거롭기는 하다. 그러나 이런 어려움을 뛰어넘어 근본 사료로서의 가치를 제대로 평가해서, 19세기 말부터 표본을 집록하고 난해한 문장을 해독한 Chavannes의 식견과 공적은 최고로 평가받아야 한다. 13)과 14)는 독자적인 편찬체제를 취하고 있지만 대부분 12)의 재판과 같다.

[傳記]

15) Khara-Davan, Erendzhen 著, 本間七郞 譯, 『成吉思汗傳』, 東京朝日新聞社, 1938.

16) Grenard, Fernand 著, 後藤富南 譯, 『傳記チンキス汗』, 生活社, 1941.
17) Vladimirtsov, Boris IAkovlevich 著, 小林高四郎 譯, 『チンキス・ハン傳』, 生活社, 1942.
18) 小林高四郎, 『ジンキスカン』(岩波新書), 岩波書店, 1960.
19) 愛宕松男, 『忽必烈汗』(支那歷史地理叢書), 富山房, 1941.
20) 勝藤猛, 『忽必烈汗』(中國人物叢書), 人物往來社, 1966.
21) 岩村忍, 『マルコ・ポ-ロ』, 岩波書店, 1941.
모두 접근 가능한 일본어로 된 전기류다. 특히 조부 칭기스칸과 손자 쿠빌라이는 세대의 격차뿐만 아니라 몽골제국과 대원제국이라는 차이를 수반하기에 매우 중요하다.

[마르코 폴로 『東方見聞錄』]

22) 深澤正策 譯, 『マルコ・ポ―ロ旅行記』, 改造社, 1935.
23) 岩村忍, 『マルコ・ポ―ロの硏究』, 筑摩書房, 1946.
24) 靑木富太郎 譯, 『マルコ・ポ―ロ旅行記』, 河出書房, 1954.
25) 靑木一夫 譯, 『マルコ・ポ―ロ東方見聞錄』, 校倉書房, 1960.
26) 靑木富太郎 譯, 『東方見聞錄』, 社會思想社, 1969.
27) 愛宕松男 譯, 『東方見聞錄』, 平凡社, 1970~1971.
유럽과 아시아를 뛰어넘는 대제국의 성격을 가진 몽골제국과 대원에 대한 유럽과 이슬람 측 문헌이 적지 않다. 특히 동쪽으로 왔던 서양인의 여행기는 동시대에 쓰여진 기록이라는 점에서 사료적 가치가 매우 높다. 교황 이노센트 4세의 사자로 1246년 카라코롬에서 구육 카안을 알현한 플라노 카르피니와 루이 9세의 사자로 1254년에 뭉케 카안의 조정에 왔던 루브룩 등의 보고가 그것이다. 대원제국 지배 하의 중국 사정을 기록한 마르코 폴로의 견문록은 그 중에서도 백미로, 원대 근본 사료의 하나로 열거할 수 있다. 텍스트를 다르게 한 일본어 번역본 6종을 거론해 보았다.

[지폐 · 도자기]

28) 羅振玉, 『四朝鈔幣圖錄』, 1914.
29) 前田直典, 『元朝史の硏究』, 東京大學出版會, 1973.
30) 三上次男, 『陶瓷の道』(岩波新書), 岩波書店, 1969.
31) 三杉隆敏, 『中近東の中國磁器』, 學藝書林, 1972.
송대 이래 중국산업의 왕좌를 차지한 도자기가 대원제국 시대에 어떠했는지를 기술한 전문 저술은 매우 드물다. 이 두 책도 전문 저술은 아니지만 원대 도자기의 해외수출을 알 수 있는 귀중한 내용이 포함되어 있다. 특히 31)은 이스탄불의 톱카피 사라이

박물관·이란 아르데빌 廟 소장의 靑花를 위주로 120여 종의 원대 도자기 표본을 소개하고 있는 걸출한 서적이다.

[문학]

32) 王國維, 『宋元戱曲考』, 商務印書館, 1915.
33) 靑木正兒, 『支那近世戱曲史』, 弘文堂, 1930.
34) 吉川辛次郞, 『元曲金錢記』, 筑摩書房, 1943.
35) 吉川辛次郞, 『元雜劇硏究』, 岩波書店, 1948.
36) 靑木正兒, 『元人雜劇』(再版), 春秋社, 1957.
37) 吉川辛次郞, 『元明詩槪說』(中國詩人選集), 岩波書店, 1963.
38) 前野直彬 編譯, 『宋元明淸詩集』(中國古典文學大系), 1973. 대원제국의 문학을 대표하는 잡극에 관해서는 왕국유 이래 저명한 저서가 적지 않다.
39) 箭內亘, 『蒙古史硏究』, 刀江書院, 1930.
40) 羽田亨, 『元朝驛傳雜考』(東洋文庫叢刊), 東洋文庫, 1930.
41) 池內宏, 『元寇の新硏究』(東洋文庫論刊), 東洋文庫, 1931.
42) 桑原隲藏, 『蒲壽庚の事蹟』(增補改訂版), 岩波書店, 1935.
43) 安部健夫, 『元代史の硏究』(東洋學叢書), 創文社, 1972.
매우 전문적인 저술로서 대원제국사 연구의 기초를 조성한 선학들의 성과들 중 대표적인 것들 약간을 언급해 공적을 밝히려 했다. 위에 기술한 참고문헌들은 모두 기념비적 저술들이라 평가할 수 있다.

[연구서]

고병익, 『東亞交涉史의 硏究』, 서울대학교출판부, 1970.
金渭顯, 『契丹社會文化史論』, 경인문화사, 2004.
김당택, 『원간섭하의 고려정치사』, 일조각, 1998.
김호동, 『몽골제국과 고려』, 서울대학교출판부, 2007.
김호동, 『몽골제국과 세계사의 탄생』, 돌베개, 2010.
라츠네프스키 저, 『칭기스한 : 그 생애와 업적』, 김호동 역, 지식산업사, 1992.
르네 그루쎄 지음, 『유라시아 유목제국사』, 김호동·유원수·정재훈 옮김, 사계절, 1998.
마르코폴로 저, 김호동 역주, 『마르코폴로의 동방견문록』, 사계절, 2000.
모리스 로사비 지음, 『쿠빌라이칸-그의 삶과 시대-』, 강창훈 옮김, 천지인, 2008.
미야 노리코(宮紀子) 저, 『조선이 그린 세계지도-몽골제국의 유산과 동아시아』, 김유영 역, 소와당, 2010.

박원길,『몽골고대사연구』, 혜안, 1994.
박원길,『몽골비사의 종합적 연구』, 민속원, 2006.
박원길,『유라시아 대륙에 피어났던 야망의 바람 : 칭기스칸의 꿈과 길』, 민속원, 2003.
杉山正明 지음,『유목민이 본 세계사-민족과 국경을 넘어-』, 이진복 옮김, 학민사, 1999.
서병국,『거란, 거란인』, 오정, 1992.
서병국『거란제국사연구』, 한국학술정보, 2006.
스기야마 마사아키 지음,『몽골세계제국』, 김장구·임대희·양영우 옮김, 신서원, 1999.
오함 저,『주원장』, 박원호 역, 지식산업사, 2003.
유원수 역주,『몽골비사』, 사계절, 2004.
윤용혁,『高麗對蒙抗爭史硏究』, 一志社, 1991.
윤은숙,『몽골제국의 만주 지배사-옷치긴 왕가의 만주 경영과 이성계의 조선 건국』, 소나무, 2010.
이근명 외,『송원시대 고려사 자료』(1)(2), 신서원, 2010.
李唐 著, 金渭顯 譯,『遼太祖』, 藝文春秋館, 1996.
李龍範,『中世滿洲·蒙古史의 硏究』, 同和出版公社, 1988.
임용한,『전쟁과 역사2-거란·여진과의 전쟁』, 혜안, 2004.
장동익,『高麗時代 對外關係史 綜合年表』, 동북아역사재단, 2009.
장동익,『宋代麗史資料集錄』, 서울대학교출판사, 2000.
장지우허 씀,『몽골인 그들은 어디서 왔나?』, 소나무, 2009.
잭 웨더포드 지음,『칭기스칸 잠든 유럽을 깨우다』, 정영목 옮김, 사계절, 2005.
주채혁,『몽·려전쟁기의 살리타이와 홍복원』, 혜안, 2009.
주채혁,『元朝官人層研究-征服王朝期 中國社會身分構成의 한 分析-』, 정음사, 1986.
최기호·남상긍·박원길 공역,『몽골비사 역주』, 두솔, 1997.
토마스 바필드 저,『위태로운 변경』, 윤영인 역, 동북아역사재단, 2009.
티모시 메이 저,『칭기즈칸의 세계화 전략 몽골병법』, 신우철 옮김, Korea.com, 2009.
K. A. Wittfogel, *History of Chinese society: Liao(907-1125)*, Philadelphia : The American Philosophical Society, 1949.
J. A. Boyle, *The Mongol world Empire(1206-1370)*, London : Variorum Reprints, 1977.
Thomas T. Allsen, *Mongol Imperialism*, Berkely and Los Angeles : University of California Press, 1987.
J. A. Boyle, *Commodity and Exchange in the Mongol Empire*, Cambridge : Cambridge University Press, 1997.
V. Bartol'd, *Turkestan down the Mongol Invasion*, E. J. W. Gibb Memorial Trust, London, 1977.

周良霄, 『忽必烈』, 吉林: 吉林教育出版社, 1986.

[연구논문]

고명수, 「쿠빌라이 정부의 交通·通商 진흥 정책에 관한 연구-소위 '팍스 몽골리카(Pax Mongolica)의 성립조건 형성과 관련하여-」, 고려대학교 박사학위논문, 2009.
고명수, 「쿠빌라이 정부의 大都건설과 역참교통체계 구축」, 『中央아시아硏究』 15, 중앙아시아학회, 2010.
구범진, 「몽원제국기 '국왕'의 정치적 위상」, 『서울대동양사학과논집』 23, 서울대학교 동양사학과, 1999.
권용철, 「카안 울루스 말기 權臣 엘테무르와 바얀의 집권」, 고려대학교 석사학위논문, 2010.
김광철, 「14세기초 元의 政局동향과 忠宣王의 吐藩유배」, 『한국중세사연구』 2, 한국중세사학회, 1996.
김귀달, 「文獻上에서 본 元太祖연구」, 『大邱史學』 4, 대구사학회, 1972.
김귀달, 「秘史를 통해 본 蒙古 太祖의 연구(2)」, 『전북대학논문집』 14, 전북대학교, 1972.
金庠基, 「金의 始祖에 대하여」, 『국사상의 제문제』 19, 국사편찬위원회, 1960.
김선호, 「14世紀末 蒙·麗關係와 東北亞 政勢變化」, 『江原史學』 12, 春川 : 江原大學校 史學會, 1996.
김성수, 「몽골제국시기 유라시아 광역 교통망 잠치(jamci)」, 『몽골학』 25, 한국몽골학회, 2008.
金成修, 「蒙藏關系之歷史延續性和河西地區」, 『中國史硏究』 80, 中國史學會, 2012.
김장구, 「쿠빌라이칸 정권과 몽골제국의 발전」, 『동국사학』 41, 동국사학회, 2005.
김혜원, 「고려후기 藩王 연구」, 이화여자대학교 박사학위논문, 1998.
김혜원, 「高麗後期 瀋(陽)王의 政治·經濟的 基盤」, 『國史館論叢』 49, 국사편찬위원회, 1993.
김호동, 「구육(定宗)과 그의 시대」, 서울大學校 東洋史學硏究室 編, 『近世 東아시아의 國家와 社會』, 지식산업사, 1998.
김호동, 「몽골제국과 '大元'」, 『歷史學報』 192, 2006.
김호동, 「몽골제국과 『大元一統志』의 편찬」, 『中央아시아硏究』 15, 중앙아시아학회, 2010.
김호동, 「몽골제국 군주들의 양도순행과 유목적 습속」, 『中央아시아硏究』 7, 2002.
김호동, 「蒙古帝國의 形成과 展開」, 서울大學校 東洋史學硏究室 編, 『講座中國史Ⅲ』, 지식산업사, 1989.

김호동, 「몽골支配期 西아시아의 驛站制와 가잔 칸(Ghazan Khan)의 개혁」, 『歷史文化硏究』 35, 2010.
김호동, 「문명과 야만 : 정주사회와 유목세계의 역사적 관계의 일면」, 『신인문』 창간호, 1997.
김호동, 「北아시아 遊牧國家의 君主權」, 『東亞史上의 王權』, 한울, 1993.
김호동, 「元代의 漢文實錄과 蒙文實錄-『元史』「本紀」의 中國中心的 一面性의 解明을 위하여」, 『東洋史學硏究』1009, 2009.
김호동, 「원제국기 한 색목인 관리의 초상 : 이사 켈레메치의 생애와 활동」, 『중앙아시아연구』 11, 중앙아시아학회, 2006.
김호동, 「＜지정조격＞의 편찬과 원(元)말의 정치」, 『至正條格』, 휴머니스트, 2007.
김호동, 「칭기스칸의 子弟分封에 대한 再檢討-『集史』＜千戶一覽＞의 分析을 중심으로-」, 『중앙아시아연구』 9, 중앙아시아학회, 2004.
김호동, 「라시드 앗딘(Rashid aī-Dīn, 1247~1318)의 『中國史』 속에 나타난 '中國'인식」, 『동양사학연구』 115, 동양사학회, 2011.
김호동, 「몽골제국과 『大元一統志』의 편찬」, 『중앙아시아연구』 15, 중앙아시아학회, 2011.
김호동, 「몽골제국의 세계정복과 지배: 거시적 시론」, 『역사학보』 217, 역사학회, 2013.
박원길, 「대몽골제국과 南宋의 외교관계 분석-칭기스칸 시대를 중심으로-」, 『中央史論』 13, 1999.
박원길, 「대몽골제국과 南宋의 외교관계 분석-칭기스칸 시대부터 코빌라이칸 시대까지-」, 『몽골학』 8, 1999.
박원길, 「『몽골비사』의 원본논쟁과 성서연대의 고찰」, 『몽골학』 12, 한국몽골학회, 2002.
박지훈, 「南宋 高宗代 主戰派의 華夷論」, 『東洋史學硏究』 85, 동양사학회, 2003.
배숙희, 「元代 科擧制와 高麗進士의 應擧 및 授官」, 『東洋史學硏究』 104, 동양사학회, 2008.
서병국, 「요제국 거란족의 한족 통치사-"한계(漢契) 일체적 중화사상"의 허구성 비판」, 『고구려발해연구』 29, 고구려발해학회, 2007.
손현숙, 「蒙古의 相續慣行에 대하여-특히 蒙古 帝國期를 中心으로-」, 『東洋史學硏究』 16, 동양사학회, 1981.
에르데니 바아타르, 「元·高麗 支配勢力 關係의 性格 硏究」, 강원대학교 박사학위논문, 2006.
유병재, 「'카이두 올로스' 성립에 있어 '탈라스 코릴타'의 역할」, 『몽골학』 18, 한국몽골학회, 2005.
유원준, 「宋金同盟과 馬擴의 역할」, 『東洋史學硏究』 105, 동양사학회, 2008.

윤영인, 「10-13세기 동북아시아 다원적(多元的) 국제질서(國際秩序)에서의 책봉(冊封)과 맹약(盟約)」, 『동양사학연구』 101, 동양사학회, 2007.

윤영인, 「중국의 몽골-한족관계 연구 동향 - 최근 10년간 몽골(원)제국기 민족관계사 연구를 중심으로」, 『중국의 민족・변강문제 연구 동향』, 고구려연구재단, 2005.

윤은숙, 「고려의 北元칭호 사용과 동아시아 인식」, 『中央아시아研究』 15, 중앙아시아학회, 2010.

윤은숙, 「나가추의 활동과 14세기말 동아시아 政勢」, 『明淸史硏究』 28, 明淸史硏究會, 2007.

윤은숙, 「몽골제국 초기 帝位 계승 분쟁 - 옷치긴의 군사행동을 중심으로 -」, 『몽골학』 21, 한국몽골학회, 2007.

윤은숙, 「北元과 明의 대립 - 遼東 문제를 중심으로 -」, 『東洋史學硏究』 105, 東洋史學會, 2008.

윤은숙, 「옷치긴家 타가차르의 활동과 쿠빌라이의 카안위 쟁탈전」, 『몽골학』 22, 2007.

윤은숙, 「칭기스칸 東道諸王의 분봉지와 그 발전 - 몽골칸국의 創業・守成과정의 대응과 관련하여 -」, 『江原史學』 19・20, 강원사학회, 2004.

윤은숙, 「쿠빌라이와 고려」, 『역사비평』, 역사비평사, 2010.

윤은숙, 「쿠빌라이칸의 중앙집권화에 대한 東道諸王들의 대응 - '나얀반란'을 중심으로 -」, 『中央아시아硏究』 8, 중앙아시아학회, 2003.

이강한, 「13~14세기 高麗-元 交易의 展開와 性格」, 서울대학교 박사학위논문, 2007.

이개석, 「『고려사』 원종(元宗), 충열왕(忠烈王), 충선왕세가(忠宣王世家) 중 원조관계 기사(元朝關係記事)의 주석연구」, 『동양사학연구』 88, 2004.

이개석, 「몽고제국 성립기 상업에 대한 일고」, 『경북사학』 9, 1986.

이개석, 「여몽관계사 연구의 새로운 관점 : 통혼관계를 중심으로」, 『13-14세기 동아시아와 高麗-高麗 大元관계의 성격 탐구 -』, 경북대학교 한중교류연구원, 2009.

이개석, 「麗・蒙兄弟盟約과 초기 麗・蒙關係의 성격 : 사료의 再檢討를 중심으로」, 『대구사학』 101, 대구사학회, 2010.

이개석, 「연구 노트 : 13~14세기 여몽관계(麗蒙關係)와 고려사회의 다문화 수용」, 『복현사림』 28, 2010.

이개석, 「元 宮廷의 高麗 출신 宦官과 麗元關係」, 『동양사학연구』 113, 동양사학회, 2010.

이개석, 「원대의 카라코룸, 그 흥기와 성쇄」, 『몽골학』 4, 한국몽골학회, 1997.

이개석, 「元朝의 南宋倂合과 江南支配의 意義」, 『慶北史學』 21(金燁敎授停年紀念史學論叢), 慶北史學會, 1998.

이개석, 「元朝中期 法典編纂 硏究와 <至正條格>의 發見」, 『동양사학연구』 83, 2003.

이개석, 「元朝中期 財政改革과 그 意義」, 『慶北史學』 19, 慶北史學會, 1996.

이개석, 「정통론과 13-14세기 동아시아 역사서술」, 『대구사학』 88, 2007.
이근명, 「남송말 몽고군의 남하와 양양(襄陽)·번성(樊城)의 전투」, 『역사문화연구』 17, 韓國外國語大學校 歷史文化硏究所, 2002.
이동복, 「遼末 女眞社會의 構成(Ⅰ)-猛安謀克戶의 編成-」, 『歷史學報』 106, 1985.
이동복, 「遼末 女眞社會의 構成(Ⅰ)-黑水와 黑水靺鞨-」, 『청주대논문집』 17-1, 1984.
이동복, 「遼末 女眞社會의 構成(Ⅱ)-三十部女眞의 問題-」, 『人文科學論集』 3, 청주대학교 인문사회과학연구소, 1984.
이동복, 「遼末 女眞社會의 構成(Ⅲ)-生女眞社會의 성장-」, 『淸大史林』 4·5, 1985.
李命美, 「高麗·元 王室通婚의 政治的 의미」, 『韓國史論』 49, 서울大學校 人文大學 史學科, 2003.
이석현, 「江南으로의 人口移動-唐宋時期의 戰爭과 避難史」, 『東洋史學硏究』 103, 동양사학회, 2008.
이석현, 「요의 민족정책과 한족사인」, 『북방민족과 중원왕조의 민족인식』, 동북아역사재단, 2009.
李龍範, 「奇皇后의 冊立과 元代의 資政院」, 『歷史學報』 17·18, 역사학회, 1962.
李益柱, 「高麗·元關係의 構造와 高麗後期 政治體制」, 서울대학교 박사학위논문, 1996.
이익주, 「14세기 전반 高麗·元關係와 政治勢力 동향-忠肅王代의 瀋王擁立運動을 중심으로-」, 『韓國中世史硏究』 9, 한국중세사학회, 2000.
丁善溶, 「趙沖의 對蒙交涉과 그 政治的 意味-崔忠獻政權과 國王의 관계에 주목하여-」, 『진단학보』 93, 2002.
조복현, 「宋代 絹價의 變動과 그 特徵 硏究」, 『東洋史學硏究』 100, 동양사학회, 2007.
주채혁, 「몽골-고려사 연구의 재검토-몽골-고려사의 성격문제-」, 『國史館論叢』 8, 國史編纂委員會, 1989.
주채혁, 「몽골-고려사 연구의 재검토-몽골·고려전쟁사 연구의 시각문제-」, 『애산학보』 8, 애산학회, 1989.
주채혁, 「『몽골秘史』 주석과 그 문제점(1)」, 『북방민족사연구』 1, 북방민족사학회, 1995.
주채혁, 「撒禮塔(Sartai)와 몽골-고려전쟁-處仁部曲 大捷의 의미-」, 『고려시대의 용인』, 용인 : 학연문화사, 1998.
주채혁, 「유목사상에서의 몽골의 위치-유목의 개념 정의 문제와 함께」, 『강원사학』, 강원사학회, 1988.
주채혁, 「이지르부카 瀋王」, 『黃元九敎授定年紀念論叢』, 혜안, 1995.
주채혁, 「쿠빌라이칸의 중앙집권화에 대한 카단宗王軍의 항전과 고려 鴿原山城討伐戰」, 『강원인문논총』 제8집, 강원대학교 인문학연구소, 2000.
주채혁, 「札剌와 撒禮塔」, 『史叢』 21·22합, 1977.
주채혁, 「洪福源一家와 麗元關係」, 『史學硏究』 24, 1974.

첵메드 체렝도르지,「14세기 후반 동아시아의 국제정세와 북원과 고려의 관계」, 한국학중앙연구원 박사학위논문, 2010.
최윤정,「몽골제국시대의 색목인과 회회」,『복현사림』28, 경북사학회, 2010.
최윤정,「元代 救荒制度의 運營方式과 그 實態-災傷申覆制度와 救濟行政을 중심으로-」,『중국사연구』33, 중국사학회, 2004.
최윤정,「元代 동북지배와 遼陽行省-行省 建置 과정과 治所 문제를 중심으로-」,『동양사학연구』110, 동양사학회, 2010.
崔益柱,「遼景宗, 成宗代의 漢人官僚의 成長과 그 存在形態-高勳과 韓德讓을 중심으로-」,『人文研究』, 영남대학교, 1990.
한영근,「耶律楚材에 대한 일 고찰-몽고제국의 對漢人政策을 중심으로」,『東義史學』5, 1989.
한영근,「오고데이한 시기 호구조사의 의의에 대하여」,『부산사학』29, 1995.
黃時鑒,「송-고려-몽고관계사에 관한 일고찰」,『동방학지』95, 1997.
황종동,「金朝의 華北占領과 당시의 민중반란에 대하여」,『대구사학』5, 대구사학회, 1972.

愛宕松男,「斡脫錢の背景-13世紀蒙古=元朝における銀の動向-」,『東洋史研究』32-2, 1973.

연 표

서력	연호	특징	주변 민족
916	遼 太祖 神冊元	야율 아보지(요 태조) 대키타이국 칸을 칭하고 연호 사용	918년 고려 태조 왕건 즉위 920년 발해국 國使 입조
929	太宗 天顯元	태종 즉위, 발해를 멸망시킴	927년 延喜式 50권을 바침
936	天顯11	河東節度使 石敬瑭이 키타이의 도움으로 후당을 멸하고 晉왕조를 세움. 연운 16주를 요에 할양	930년 東丹國 國使 내조 후지와라노 다다히라 섭정
946	會同9	키타이국 태종 後晉을 멸망시키고 국호를 大遼로 고침	936년 고려 한반도 통일 939년 다이라노 마사카도·후지와라노 스미토모 반란
947	世宗 天祿元	태종 각지 절도사의 저항으로 하남에서 철군하던 중 병사. 세종 즉위	967년 후지와라노 사네요리 關白이 됨 972년 고려 사자 對馬에 옴
959	穆宗 應曆9	연운 16주의 일부를 후주 세종에게 빼앗김	990년 탕쿠트部 우두머리 李繼薦이 遼에 항복해 오자 夏國王에 봉함
960	應曆10	歸德節度使 趙匡胤이 後周 恭帝로부터 양위를 받아 宋 건국	
986	成宗 統和4	遼軍이 岐溝關에서 송 태종의 군대를 격파함	1016년 후지와라 미치나 섭정이 됨
1004	統和22	전연의 맹 체결	1028년 西夏國이 甘州 위구르 병합 1037년 셀주크 투르크 건국
1042	興宗 重熙2	요·송 간 慶曆 화의 성립	1055년 셀주크 투르크 바그다드 공격
1114	天祚帝 天慶4	주르친 부족, 천조제의 친정군을 혼동강에서 격파	1062년 前九年의 役 종결 1071년 셀주크 투르크가 동로마 황제를 포로로 잡음
1115	金 太祖 收國元	주르친 부족장 完顔 아구타, 금국 황제를 칭하고 연호 사용	1087년 後三年의 役 종결
1122	天輔6	요의 종실 耶律大石, 탈출하여 天德으로 도망감	1096년 제1차 십자군

1123	太宗 天會元	금군이 遼의 수도 연경 함락. 태조 사망, 태종 즉위	
1124	2	야율대석 투르크스탄에서 카라키타이(西遼) 건립	
1125	3	금군, 천조제 생포, 요국을 멸함	1135년 금국, 몽골부 공격
1126	4	금군, 송의 수도 汴梁 함락함	1147년 암바가이 몽골부 부족장, 칸 즉위
1127	5	송의 휘종·흠종 북만주로 압송, 북송을 멸함(정강의 변). 고종이 남송을 성립함	1156년 保元의 난
1130	8	금국은 투항한 劉予를 齊國皇帝로 삼음	1165년 다이라 기요모리 太政大臣이 됨
1137	희종15	유여의 제국을 폐함	1172년 송 明州刺史의 사자 일본에 옴
1141	皇統元	금·송 제1차 화의 성립(紹興和議)	
1149	海陵王 天德元	금의 종실 디구나이, 희종을 살해하고 즉위	
1161	世宗 大定元	금국의 正隆南伐軍이 采石磯에서 패함. 해릉왕 兵變중 살해됨. 세종 요동에서 자립함	1181년 다이라 기요모리 病死
1165	5	금·송 제2차 화의	1185년 야시마·단노우라 전투. 平氏 멸망
1189	25	몽골부의 테무진, 칸을 칭함(1차 즉위)	1192년 미나모토노 요리토모 征夷大將軍이 되어 가마쿠라 막부를 엶
1206	章宗 太和6	테무진, 몽골리아 통일. 칭기스칸을 칭함(2차 즉위)	1202년 제4차 십자군, 베니스에서 배를 제공 받음
1209	衛紹王 大安元	몽골군, 서하 원정. 위구르 신속	1219년 미나모토노 요리토모가 구교에게 살해됨
1213	宣宗 貞祐元	몽골군, 금국 수도 中都 포위	
1214	2	금·몽골 화의. 금 河南으로 천도(정우의 남천)	1211년 承久의 변
1215	3	칭기스칸의 손자 쿠빌라이 출생	1228년 제5차 십자군
1219	興定3	칭기스칸의 서역 원정(~1225)	
1227	哀宗 正大4	칭기스칸 서하를 멸함. 귀환중 병사함	1237년 바투 원정군, 모스크바·키예프 점령
1229	6	우구데이 카안 즉위. 漢地에 세법을 정함	1241년 바투가 왈쉬타트 전투에서 북유럽 제후 연합군 격파

1233	天興2	癸巳年籍 시행. 금 수도 汴梁, 몽골군에 함락. 금국 멸망	
1235	우구데이7	乙未年籍 시행. 몽골군 남송 공격	1246년 제6차 십자군
1251	뭉케1	뭉케 카안 즉위. 皇弟 쿠빌라이 漠南漢地大總督 임명	1252년 훌레구, 페르시아 원정
1256	6	쿠빌라이 내몽골 돌론 노르에 開平府 건설	1254년 루이 9세의 사자 루브룩이 카라코롬에 옴
1257	7	뭉케 카안, 남송 친정	1258년 훌레구, 바드다드 함락, 아바스 왕조를 멸함
1259	9	뭉케 카안, 사천 군영에서 병사. 쿠빌라이, 鄂州(武昌) 공격중 송의 재상 賈似道와 화의를 체결하고 귀환	
1260	쿠빌라이 中統元 (世祖)	쿠빌라이와 아릭부케의 제위 쟁탈전으로 몽골제국 내분 발생. 쿠빌라이 카안 중통 연호 사용, 관제 정비, 中統交鈔 발행	1260년 훌레구, 시리아에 침입 맘룩 왕조 군대에 패함
1262	3	山東 世侯 李璮의 난 평정. 알구를 征南都元帥에 임명	
1264	至元元	아릭부케의 난 평정. 연경을 수도로 정함	
1265	2	고려에게 일본으로 國使를 파견하게 함	
1266	3	카이두 칸의 난	
1268	5	국사가 太宰府에 와서 국서를 전했으나 일본으로부터 답신을 얻지 못함. 아줄의 군대, 남송 공격, 襄陽 포위	1268년 北條時宗 집권
1269	8	원·고려 사자가 대마도에 와서 返牒을 요구했지만 일본이 응하지 않음	1269년 마르코 폴로, 동방으로 가기 위해 베니스 출발
1273	10	송의 襄陽 守將 呂文煥 투항	1270년 제7차 십자군
1274	11	文永의 役－원·고려군 치쿠젠 상륙. 좌승상 바얀 남송 정벌. 마르코 폴로 대원에 옴	1274년 막부의 명에 따라 규슈·주코쿠·야마에 방비 강화
1275	12	文天祥 勤王軍 조직. 남송의 강화 요청	1275년 원의 국사 杜世忠이 옴. 가마쿠라 막부에서 그를 참함
1276	13	바얀, 남송의 무조건 항복 수용. 수도 임안부를 무저항으로 접수. 張世傑·文天祥 등 端宗을 보좌하여 福建으로 도주	1276년 지쿠젠 해안에 石壘를 쌓고 규슈의 장사를 하카타에 집결시킴

연 표 279

1279		16	남송의 잔여세력을 崖山에서 격멸. 송왕조 멸망	1279년 대원의 사자를 하카타에서 참수. 병사를 후쿠오카에 집결시켜 元寇에 대비
1281		18	弘安의 役 - 원·고려군 이키·대마를 침범해 하카타 압박	
1282		19	미얀마·참파 토벌. 海運 시작. 이슬람인 재상 아흐마드 암살	1284년 호조 도키무네 사망하고 호조 사다토키가 대를 이음. 제노바 해군 피사 함대 격파
1285		22	安南國 토벌	
1287		24	至元鈔 발행. 동방 제왕 나얀 반란	
1290		27	마르코 폴로, 귀국길에 오름	1293년 막부 호조 가네토키를 鎭西探題에 임명
1292		29	자바 토벌, 안남국 조공	1295년 마르코 폴로 귀국
1303	테무르 大德7 (成宗)		카이두의 아들 차파르가 차가다이 칸국의 두아와 함께 항복을 청함	1298년 제노바 해군 쿠르촐라 해전에서 베니치아 함대 격파. 마르코 폴로 포로가 됨
1313	아유르바 르와다 皇慶2 (仁宗)		처음으로 과거 시행	1316년 호조 가네토키 집권
1313	至治2 (英宗)		大元通制 반포. 反臣 테쿠시, 영종과 재상 바이주 살해, 晉王 이순 테무르(泰定帝) 옹립	1319년 고다이고 천황 즉위
1328	이순 무르 致和元 (태정제)		태정제 사후 권신 엘 테무르 무종의 아들 톡 테무르(文宗)를 대도에서 옹립. 상도에서 즉위한 天順帝와 전투. 천순제 군을 격파하고 문종 즉위	1324년 正中의 변
1329	톡 테무르 天曆2 (文宗)		문종, 형인 코실라(明宗)에게 제위 양보. 엘 테무르, 명종 살해하고 문종 재추대	1331년 구스노키 마사시게 등이 勤王軍을 일으킴. 아카사카 城 함락
1333	至順3		문종, 형 명종의 장자 토곤 테무르에게 제위를 전하라는 遺詔를 남기고 사망. 엘 테무르가 이를 거역하고 명종의 幼子 이린지발(寧宗)을 즉위시킴. 영종, 재위 2개월 만에 사망	1332년 고다이고 천황 오키 섬에 유배

1333	토곤 테무르 元統元 (順帝)	3월 엘 테무르 사망. 토곤 테무르(순제) 즉위	1333년 천황 오키에서 호키로 이동. 나와 나와토시·기키쿠치 다케토키 등 근왕군을 일으킴. 아시카가 다카우지 귀순. 닛타 요시사다, 가마쿠라 막부의 호조 씨 소멸
1335	至元元	과거제 폐지	1334년 建武新政
1340	6	승상 바얀 사망. 과거제 부활	1335년 아시카가 다카우지 반기를 듬
1351	至正11	賈魯에게 황하의 옛 도로를 수복하도록 함. 하남에서 홍건적의 난 발생	湊川 전투, 구스노키 마사시게 전사
1352	12	郭子興이 군대를 일으켜 濠洲 함락. 주원장, 곽자흥에게 투신	아시카가 다카우지를 征夷大將軍에 임명
1353	13	張士誠, 高郵에서 吳王을 칭함	1339년 고다이고 천황 사망
1354	14	승상 톡토에게 장사성을 토벌하게 함. 톡토, 모함으로 실각	1348년 四條畷 전투 구스노키 마사쓰라 전사
1356	16	주원장, 金陵에서 吳國公을 칭함	1358년 아시카가 요시아키라 장군이 됨
1359	19	陳友諒이 江州에서 漢王을 칭함	
1361	21	차간 테무르, 산동·하남 회복	
1362	22	차간 테무르 암살. 아들 쿠케 테무르 군 통솔	
1363	23	진우량, 鄱陽湖 전투에서 주원장에 패배	
1364	24	주원장 吳王을 칭함. 볼로르 테무르가 京師를 침범. 황태자 도주	
1365	25	황태자, 쿠케 테무르와 함께 볼로르 테무르 토벌해 주살함	
1367	27	오왕 주원장 소주의 장사성 격파. 徐達 북벌 개시	
1368	27	대도 함락. 대원제국 멸망. 주원장 즉위	1368년 아시카가 요시미쓰 장군이 됨

옮긴이 후기

　최근 몇 년 간 몽골과 관련된 교양서들이 우후죽순으로 쏟아져 나오고 있다. 이런 교양서들이 주목하는 것은 단연 칭기스칸과 몽골세계제국이다. 척박한 몽골리아에서 태어난 칭기스칸과 그의 후계자들이 정복과 교역을 통해 세계를 지배하는 성공 스토리는 대중들에게 감동과 호응을 불러일으키고 있다. 이러한 몽골 관련 서적의 양적인 팽창에도 불구하고 전문 교양서로 읽을 수 있는 몽골사에 관한 책은 손에 꼽을 정도밖에 되지 않는다. 특히 몽골의 중국 지배시기의 중국사라는 시각視覺에서 최근에 쓰여진 서술은 흔하지 않았다. 그런데『대원제국』은 좀 더 전문적인 교양서를 원하는 독자들을 충족시키기에 적합한 조건들을 갖추고 있다.

　이 책의 저자 오타기 마쓰오 교수는 일본을 대표하는 원사元史 연구자다. 특히 그는 일본학계에서 원대 경제사 연구와 정복왕조에 관한 탁월한 업적을 많이 남겼다. 이 책은 1979년에 고단샤講談社의 '중국의 역사' 시리즈의 제6권으로서『원·명』부분으로 출판되었다. 그 이후 1998년에 '고단샤 학술문고' 형태로 재간再刊되었다. 책 이름은『몽골과 대명제국』으로 바뀌었다. 비교적 저자의 생애 가운데 만년에 쓰여진 이 책은 오타기 마쓰오 교수의 오랜 연구 경험과 혜안이 그대로 녹아 있어서, 독자들이 이해하기 쉬우면서도 전문성도 갖춘 보기 드문 수작秀作이다.

그런데, 이 책을 번역하기 시작하는 단계에서, '명대' 부분은 이미 한국어로 번역 출판되어 있었으므로, 약간의 조정을 하지 않을 수 없었다. '오대와 송대'가 합쳐져서 한 권을 이루고 있던 앞권에서 '오대' 부분을 떼어서 '수당' 부분과 합쳐서 '수당오대사'로 만들고, '송원사'를 합쳐서 한 권으로 준비하였다. 그런데, '송원사' 부분의 공동 번역자들과의 마무리 손질에서 의견 조정이 제대로 이루어지지 않고 진행이 수월치 않았다. 따라서 '송원사' 부분을 공동 번역하던 분들의 양해를 얻어서 '원대' 부분을 따로 떼어내어 윤은숙 님께 새로이 작업하도록 부탁하였다. 그 과정에서 윤은숙 님은 '고단샤 학술문고'판으로 새로이 번역하였다.

『대원제국』은 크게 몽골제국 성립 이전의 거란, 여진 등의 북방왕조, 몽골제국의 성립과 중국 지배 과정, 그리고 대원제국의 중국 통치 양상 등의 세 부분으로 나눠서 서술되어 있다. 이 책을 통해 드러난 저자의 관심은 대원제국의 통치를 받았던 중국인들이다. 더불어 저자는 몽골인들의 중국 통치가 중국에게 남긴 유산은 무엇인가에 대한 의문을 계속해서 던지고 있다.

저자의 시선을 따라가다 보면 독자들은 대원제국의 중국 통치가 크게 두 가지로 압축될 수 있음을 발견하게 된다. 첫째는 몽골의 통치를 받았던 사대부로 대표되는 중국인 치자治者 집단들에게는 대원의 통치가 아픔으로 기억되겠지만, 오히려 일반 대중들에게는 일정 정도 출세의 기회가 보장된 수평적 사회로 비춰지고 있다는 점이다. 아울러 대원이 주도하는 문화가 남송 치자 집단에게는 자신들의 고고한 문화에 비해 저속하다고 평가될 수 있겠지만, 일반 대중들까지 향유할 수 있을 정도로 문화의 저변이 확대되었음을 의미한다. 또한 이러한 문화의 대중화 현상은 대원제국에서 시작해 명대를 거쳐 청대로 전달되고 있다. 둘째, 이 책 곳곳에서 저자는 통치자 몽골인들이 중국 통치에 미숙했음을 밝히고 있다. 어쩌면 이 문제는 유목적 환경에 익숙한 몽골인들에게는 이미 예견된 미숙함이라 할 수 있다. 그런데 앞선 북방왕조들이 중국 통치에 실패했던 이유 중의 하나가 한화漢化였던 점을 감안한다면, 의도했던 의도하지 않았던 간에 이 미숙함은 몽골 통치자들이 자신들의 정체성을 유지하는 데 일정 부분 기여하고 있다. 몽골은 자신들의 유목적 속성과 지향을 포기하지 않았고, 더불어 중국 지배의 동반자로 선택한 색목인 집단에게 자신들에 버금 가는 권력을 향유케 하면서 고유의 방식으로 중국을 통치해 갔다. 절반의 성공과 절반의 실패를 동시에 감당할 수밖에 없었던 몽골인들에게 이러한 통치방식은 어쩌면 당연한 순리였을 것이다.

이 책에서 제시하고 있는 몽골의 중국 통치방식이 오늘을 살고 있는 독자들에게 시사점이 크다고 확신하면서 일독을 권하고 싶다. 다만 이 책은 대원제국의 중국 지배와 통치에 초점이 맞춰져 있기 때문에 몽골세계제국을 기대하고 읽는 독자라면 다소 실망할 수도 있다. 그러나 동아시아 세계로 한정해 본다면 대원제국은 그동안 정복왕조들의 잇단 중국 지배에 대한 도전이 드디어 결실을 거두고 있다는 의의를 지닌다. 대원제국은 앞선 정복왕조들을 계승하면서도 독자적인 중국 통치를 실현하고 나름의 성공을 거두고 있다. 이런 점에 착안하면서 이 책을 읽는다면 대원제국의 중국 지배 성공과 실패가 독자들에게 많은 시사점을 주리라고 기대된다. 아울러 옮긴이의 미숙한 번역과 부족한 전문지식으로 말미암아 독자들에게 혼란을 주지나 않을까 걱정도 된다.

옮긴이는 1997년에 일본에 갔던 기회를 이용하여, 원 출판사인 고단샤講談社와 한국어 번역 출판 건을 교섭하였었다. 또한 원저자의 아들인 오타기 하지메愛宕元 교수를 통하여 원저자의 승낙을 얻었다. 당시에 원저자는 병원에 입원중이었다. 판권료는 오타기 하지메 교수에게 전달하였다. 이러한 과정에서 이 책의 번역출판을 쾌히 승낙해 주신 오타기 마쓰오 교수와 그의 아들인 오타기 하지메 교수께 감사드린다. 그리고 고단샤의 노마사와코野間佐和子 사장과 호시노 도모나루星野智成 국제실장께 감사드리는 바다.

　마지막으로 이 책의 출판을 선선히 맡아준 혜안출판사의 오일주 사장님, 그리고 몇 년이나 훌쩍 넘긴 오랜 작업 기일에도 꾸준하고 꼼꼼하며 훌륭하게 교열을 맡아준 김현숙 님에게 고마움을 전한다. 또한, 애초에 송원사로 준비하면서 이 책의 내용을 살펴보아준 송원사 공동번역을 담당하였던 분들께도 감사드리는 바다.

옮 긴 이

찾아보기

■ㄱ■

가로 256
가마쿠라鎌倉 막부 140
가사도賈似道 108, 109, 125
감국監國 110
감반과호減半科戶 80, 87
강남 63, 149, 151, 152, 173, 175, 192, 198, 217, 258
강남 인사人士 149
강남행대江南行臺 161
강남호초江南戶鈔 180
강동성江東城 138
강북 173, 175, 263
강절행성 196, 199
강화도 139
개평부開平府 122, 146, 250
거란(족) 17, 18, 20, 29, 44, 56, 84, 151
거란제국 17, 24
거용관居庸關 56, 74
건강 197
경덕진 136, 196
경략안무사經略安撫司 162
경사京師 190, 192
경학經學 231

계사년적癸巳年籍 77, 80
고려 66, 136, 138, 139, 140
고려왕 71
고자庫子 225
고종 35
공종 130, 133
과거(제) 167, 168, 169, 227, 235, 236
과리課利 179, 189
과차科差 81, 173, 174, 175
곽보살郭菩薩 253
곽자흥郭子興 257, 261
관매법官賣法 176
관문 174
관문성 183
관민문무官民文武 19
관선생關先生 259
관습법 206
관인문화 236
관인층 226
관전官田 253
관전호官佃戶 253
교초交鈔 88, 174, 178, 179, 186, 187, 197
구르 159
구육 92, 113, 114

찾아보기 287

구호舊戶 87
국신사國信使 125, 127
군둔전軍屯田 199, 258
군목감群牧監 56
군민겸령軍民兼領 124, 147
군표軍票 70, 182
군호軍戶 214, 215, 216, 217
권농순속勸農淳俗 165
근각根脚 210
금金 31, 33, 42, 49, 53, 60, 78, 86, 87, 124, 204, 253
금련천金蓮川 105, 110, 122
금리상金履祥 233
기리독무嗜利黷武 243, 244

■ㄴ■

나문소羅文素 255
나전현羅田縣 257
남면관南面官 25
남북조 17, 27
남송 42, 44, 60, 107, 125, 127, 131, 142, 143, 204, 231, 232, 237
남인南人 168, 201, 202, 210, 213, 246
남해무역 131, 132
노구교蘆溝橋 209
노세영盧世榮 243
녹사사錄事司 163

■ㄷ■

다루가치達魯花赤 70, 72, 74, 141, 159
다우라트샤 249
단호제 217
대관代官 72
대大다루가치 73

대덕전장大德典章 156
대도大都 122, 124, 146, 194, 251
대도대흥부大都大興府 122
대도선과제거사大都宣課提擧司 193
대동大同 84
대량大梁 22
대량戴良 233
대산관大散關 36, 37, 127
대요大遼 22
대운하 189, 192, 193, 262
대원大元(제국) 61, 62, 119, 124, 127, 131, 141, 149, 258
대흥부大興府 146
대흥안령大興安嶺 52
도교 153
도都다루가치 73
동로군東路軍 142
동문병董文炳 109
『동방견문록』 95, 97, 208
동전 본위제 184
두묵竇默 227
두세충杜世忠 142
두준도杜遵道 255

■ㄹ■

라마교(도) 207
로분路分 162
로성路城 163

■ㅁ■

마단림馬端臨 233
마르코 폴로 95, 203, 209
막남한지대총독漠南漢地大總督 104
만자인蠻子人 151

만주 18, 31, 62
만호장 147
매박 89
면국緬國 136
명교明敎 253
명주明州 132
몽골(족) 48, 56, 60, 168, 246, 253
몽골리아 18, 62, 66, 101
몽골법 155
몽골부 66
몽골인 151, 201, 202, 210, 213
몽골제국 102
무칼리 59, 84
문벌(주의) 210
문영文永의 역役 142
문천상文天祥 61, 129, 130
뭉케 92, 94, 98, 103, 104, 105, 106, 107, 113, 114, 125, 138
미륵불 253
민둔전 199
민장제거사民匠提擧司 215
민호民戶 214

■ㅂ■

바얀 130, 249
바투 113
반부潘阜 141
방랍方臘 253
방소부方韶夫 233
백련교(도) 253, 254, 256, 260
백하白河 192
백호장 147
범문호范文虎 238, 239
변량汴梁 34, 57, 60, 258

복건행성 212
복리腹裏 159, 161, 217
볼로르 테무르 263, 264
북면관北面官 25
북방민족 17, 27, 63, 66
북송北宋 63
북한北漢 28
불교 153
불배호不拜戶 79
불투배호不投拜戶 211
비쉬발릭別失八里 95, 97
비쉬발릭등처행상서성別失八里等處行尙書省 93, 97
비트 포겔 26

■ㅅ■

사고謝皐 233
사대부 166, 218, 219, 222, 223, 231, 233, 236
사료絲料 151
사료세絲料稅 81
사여賜與 178
사인士人 169
사천택史天澤 85, 212
산조대酸措大 169, 170
상도上都 146, 250
상세商稅 75, 164, 193
색목인 151, 166, 168, 201, 202, 203, 205, 207, 208, 209, 210, 213, 215, 247
생사生絲 81
생여진生女眞 31
서민문화 235
서수휘徐壽輝 257, 258, 259
서역(인) 57, 201

찾아보기 **289**

서회書會 236
석경당石敬瑭 21, 22, 27
석말예선石抹也先 49
선정원宣政院 207
섬서행대陝西行臺 161
성맥省陌 183
성문욱盛文郁 255
성지聖旨 149
성하城下의 맹盟 56
세량稅糧 173, 175
세역법稅役法 81
세족世族 223
세종 42, 44, 45, 46, 52
세후제世侯制 223
셍게 243
소그드 90
소금 177
소금전매(제) 176, 177, 178
소흥화약紹興和約 33, 42
속관屬官 224
속령 71
속리屬吏 151
송宋 29, 34, 35, 60, 87, 253, 255, 258
송자정宋子貞 227
송학 241
송화강 31
수국收國 31
수렵농경민 49
수령관首領官 164, 165, 166, 170, 171, 224, 226, 236
수전水田 175, 216
숙여진熟女眞 31
술수 242
숭복사崇福司 207
스텝 65

시데발라 245, 251
시례문 113, 114
시문결사[詩社] 232
시민문화 236
시박사市舶司 133
신부군新附軍 151, 168, 215
신호新戶 80, 87
십로선무사十路宣撫司 184
십로징수과세소十路徵收課稅所 75, 89

■ㅇ■

아구타 31, 32
아난다 250
아리기바 249, 251
아릭부케 103, 109, 110, 124
아무하등처행상서성阿母河等處行尙書省 93
아무하행상서성阿母河行尙書省 115
아보지阿保機 17, 20
아유르바르와다 156, 178, 245, 249
아유시리다라 263
아흐마드 135, 243, 248
악비岳飛 35
악주鄂州 108, 129
안남(국) 107, 135
안남왕 71
알탈전斡脫錢 89, 90
암바가이칸 51
애산崖山 127, 131
애종 60
야율아해耶律阿海 56
야율유가耶律留哥 136, 138
야율주耶律鑄 212
야율초재耶律楚材 75, 76, 81, 83, 84, 155, 181

약회제도約會制度　207
양고아식전羊羔兒息錢　90
양세법兩稅法　173, 174, 175
양양襄陽　129
양주揚州　191
어사대御史臺　122
엄실嚴實　89, 222
엘 테무르　249, 251
여문환呂文煥　129
여진(족)　31, 45, 50
여진 국자학國子學　45
여진문자　45, 46
역참驛站　71
연경등처행상서성燕京等處行尙書省　93, 104
연경燕京　39, 219
연운燕雲 16주　21, 24, 27, 29, 32
열하초원　17, 49, 51
염가鹽價　188, 189
염과鹽課　178
염법　178
염세　178
염장　262
염정鹽丁　261
엽리葉李　227
오국吳國　264
오논강　52
5대10국　17
오래吳萊　229, 230
오로총관부奧魯總管府　215
오르톡　90, 91, 135, 153
오사제吳思齊　233
오징吳澄　227
오호사호五戶絲戶　81, 83, 93, 102, 103
옷치긴　119
옹구트　210

왕반王磐　227
요遼　17, 19, 25, 32, 33, 137
요역법　214
요추姚樞　106, 227
용병제　216
우구데이　59, 60, 63, 72, 75, 76, 80, 81,
　　83, 84, 89, 92, 93, 99, 101, 102, 111,
　　112, 113, 114, 118, 138, 173, 212, 217
우량카다이　109, 135
우바투라　249
우윤문虞允文　42
우치마이吳乞買　32
운남雲南　104, 106, 107, 263
원각袁桷　227
원곡元曲　241
원종　139
원호문元好問　48, 78, 79, 222
위구르　84, 206
위구르 문자　206
위요국僞遼國　138
유광세劉光世　35
유내관流內官　164
유목국가　24
유목민　49, 66
유병충劉秉忠　106
유복통劉福通　255, 258
유예劉豫　40
유지원劉知遠　22
유쿠투마劉忽都馬　89
유호儒戶　219
유흑마劉黑馬　84
육수부陸秀夫　130
육전陸田　173, 175, 216
율령　153
은홍殷弘　140

을미년적乙未年籍 80, 81
음양오행 242
응방호鷹坊戶 214, 215
의군義軍 69
이단李壇 123
이린지발 249
이순 테무르 249, 250
이슬람 89, 121
이슬람 상인 89, 132
이원吏員 224
이원세공제吏員歲貢制 169, 170, 171, 225, 227, 231
이전李全 70, 85
『이철창본말李鐵槍本末』 229, 230, 233
이희희李喜喜 259
인종 167
1관문성 183, 184
일본 136, 140, 143
임안臨安 35
임안부 61, 130, 133, 223

■ ㅈ ■

자사크 157
자파르 72
잡극雜劇 208, 241
장강長江 127, 128, 190, 196
장관長官 164, 224
장방직張邦直 70
장방창張邦昌 34, 40
장사성張士誠 261, 263, 264
장세걸張世傑 61, 130
장영張榮 85
장유張柔 222
장종 46, 47, 88

장준張俊 35
장호匠戶 214
전곡기회錢穀期會 165, 170
전과호全科戶 80, 87
전매세專賣稅 75, 177
전매제도 176
전부田賦 174, 175, 179
전선법銓選法 124
전연澶淵의 화의和議 29
전운사轉運司 162
전적田籍 77
전호佃戶 87, 199
정강의 변 33, 34, 35, 36, 46
정거부程鉅夫 227
정관正官 164, 171, 224, 226, 236
정륭正隆 41
정륭의 남벌 42, 49
정복왕조 17, 24, 26, 27, 40, 48, 62, 63, 65, 83, 120, 122, 179, 219, 229, 245, 246
정사초鄭思肖 231
정세正稅 189
정우貞祐 52
정우貞祐의 남천 57, 67, 72, 86
제거시박사提擧市舶司 133
제남부濟南府 86
제로통행중통원보교초諸路通行中統元寶交鈔 181
제색호계 214, 215
제왕諸王 102, 181, 248
제점형옥사提点刑獄司 162
제주운하濟州運河 192
조광윤 28
조군용趙君用 257
조맹부趙孟頫 227

조부趙復 63
조역법助役法 245
조용조租庸調 173
조익趙翼 243
조축사趙丑斯 253
조치 99, 114
주국周國 264
주오국朱吳國 261
주원장朱元璋 257, 260, 261, 264, 265
주자학 63
주전主典 164, 224
주현여진학州縣女眞學 46
주현제 148
중도中都 39, 56
중서성中書省 122, 160
중서성복리中書省腹裏 159
중통中統 124
중통초 181, 182, 184, 185, 188
지령관指令官 17
지세地稅 75
지원至元 124
지원신격至元新格 156
지원초至元鈔 188
직고直沽 192
진수군鎭戍軍 85
진시鎭市 123
진우량陳友諒 259, 264
진정眞定 209
진정로眞定路 102
진정부眞定府 86
집파성지執把聖旨 153

■ ㅊ ■

차가다이 92, 99, 114

차간 테무르 258, 263, 264
차발량差發糧 245
차염茶鹽 164
참군희參軍戲 236, 237, 238
참파 135
참호站戶 150, 214, 216
채석기采石磯 42
천조제天祚帝 31, 32
천주泉州 132
천호소千戶所 207
천호장 147
청화백자 136
초식鈔息 185, 187
총관부總管府 163
추밀원樞密院 122, 160
추세秋稅 174, 179
충의군忠義軍 230
칭기스칸 51, 53, 55, 56, 58, 59, 66, 71, 72, 99, 101, 136, 212

■ ㅋ ■

카디哈的所 207
카라코룸 105
카말라 251
카이두 114, 115, 116, 118, 119
카이두의 난 116, 119, 120
카이샨 245, 249, 250
캄발룩 209
케레이트부 52, 53, 56
케룰렌강 52
코실라 249, 251
쿠릴타이 76, 110
쿠빌라이 71, 89, 99, 103, 105, 106, 107, 108, 109, 110, 116, 118, 119, 125, 139,

140, 143, 146, 155, 156, 180, 204, 243, 245, 248
쿠케 테무르 263

■ㅌ■

타타르부 51, 52, 53, 55
타포호打捕戶 214, 215
탈라스 117
탐라 143
탐마치군 85
탕구트 210
태종 21, 22, 23
태화율령泰和律令 157
태환 186
테무데르 249
테무르 119, 156, 245, 250
테쿠시 249
토곤 테무르 245, 249
톡타 249
톡 테무르 179, 249, 251
톡토 249, 262
톨루이 92, 99, 101, 102, 103, 110, 113
통상법通商法 176
통정분원通政分院 161
통정원通政院 161
통제원通制院 149
『통제조격通制條格』 197
통주通州 192
통판관通判官 164, 224
통혜하通惠河 192
투간 테무르 264
퉁구스족 18, 48, 131
티베트 104, 106, 107, 210

■ㅍ■

파두반破頭潘 259
판관判官 164, 224
팽이랑彭二郎 257
포선만노蒲鮮萬奴 137
포수경蒲壽庚 131, 133, 134, 135, 144
포은包銀 221
포은세包銀稅 81, 91, 151

■ㅎ■

하귀 129
하남 61, 67, 198, 219, 256, 263
하남행성 161, 176, 197, 198, 199, 217, 253, 254, 257, 258, 259
하북 66, 67
하영조何榮祖 156, 246
학경郝經 125, 127
한국漢國 264
한군호漢軍戶 258
한림아 254, 255, 258, 261
한산동 254, 255, 256
한세충韓世忠 35
한인漢人 26, 67, 68, 145, 151, 152, 168, 201, 202, 210, 213, 246
한인세후 67, 68, 69, 70, 77, 81, 87, 123, 166
한인호 77
한지 65, 75, 83, 84, 85, 102, 122, 148, 151, 152, 258
한지대총독漢地大總督 105, 110, 125, 146
한지세법 79
합포合浦 142
합호제合戶制 217
항례사여恒例賜與 180

294

항주杭州　132
해릉왕　37, 38, 39, 41, 42, 44, 48, 49
해운　189
행대　159
행상서성行尙書省　92, 94, 95, 160
행성　159, 160, 212
행성관할구　97
행어사대行御史臺　160, 197
행원行院　159, 161
행중서성行中書省　147, 160
행추밀원行樞密院　160
행통정원行通政院　160
허겸許謙　233
허형許衡　106, 227
형주邢州　106
호구조사　77
호등제　80, 173
호삼성胡三省　233
호시장互市場　139
호적　77
호지성지護持聖旨　153, 155
호지휼胡祗遹　155, 246
호투배호好投拜戶　79, 211
호파르　115
홍건(군)　256, 257, 260, 263
홍귀숙洪貴叔　229, 230, 233
홍안弘安의 역　142
황종희黃宗羲　131
황하　255
회령왕懷寧王　250
회수淮水　36, 37, 63, 127
회통하會通河　192
후당後唐　20
후주後周　23, 27
훌레구　92, 103, 104

휘종　34, 47, 255, 256
흑적黑的　140
흠종　34
희종　38, 46

지은이 **오타기 마쓰오** 愛宕松南(1912~2004) 京都府 출생, 京都帝國大學 문학부 졸업. 東北大學 교수, 명예교수. 주요 저서로 『契丹古代史の硏究』, 『征服王朝』 등이 있고 역서로 마르코 폴로의 『東方見聞錄』 등이 있다.

옮긴이 **윤은숙** 尹銀淑 1967년 춘천 출생. 강원대학교 사학과 졸업. 문학박사. 현 강원대학교 인문과학연구소 연구교수. 주요 논저로 『몽골제국의 만주지배사』, 『몽골인 그들은 어디서 왔나』, 「北元과 明의 대립-遼東문제를 중심으로」, 「여몽관계의 성격과 동아시아의 국제관계」(『동북아논총』, 2012) 등이 있다.

임대희 任大熙 1953년 경주 출생. 德壽國民學校, 中央中高等學校, 서울대학교(동양사), 空軍士官學校敎授部(역사교관), 臺灣師大(歷史硏究所 중퇴), 東京大學(동양사), 茨城大學人文學部 專任講師), 筑波大學(外國人訪問學者), 京都大學(外國人訪問敎授), 현재 慶北大學校 교수.